本书出版得到上海开放大学学术专著出版基金资助

身份承诺　他人支持　内外奖赏　角色投入

岳燕 著

中国老年人的退休精神

基于老年学习团队带领人角色认同的视角

上海社会科学院出版社
SHANGHAI ACADEMY OF SOCIAL SCIENCES PRESS

老年教育是终身教育体系的一个重要组成部分，它不仅是一项新兴事业，还是一门新的学科与新的课题。本书聚焦老年学习团队带领人的角色认同，通过对老年人退休精神的阐释，从理论与实践层面深化老年教育理论及提出如何推动老年学习和老年教育发展，具有积极的现实意义和引导价值。

——上海开放大学普陀分校，上海市普陀区业余大学书记、校长　徐文清

"老年学习团队"是为适应上海老龄化社会快速发展，破解老年教育资源不足的瓶颈应运而生，是上海老年教育发展的创新之举。该书从一个侧面反映了上海老年学习团队10年来建设发展的实践成果，具有鲜明的时代感，也较好地诠释了上海老年人"老有所学、老有所为"的精神风貌。

——上海开放大学普陀分校原校长、教授，
上海老教授协会直属分会会长　金德琅

为老年学习团队带领人塑造群像，为中国老年人退休精神讴唱颂歌。岳燕博士的这本学术力作视角新、视野广、视点深，将为老年教育理论工作者和实际工作者带来思想启迪和理论滋养，为老年学习团队及其带领人带来理念引领和实践激励。

——上海开放大学普陀分校原副校长、教授、全国模范教师、
上海市劳动模范、享受国务院政府特殊津贴专家　岑詠霆

老年人自组织学习活动的蓬勃发展与遍布城乡、深入街镇社区的老年大学网络交相辉映，成为上海学习型社会建设的靓丽风景。老年学习团队和团队带领人的涌现是老年教育和学习型社会高度发展的重要现象。直观看，这是一个教育领域的现象，但结合社会老龄化的背景，这项研究同时具有了教育学和社会学的价值。岳燕博士的研究跨越了学科界限，为老年教育的实践和研究提出了新颖的、极有价值的视角。透过老年学习团队和团队带领人成长的生动案例，我们看到了中国老年人的心灵追求和新时代精神。所以，我们要感谢岳燕博士的苦心研究，让全社会对老年人有了更新、更深的理解与关注，让积极老龄化有了更加动人的生命律动和更加浓郁的时代气息。

——上海市终身教育研究会副会长、上海开放大学发展研究部部长　杨晨

祝贺岳燕博士新书即将出版。对岳燕博士的研究，我是外行，不敢过多评论，但对岳燕博士本人，作为老同学，我则很有发言权。她为人真诚，执着学术，有问题意识，视角犀利独到。相信该书作为她多年的呕心之作，一定会在构建终身教育体系、应对我国老龄化问题中发挥积极的作用。

——中国教育科学研究院教育评价与督导研究所所长、副研究员　张宁娟

前　言

伴随着人类平均预期寿命的提升和生育率的下降,老龄化问题已然成为全球共同面临的问题。第七次全国人口普查数据表明,人口老龄化是社会发展的重要趋势,我国人口老龄化程度进一步加深,未来一段时期将持续面临人口长期失衡发展的压力。党的二十大报告指出了实施积极应对人口老龄化战略。之前,中共中央国务院也发布了《关于加强新时代老龄工作的意见》,提出促进老年人社会参与,扩大老年教育资源供给……这为本书撰写提供了背景与政策层面的依据,正视老年人的正面作用是积极应对老龄化的必有观念。本书正是基于我国老年人教育和学习参与的主题展开,同时呼应相关意见政策,具有一定的时代性和意义感。

上海作为深度老龄化的特大都市具有一定的典型代表性,其数以500万计的老年人不但有物质养老保障的诉求,还有精神文化的渴求,老年教育机构"一座难求"的现象屡见不鲜。老年团队学习作为新时代一种新型老年教育方式,以老年人自我教育与学习、自主组织与管理、灵活弹性为特征,可以有效缓解老年教育机构供给不足这一困境。老年学习团队的核心人物——"带领人"不仅是老年学习者一员,更担负着组建与管理团队、帮教团员等重要使命。为此,从社会学视角理解老年学习团队带领人是如何构建角色认同的,其角色认同的特征是什么,进而探究优秀老年学习团队带领人成为团队带头人历程中的角色认同机制,探究其在退休后角色再造中所体现的人的终身发展的主体性,以及从中升华的退休精神,是本书的核心研究问题。

斯特赖克(Stryker)的角色认同理论被用来解释人们在社会结构中所占据的象征符号及与之相关的意义诠释。角色认同显著性(Identity Salience)也是斯特赖克的关注焦点。本书以斯特赖克角色认同理论为视野,运用质性研究方法,通过访谈、参与式观察收集所甄选的6位上海老年学习团队带领人个案的数据资料并进行编码,从身份承诺、他人支持、内外奖赏、角色投入四个维度叙述带领人建构"老年教育者"角色认同显著性的图景,再结合带领人角色认同的分析框架,即角色认知、角色情感、角色互动三个层面跨个案分析诠释不同带领人角色认同的特征,形塑老年教育者、终身学习者、组织活动者、团队管理者、志愿服务者、智慧长者等多重角色身份,形成带领人自我标定内在化,即自我角色认同与社会角色认同的一致,回应了带领人通过角色认同占据某一社会位置的角色认知、角色扮演、角色执行过程,由此进一步揭示带领人角色认同的机理与本质。

基于个案叙述和跨个案分析,本书得出以下研究结论:

一是带领人角色认同的建构过程和特征,主要概括为个体角色认知、工作角色情感、角色行为与互动三个层面。带领人从中形成了共通的角色认同特征,即协调团队成员,注重情感交汇;乐于奉献,具有志愿精神;上情下达,成为沟通桥梁;技艺见长,成长为老年教育者;处事见强,形成智慧积淀;各异的角色认同风格:强技艺专业特色型、强兴趣共同爱好型、强运营重视制度安排型三种。

二是形成角色认同社会化的角色集合,主要表现为带领人价值观社会化构建社会认同、带领人组建团队学习活动强化社区(机构)认同、带领人终身学习促动自我角色认同三方面。带领人角色社会化体现为(PSPCLM)角色集合,它是带领人构建社会认同的依据;带领人的人际关系社会化表现为其自身与个体、团队、团队管理方、指导教师、赞助者、社区等利益相关方形成的多元互动体,它是带领人强化社区(机构)认同的依据;带领人作为团队发展的黏合剂,争取外援的主心骨是其促动自我角色认同的依据。

三是带领人角色认同的机理,主要表现为角色认知、角色情感、角色互动三者的互动整合。其中角色认知是角色认同的基础,角色情感是角色认同的依据,角色互动是角色认同的动力。

四是带领人角色认同具有个体主体性和社会结构性。角色认同的个体主体性主要表现为人本主义:角色认同促进老年人终身学习、彰显人的全面发展、体现退休精神的伦理价值;角色认同的社会结构性主要表现为对老年教育的启示:角色认同昭示老年教育的外因内化作用、弥合老年教育的价值冲突、挖掘老年教育的智慧价值。在带领人实现角色认同,体现退休精神的过程中则酝酿、沉淀、生成了智慧,它外显于为人处事、对待得失的超然态度,内修于涵泳道德、润泽文明的内心平静,由此重新诠释了老年学习团队带领人角色认同的定义和退休精神的内涵。

本研究拓展了角色认同理论跨学科应用的场域,展示了老年学习团队带领人的退休精神,对老年教育的理论内涵有了进一步的探究,挖掘了退休精神的伦理价值、社会价值、心理价值、教育价值,丰富了我国成人教育的理论,扩展了成人教育实践的视域,也为开放大学的转型发展提供了重要的参考与借鉴。

本书能得以出版首先要感谢上海开放大学,它作为新型大学,除了成人学历教育,还在社区、老年教育领域进行开拓发展,这既是开放大学的使命所系,更是其与时俱进、回应时代发展的担当与作为的体现。

感谢上海开放大学面向全系统设置学术专著出版基金的资助项目,使得分校教师借助于该平台推广和传播老年教育、社区教育相关的学术思想,为办好新型的上海开放大学进行理论奠基,也为分校教师成长提供了宝贵的机遇。希望本书的出版能展现我国老年人退而不休的精神风貌,彰显学习强国的实践行动,唱响终身学习的不朽赞歌!

目 录

前言   *1*

第一章   绪论   *1*
  第一节   研究缘起   *2*
    一、现实背景：我国已呈现快速老龄化趋势   *2*
    二、个人感情：老年阶段是必经的人生历程   *3*
    三、工作实践：老年群体是主要的服务对象   *4*
    四、专业使命：老年教育是成人教育的组成部分   *5*
  第二节   文献综述   *6*
    一、角色认同研究的基础   *7*
    二、角色认同研究的三种取向   *12*
    三、角色认同应用的相关研究   *17*
    四、基于文献综述的启示   *21*
  第三节   研究问题、思路与意义   *25*
    一、研究问题   *25*
    二、研究思路   *26*
    三、研究意义   *28*
  第四节   核心概念   *31*
    一、老年学习团队   *31*
    二、老年学习团队带领人   *32*

三、角色认同　　32
　　　四、社会认同　　33
　　　五、退休精神　　33

第二章　理论基础与研究设计　　35
　第一节　多元化视角的角色认同研究　　35
　　　一、结构功能论与角色认同　　35
　　　二、批判论与角色认同　　36
　　　三、符号互动论与角色认同　　36
　第二节　斯特赖克角色认同理论　　38
　　　一、个体与社会　　41
　　　二、相关理论统合　　43
　第三节　老年学习团队带领人角色认同分析框架　　44
　　　一、带领人的老年学习团队认同　　45
　　　二、带领人的角色认同　　47
　第四节　多个案研究方法与研究设计　　49
　　　一、个案选定依据　　49
　　　二、个案情况概览　　50
　　　三、资料搜集方法　　53
　　　四、研究调研实况　　56
　　　五、调研资料编码　　65

第三章　个案一：瓷刻带领人的角色认同图景　　69
　第一节　禀赋和爱好滋生终身学习瓷刻的土壤　　72
　　　一、角色投入——个体学习：毕生精研瓷刻技艺　　72
　　　二、身份承诺——组团学习：组建团队传承非遗文化　　75
　　　三、内外奖赏——团队成员互助，肯定学习价值　　79

第二节　瓷刻带领人的角色认同　　81
　　一、角色认知：个体层面　　81
　　二、角色情感：工作层面　　83
　　三、角色互动：与团队、社区学校互动　　85

第四章　个案二：形体舞带领人的角色认同图景　　87
第一节　学习是福命的根源　　88
　　一、角色投入——个体学习：活到老学到老　　88
　　二、身份承诺——组建团队：心灵舞者的乐园　　92
　　三、他人支持——交口称赞，情感融洽　　93
第二节　形体舞带领人的角色认同　　95
　　一、角色认知：个体层面　　95
　　二、角色情感：角色自尊与幸福感　　98
　　三、角色互动：与团队、家庭、社区互动　　98

第五章　个案三：推进员带领人的角色认同图景　　100
第一节　做老年学习的宣传者　　101
　　一、角色投入——个体学习：自我学习带动他人学习　　101
　　二、身份承诺——组团学习：组织运行虚拟网上学习团队　　103
　　三、内外奖赏——内外力驱动团队持续发展　　107
第二节　推进员带领人的角色认同　　109
　　一、角色认知：个体层面　　109
　　二、角色情感：工作使命感与责任感　　110
　　三、角色互动：与团队、机构互动　　112

第六章　个案四：编织团队带领人的角色认同图景　　113
第一节　编织退休的学习生活　　115

一、角色投入——个体学习：爱好是最好的老师　　115
　　二、身份承诺——组建团队：团员拥戴，担任领头雁　　117
　　三、他人支持——组团得法，调和矛盾　　118
　第二节　编织团队带领人的角色认同　　120
　　一、角色认知：个体层面　　120
　　二、角色情感：角色归属感与自信感　　121
　　三、角色互动：与团员、家庭、机构互动　　122

第七章　个案五：山水画带领人的角色认同图景　　124
　第一节　丹青妙笔绘人生　　125
　　一、角色投入——个体学习：自我坚持学习书画　　125
　　二、身份承诺——组建团队：无私奉献，服务团队　　128
　　三、他人支持——分组学习，书画协调共进步　　129
　第二节　山水画带领人的角色认同　　130
　　一、角色认知：个体层面　　130
　　二、角色情感：角色归属感与自尊感　　132
　　三、角色互动：与团员、家庭、社区互动　　133

第八章　个案六：老年男声合唱团带领人的角色认同图景　　135
　第一节　合唱团的起伏全记录　　137
　　一、角色投入——一波三折，坚持学习　　137
　　二、身份承诺——教学齐鸣　　139
　　三、他人支持与内外奖赏——合唱业绩推动团队持续发展　　140
　第二节　老年男声合唱团带领人的角色认同　　141
　　一、角色认知：个体层面　　141
　　二、角色情感：角色使命与责任感　　143
　　三、角色互动：与机构互动及意义协商　　143

第九章　跨个案分析带领人角色认同的建构过程　　145
第一节　带领人角色认知　　154
一、带领人学习力分析　　154
二、带领人性别分析　　157
三、带领人退休前职业分析　　164
第二节　带领人"工作"角色情感　　167
一、带领人"工作领导力"分析　　167
二、带领人领导力管理风格分析　　171
三、带领人团队管理力分析　　175
第三节　带领人角色互动　　183
一、夫妻关系更趋于和睦　　183
二、代际关系更趋于互补　　186
三、增进社区参与的黏合力　　189
四、增强个体对社区的认同度　　192

第十章　带领人角色认同的本质　　195
第一节　带领人角色认同的机理　　196
一、角色认知是角色认同的基础　　197
二、角色情感是角色认同的依据　　203
三、角色互动是角色认同的动力　　208
第二节　角色认同的个体主体性　　219
一、角色认同促进老年人的终身学习　　220
二、角色认同彰显人的全面发展　　222
三、角色认同体现退休精神的伦理价值　　224
第三节　角色认同的社会结构性　　226
一、角色认同昭示老年教育的外因内化作用　　226
二、角色认同弥合老年教育的价值冲突　　228

    三、角色认同挖掘老年教育的智慧价值 　　　　　　　　232

结　语　　　　　　　　　　　　　　　　　　　　　　　　234
  第一节　研究基本结论　　　　　　　　　　　　　　　　234
    一、带领人角色认同的建构过程　　　　　　　　　　　235
    二、带领人角色认同具有共通性特征与各异性特色风格　　235
    三、形成带领人角色认同社会化的角色集合　　　　　　235
    四、挖掘带领人角色认同的机理　　　　　　　　　　　236
    五、带领人角色认同具有个体主体性和社会结构性　　　236
    六、诠释带领人角色认同的定义　　　　　　　　　　　237
    七、重释退休精神的内涵　　　　　　　　　　　　　　237
  第二节　实践启示　　　　　　　　　　　　　　　　　　237
    一、政府推动与老年学习团队自我发展相协同　　　　　237
    二、培育老年学习团队与培训带领人相同步　　　　　　238
    三、知识技能与老年学习者资源化主张相互补　　　　　240
    四、老年学习团队与全年龄段学习团队相融合　　　　　241
  第三节　突破与反思　　　　　　　　　　　　　　　　　243
    一、研究突破　　　　　　　　　　　　　　　　　　　243
    二、反思与展望　　　　　　　　　　　　　　　　　　245

参考文献　　　　　　　　　　　　　　　　　　　　　　248

附录　致受访对象的研究事项说明　　　　　　　　　　　261

后　记　　　　　　　　　　　　　　　　　　　　　　　264

第一章
绪　论

  中国上海、北京等特大城市已经成为老龄化比较严重的城市，由此而带来了养老生活、文化、精神保障等一系列问题。据调查，数以亿计的老年人不但有物质养老的生活保障诉求，还有精神文化的渴求。老年人入学报名老年大学中出现"一座难求"的现象早已见诸报端，这说明我国老年机构教育的资源紧张、自身局限，难以完全满足老年人各异的学习需求，由此老年学习团队作为老年机构教育的重要补充形式映入研究视野。它是一种灵活弹性的老年学习方式，以自组织为主，以老年人自我管理、自我学习为特征，主要活跃在社区及相关机构场所。本书聚焦老年学习团队带领人角色认同的建构过程，在斯特赖克（Stryker）角色认同的理论视野下，甄选6位上海老年学习团队带领人，运用质性研究方法，深入研究，收集数据资料，重点探究老年学习团队带领人角色认同的特征及建构过程。

  绪论是全书的研究基础篇，旨在澄清研究主题，追问研究动机，主要包括研究缘起、文献综述、研究问题、研究思路和研究意义等。本书基于我国及全球进入老龄化的现实背景，结合成人教育学专业，聚焦老年学习团队带领人角色认同的建构过程，对角色认同的相关研究进行文献综述。角色认同的概念一直受社会学、社会心理学、心理学等各界所青睐，米德、库里、埃里克森、林顿、戈夫曼、斯特莱克等著名学者都对此有过相应的论述。角色与认同是密切结合的两个概念，使得个体认识自我以及在群体中形成角色归属意识成为可能;角色认同理论应用研究较广,分为自我角色认同、组织角色认同、社会角色认同三种路径,且趋势统合;角色认同运用于职业、专业认同的内容较多,而老年学习团队带领人角色认同是以聚焦个体主体性为主的认同。

第一节 研究缘起

事实上,没有一个人能够阻止老年的来临……

——林语堂①

一、现实背景:我国已呈现快速老龄化趋势

当前我国已进入老龄化社会,2013年末,我国60岁以上人口已经达到2.02亿人,社会老龄化程度达14.9%,2020年老年人口达到2.43亿人,预计未来20年我国人口老龄化形势将更加严峻,上海更是领跑全国老年化的节奏,2013年末,有户籍的60岁以上人口占全市23%,上海在2025年的户籍老年人口要占总人数的35%。② 从国际来看,地球在变老,65岁以上人群已经超过14岁以下人群,美国人口普查局2016年7月提供的《老龄化世界2015》报告做了预测:到2050年会有9.75亿老年人(65岁及以上)生活在亚洲,占全球老龄人口的62.3%,而中国、日本、韩国是全球老年人最多的地方。2050年中国的老年人是3.48亿人,即每3个中国人中有1位是65岁以上年龄的老年人。③ "未富先老""未备先老"的特征日益凸显,对社会经济

---

① 林语堂:《人生不过如此》,陕西师范大学出版社2007年版,第128页。
② http://www.stats.gov.cn/ztjc/zdtjgz/zgrkpc/dlcrkpc/dcrkpcccyw/201104/t20110428_69407.htm。
③ 闫肖锋:《中国老了,可我们还没准备好》,《中国新闻周刊》2016年第8期。

发展带来重大挑战。特别是老年人的精神文化和学习需求增长很快,发展老年教育的形势和任务则显得更加紧迫。

二、个人感情:老年阶段是必经的人生历程

《孟子·梁惠王上》有云:老吾老,以及人之老;幼吾幼,以及人之幼。尊老爱幼都不限于自己家人,社会崇尚尊老与护幼之道。每每看到与父母年龄相仿的老年人投入地学习诗词书画,或者载歌载舞,不亦乐乎的时候;每每组织老年人从事某项展示活动,帮助他们把自己的作品一一挂于展厅的时候,看到他们欣慰兴奋的面容,笔者都会想到自己父母以及已经不在人间的姥姥。虽说父母现在已到古稀之年,然而为了帮我照顾孩子,少有可能在老年大学报班学习,但是不可能仅通过老年学校的单一渠道满足老年人的精神文化需求,那么如何鼓励更多如笔者父母这样一边照顾儿孙、料理家务,又一边希望提升精神生活质量的老人参与老年学习?如何转变更多老年人的理念,增进其社会参与,做到成功老龄化(sucessful aging)[①]呢?如何告慰笔者早已驾鹤西去的姥姥在世时孤独无聊打发时间的无味生活呢?笔者希望更多年老之人通过老年学习缓解自己的晚景凄凉,或许参与老年学习团队这一灵活学习方式当为老年人的一种佳选。

我国古代就对人生的老年阶段多有遐思,比如唐代诗人刘禹锡的《酬乐天咏老见示》:"人谁不顾老,老去有谁怜……经事还谙事,阅人如阅川……莫道桑榆晚,为霞尚满天。"[②]前半段描述了人到老年阶段出现身体功能衰退等生理不适状况,但诗人不仅限于此,欲扬先抑,接着就表述了虽然人至老年,但是生活阅历和经验也日益丰富……所以最后一句流传甚广,即"莫道桑榆晚,为霞尚满天",写出了"夕阳无限好"的人生境界,同

[①] 1990年WHO提出成功老化,指个人在老化过程中,能够使生理功能的丧失达到最小。
[②] 转引自郭维森:《诗思与哲思:中国古代哲理诗赏析》,贵州人民出版社2006年版,第141页。

时也表达了"人生黄昏"的老年阶段仍然可以"老骥伏枥，志在千里"的积极人生态度。

凡此种种都映照了古人对老年阶段的自信自强，这对后人都是一种正面参照，虽然笔者目前还未到老年阶段，但老年工作和相关学习都令笔者较为深刻地理解老年人，也更希望通过研究带领人的角色认同问题，探究老年教育与学习的实践和理论问题，借以感召更多老年人参与学习，参与社会，提升精神生活质量，实现积极老龄化。

三、工作实践：老年群体是主要的服务对象

笔者在成人高校工作，虽说工作对象是成年人，但包括甚广。工作对象既有职场求生的学历教育学员，也包括孜孜以求，积极参与老年学习的老年人。在职求学的成年人姑且不论，但参与学习的老年人使笔者充分感受到他们持之以恒的学习态度，有时笔者会疑惑，为何参与学习的老年人都神采奕奕？其背后有着个体经历、家庭、社区等综合原因的交织。老年学校是机构教育形式，而大量的散落于社区、公园、图书馆、广场等地的自主老年学习团队也是老年学习形式的有力补充。2013年7月，我国颁布了《中华人民共和国老年人权益保障法》(72号)，在总则第四条明确指出：积极应对人口老龄化是国家的一项长期战略任务。[①] 老有所学赫然成为老年人的基本学习权益。换言之，我们日常看到的老年人参与学习的机构多是有组织的教育形式，也有很多老年人会因机构场地、班级规模受限以及个人爱好各异等，在有组织的学习形式面前止步。坦言之，老年机构教育很难满足老年人多样潜在的学习需求，于是近些年来包括北京、上海、广州各大城市的老年大学"一座难求"的现象时时见诸报端。有那么多老年人要求学习吗？老年学习团队带领人为什么会组建团队？作为退休的老年学习团队带领人也有

[①] 《中华人民共和国老年人权益保障法》，http://www.mca.gov.cn/article/zwgk/vg/shlhshsw/201302/20130200418213.shtml。

角色认同吗？其角色认同的特性与职场人士相比有何不同？这些看似如常的社会现象在研究成人教育学专业的笔者看来，并非浮于表面那么简单。记得清华大学最年轻博导颜宁教授说过：科学不是讳莫如深的高不可测，而是不轻易认为生活中的司空见惯。[①] 社会科学莫不如此，工作实践也在驱使笔者不止于认识浅表，笔者还在思考个案中老年学习团队带领人有的传承手工技艺、有的自编自教舞蹈、有的组织老年人读书读报促进终身学习、有的心灵手巧教老年人经纬编织、有的重拾业余爱好学习绘画、有的志同道合齐集一处进行美声合唱，带领人在领衔老年人演绎美好学习与生活的同时，其构建的角色认同特性和过程也在访谈和观察日志的编码分析中得以被勾勒和呈现。

四、专业使命：老年教育是成人教育的组成部分

1993年，华东师范大学设立了中国首个成人教育学硕士研究生培养点。[②] 随后成人教育学的研究势如破竹，从企业职场人士到机关单位干部，前辈和学长们都不遗余力地对在职人士这一社会中坚力量给予高度瞩目，研究其学习动机、学习行为、团队学习、专业学习、工作场所学习、专业社会化等问题，为在职人士职业生涯、个人成长、团队发展提出些许真知灼见，也满足了身为在职或未来职业人士的研究兴趣。面对全球老龄化加速的不争事实，我国老龄人口数量更是激增，老年人作为后成年人，即使他们不在职，但他们依然需要个人持续成长发展，这是基本人权。[③]

作为成人教育学专业的博士，笔者感触最深的是社会普遍对职场社会人士的学习、发展、成长关注甚多，而对亦是成年人的老年人的学习、精神诉

[①] 央视CCTV1《开讲了》，2016年9月25日。
[②] 高志敏等：《成人教育社会学》，河北教育出版社2006年版，第5页。
[③] Kalache, A., & Blewitt, R. Human Rights in Older Age. In World Economicorum, *Global Population Ageing: Peril or Promise?* Retrieved November 16, 2013, pp. 89 - 90, http://www3.weorum.org/docs/WE_GAC_GlobalPopulationAgeing_Report_2012.pd.

求、发展研究则有限,甚而主观无意愿多驻足此领域,然而作为人生必经的老年阶段,伴随老龄化社会的延展、全球老龄化的必然趋势,已经不能再忽视老年人的学习与发展。笔者的导师近年来身体力行,对老年教育、终身学习等项目和课题尤为关注,她向我们明确提出老年学习和教育关系到千家万户,除了研究传统的职场成年人学习,还要特别研究老年学习,这是成年人学习的重要组成部分,也是关系到终身教育完整性的关键环节,在导师的教诲以及学习使命为己任的鞭策下,笔者把本书的主题聚焦于老年学习团队带领人角色认同的多个案研究,即通过质性访谈带领人的学习生活故事,透析其角色认同的建构过程,综合比较带领人角色认同的异同,揭示带领人角色认同的本质。本研究涉及成人教育学、社会学、心理学等交叉学科理论,旨在丰富和补充老年学习实践和理论,不违专业使命与责任。

第二节　文　献　综　述

角色认同由角色、认同的理论所组成,而角色、认同的相关理论在社会学、心理学等学科领域运用广泛,在教育学领域也是日渐应用兴盛。一方面是角色认同的解释力较强;另一方面是角色认同的视域也比较宽泛。笔者以 2000—2020 年为时间范围,对中国知网 CNKI 进行以角色、认同、角色认同为主题的搜索,其中"角色"关键词的词条论文数量巨大,仅就社科信息管理类学科领域为范围,相关论文就达 11 万多篇,遂缩小至以教师角色为索引的论文达 24 727 篇;以"认同"为关键词搜索而涉及的论文数量也不少,达 3 万余条,于是再细化为教师认同,涉及 591 篇;以"角色认同"为关键词进行搜索,有 1 667 篇相关论文。根据可视化分析,对其中最近的 200 篇文献进行综述,发现共引文献包括《大学生角色认同实证研究》①《论角色认同的重新定位》②《角色论——个人与社会的互动》③等。另外从时间维度考量,国内角色认同研究的数量激增,近5年来方兴未艾,趋势明显上扬。

一、角色认同研究的基础

(一) 角色的相关概述

角色认同研究来自社会学有关角色的研究。角色(Role)概念最早由美国社会学家米德(G.H.Mead)借用戏剧中的概念发展而来。角色概念主要强调自我与他人角色之间的关系。④米德提出角色扮演(role playing)的概念,认为自我不是天然生成,而是源于社会经验与个体互动。⑤米德的自我分为"主我"(I)和"客我"(me)两个方面,主我是自我未经社会化的方面,"客我"是自我的社会部分,是对社会化要求的内化,主我和客我相对独立又统一建构社会自我。⑥米德把角色扮演与社会化相联系,按照年龄发展分为角色模仿阶段(0—2岁)、嬉戏阶段(2—4岁),其角色扮演的是"重要他人"(significant others),即与儿童相处密切并对自我发展有重要影响的人,如父母、兄弟姐妹和朋友等。客我开始发展,4岁之后是游戏阶段,儿童开始观察、理解和模仿大人或同辈群体,进入扮演类似于具有一般社会规范的个体角色情境。老年学习团队成员把老年学习团队的日常规范与经验习得视为个体成员自觉自愿需遵循的规矩,团队就拟人化为"概括化他人"。⑦ 正是

---

① 周永康:《大学生角色认同实证研究》,西南大学博士论文,2008年。
② 张宇:《论角色认同的重新定位》,《求索》2008年第3期。
③④ 参见奚从清:《角色论——个人与社会的互动》,浙江大学出版社2010年版。
⑤⑥ [美] 乔治·H. 米德:《心灵、自我与社会》,赵月瑟译,上海译文出版社2008年版,第121、160页。
⑦ "概括化他人"即generalized others(又译为一般他人、泛化的他人),是米德角色理论中的一个重要概念,是指有组织的共同体或社会群体,它使该个体的自我获得统一。

通过此种形式,社会过程影响了卷入该过程的个体行为。① 老年学习团队的行为规范与组织准则也影响了老年学习团队成员,而带领人作为团队管理者和组织者被卷入和影响的程度更为深入和典型。

说到角色必然涉及自我(角色),库利提出"镜中我"与初级群体。库利认为自我是人格或社会的产物,通过社会互动产生。自我形成经过三个阶段,首先是个体觉知自身行为表现,其次是个体领悟他人对该行为的判断,再次是个体据此进行评价。库利认为,通过他人映照而对自我的定义即"镜中我",就如人照镜子的反射影像。② 此外,库利在分析个体与社会相互作用时还提出"初级群体"的概念,即"人类本性的培养所",是个体儿童期的嬉戏群体、家庭、邻里等直接发生相互作用的个体协作和联合,这些对个体社会化起决定性作用。而笔者在研究老年学习团队带领人时也发现团队成员、家庭成员、社区机构管理者及与其共同体的角色互动和意义协商过程对带领人角色认同构建会产生重要影响。

新弗洛伊德主义的代表埃里克森(E.H.Erikson)强调自我角色的认同危机(identity crisis)概念,他把人生的发展分为八个阶段,前六个阶段都是儿童、青少年、成年发展阶段所遭遇的角色认同危机,后两个阶段则是中年期和老年期的角色认同危机。中年期被认为阅历丰富,关心后辈,若对后辈失望就会沉浸于关心自我中;而老年期则被认为时常对人生进行回顾、总结与评价,一旦形成负面消极评价就堕入绝望之感。③

美国人类学家林顿(R.Linton)论述了地位与角色的关系。他指出:"地

---

① [美]乔治·H.米德:《心灵、自我与社会》,赵月瑟译,上海译文出版社 2008 年版,第 138—139 页。
② 郑杭生:《社会学概论新修》,中国人民大学出版社 2003 年版,第 91 页。
③ [美]戴维·波普诺:《社会学》(第 11 版),李强等译,中国人民大学出版社 2007 年版,第 164—165 页。

位是权利和义务的一种直接的集合",而角色"体现着地位的动态方面"。①戈夫曼是运用戏剧论原理解释社会角色现象的学者,他不像其他社会学的研究者关注宏观叙述,而是注重研究个体微观。戈夫曼在《日常生活中的自我表演》中引入了剧班、前台、后台、观众、不协调角色、印象控制等名词或概念。戈夫曼认为"剧班"为了给观众留下好的舞台印象,提出了"印象控制的艺术",②其理论归结为角色表演理论。

(二)老年社会角色的相关概述

继续社会化理论(Coutinue Socialization Theory)认为,人的一生都是持续不断社会化的过程,尤其老年人是否能合理进行角色定位、角色认知与角色执行关乎其价值定位和意义生成。③由此,老年社会角色相关理论被梳理为角色与社会重建、角色与社会适应和角色与老年次文化生成几个方面,从不同角度体现老年人适应社会,超越自我,努力建构自我角色的精神主旨。

1. 角色与社会重建理论

社会重建理论(Society Reconstruction Theory)认为,老年人的生理机能衰退所带来的自信不足可以通过理念宣传、社会保障,营造有助于老年人持续发展的友好环境来消解,从而支持老年人进行合理角色定位,重新构建积极自信的老年社会角色形象,鼓励老年人增强自我判断力,提升自决意识。④库伯斯和本斯通于1973年提出社会重建理论,他们非常关注社会环境的改变对老年人重建生活信心的作用,尽管改善老年人周边的客观环境是从很小切口开始,但却是扭转老年歧视,促进老年人与环境良性循环的开端。社会重建理论是在符号互动理论的基础上产生的,它是老年人个体与

---

① 转引自[美]戴维·波普诺:《社会学》(第11版),李强等译,中国人民大学出版社2007年版,第181页。
② [美]欧文·戈夫曼:《日常生活中的自我呈现》,冯钢译,北京大学出版社2008年版,第27页。
③ 王树新:《老年社会工作》(第1版),中国劳动社会保障出版社2007年版,第34—37页。
④ 仝利民:《老年社会工作》,华东理工大学出版社2006年版,第7页。

生活环境互动作用的结果,是环境影响老年个体境遇,而老年个体又作用于环境的过程。

2. 角色与社会适应理论

社会适应(Social Adaptation)是个体或群体调适自我,从而与社会环境相协调的过程。[1] 社会适应是个体与特定社会环境相互作用达成和谐关系所显现的状态。关于社会适应有老年脱离说和老年活动说等争论,从不同角度阐释老年角色与社会适应的问题。老年社会脱离说认为人到老年阶段应退出社会主流生活,自觉屈居社会次要位置也是一种社会适应,理由是会令老年人保持一种价值平衡,如社会普遍达成共识的老年人退休现象。老年人通过角色定位与调整自身,从而适应老年阶段的角色转变,即老年角色适应。根据角色理论,当老年人成功转化了角色就会对老年阶段的生活建立积极评价,否则就会对老年阶段形成消极不良印象而降低老年生活满意度。老年活动理论说则预测老年人只有与周边社会环境保持积极互动才是社会适应,标志着老年阶段的角色过渡成功。国外学者博格斯、哈格韦斯特、罗斯(Burges & Harvinghurst & Rose)等的角色与活动理论也指出老年人介入社会生活与环境互动的频率越高则越有益于其提升其老年生活质量。[2] 布格斯(Burges)的角色活动理论强调的是老年人中年时期与老年时期活动的有机联系,提示人们应该在中年时期就规划好老年时期的角色与活动,尽量做到中老年社会角色与活动的无缝衔接,还把社会适应按照适应的水平与等级分为生存性社会适应和发展性社会适应,老年人自身健康状况、社会支持度等都是其社会角色适应的影响因素。[3] 国内一些学者运用定性、定量结合的方法研究老年人社会

---

[1] 王康:《社会学词典》,山东人民出版社1988年版,第236页。
[2] 转引自张文霞、朱东亮:《家庭社会工作》,社会科学文献出版社2005年版,第12—13页。
[3] 转引自陈勃:《人口老龄化背景下城市老年人的社会适应问题研究》,《社会科学》2008年第8期。

角色适应的内容,主要包括经济、心理、家庭关系、社会关系等的适应。① 可见,老年人角色适应的关键之一就是适应社会,适应现状,除了老年人自身因素之外,外在的家庭、社区,乃至整个社会都对老年人社会角色适应与建构的影响颇大。

3. 角色与老年次文化理论

罗斯(Ross)提出老年次文化理论,认为老年人身体状况退行会导致年龄歧视,进而使得处于非老年阶段的人不愿与老年人深入交往及参与活动,这又会加剧老年人之间的相处时间和频率,久而久之促成老年次文化的生成,体现为老年人独特的价值倾向、态度取向以及行为模式。个人在不同的生命阶段因负载不同的社会化使命而具有不同的社会化角色内容。老年人退出职场后,其社会地位及人际关系都会因应退休而处于劣势,于是老年人同辈群体之间交往更为紧密,从而进行角色补偿。正如各个年龄段都会有各异的同辈群体圈子,生产不同的次文化。② 说到老年次文化理论,我们不应该简单理解为老年文化就是相对主流一级的次文化群,而是从适应社会、明确角色要求的视角审视,就会发现年龄歧视是仅仅基于年龄增长而对年长的人抱有的偏见和刻板印象。③

穆光宗提出了老年丧失理论,他假设老年过程是丧失与丢失为主要特质的过程,但顺利适应老龄化则是不断克服和超越老年丧失对个体带来的不良影响。④ 黄育馥认为老年期角色社会化的主要任务是不瞻前顾后,即不再着意退休前的社会地位高低、权利多寡、收入多少,而是积极参加各种社会活动、志愿服务,平添老年生活的价值与意义感。⑤

---

① 阎志强:《广东退休老人社会适应研究》,《南方人口》2006年第6期。
② 范明林、张钟汝:《老年社会工作》,上海大学出版社2005年版,第32页。
③ 凯瑟琳·麦金尼斯-迪特里克:《老年社会工作》,隋玉杰译,中国人民大学出版社2008年版,第17页。
④ 穆光宗:《丧失和超越寻求老龄政策的理论支点》,《市场与人口分析》2002年第4期。
⑤ 黄育馥:《人与社会——社会化问题在美国》,辽宁人民出版社1986年版,第51页。

二、角色认同研究的三种取向

角色与认同关涉性强,角色与认同的理论实际上都源自现象学和符号互动理论中有关自我的阐述维度且各有侧重。[①]"认同"(identity)应用无处不在,认同一词的词根是拉丁文 idem(相同,the same),identity 在英文中有多种含义,如相似性、一致性等,埃里克森(Erikson)受精神分析理论的影响,将同一性的概念引入心理学,并提出自我同一性理论。"认同"在学术与生活用语混同情况时时有出现,即使在学术领域,也被心理学、政治学、社会学、历史学、精神分析所广泛应用,所以认同的概念相对混乱。从研究取向来看,主要有自我角色认同(自我同一性)、角色认同和社会认同三种。而自我角色认同即自我角色同一性,角色认同偏重对个体的应用;社会角色认同即社会角色同一性,偏重对群体的应用;组织角色认同是介于前两者之间的组织角色同一性,偏重个体在群体中的应用。从所属的学科领域而言,自我角色认同是从心理学角度出发来研究自我认同,组织角色认同是从社会学角度研究个体的组织身份认同,社会角色认同是从社会心理学角度研究社会认同,由此相关研究林林总总。三种角色认同的研究取向详见图 1-1。

(一)自我角色认同取向

自我角色认同又称自我角色同一性。埃里克森认为 ego 是引导个体发展的内在结构,它是同一性的基础,因此提出 ego-identity,随后认为个人成长不能与社会发展相割裂,于是把 ego-identity 扩展为 self-identity,又称为心理社会同一性。由此,自我同一性(self identity)就划分为三个层面的同一性,即偏重躯体过程的(ego identity)、自我过程的个人同一性(personal identity)和社会同一性(social identity)。但是埃里克森并未详述社会同一

[①] 张宇:《论角色认同的重新定位》,《求索》2008 年第 3 期。

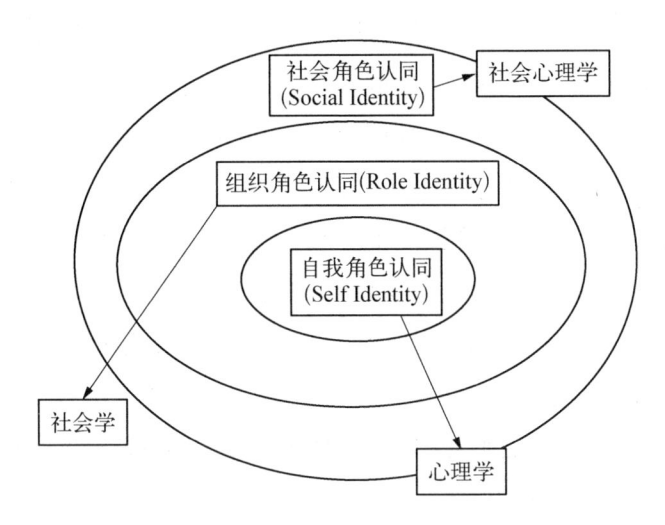

图 1-1 三种角色认同的取向

性。自我同一性的研究代表是玛西亚(Marcia),他聚焦于个人同一性(personal identity)。玛西亚认为同一性是集内驱力、个体信仰、个人能力、经验经历为一体的内部自我建构。[1] 玛西亚根据埃里克森同一性理论中的探索(exploration)和承诺(commitment)两个主要变量,按照个体经历探索和投入的程度,将青少年划分为四种同一性类型或状态:同一性获得者(identity achieved)、同一性延缓者(identity moratorium)、提早成熟者(identity foreclosure)及同一性扩散者(identity diffusion)。许多研究者在玛西亚研究范式基础上进行了大量实证研究。而贝尔林斯基(Berzonsky)则更强调处于不同同一性状态的个体在解决问题和加工过程中的不同策略,提出三种不同的同一性风格(identity style),即信息化同一性风格(information style)、规范化同一性风格(normative style)和扩散/逃避同一

---

[1] Marcia, J. E. "Identity in Adolescence". In J. Adelson (Ed.). *Handbook of Adolescent Psychology*, 1980, pp.159-187. New York: John Wiley.

性风格(diffuse-avoidant style)。[1] 格瑞特温特(Grotevant)关注同一性形成与发展的过程模式,沿用埃里克森的重要概念,对选择的探索和承诺侧重同一性的影响因素研究。科特(Cote)提出了"同一性资源"概念,这就是同一性资本的"投资",同一性不仅在于个体的探索与投入度,还在于与社会环境的互动。[2] 科尔曼(Kerpelman)等还提出了"同一性控制理论",侧重从控制论角度聚焦同一性发展中个体心理与社会环境的相互作用。[3] 亚当(Adam)等通过实证研究提出了自我同一性的五个功能:有助于个体自我认同的理解;个体价值意义感的形成;自由意志的锤炼;自我内在的统合;认识个人潜力。如若不能形成自我同一性,则会变成同一性失调,出现同一性障碍或边缘型人格等。[4]

(二) 社会角色认同取向

社会角色认同即"我是谁"的表述关涉群体归属,这里的归属(belongingess)在很大程度上是一种心理状态(psychological state),即个体通过把自我归为某个群体而获得一种社会认同(social identity),也关乎"你是谁",即"你"的行事规范的达成度与群体认同度正相关。

社会认同源于个体对自身所隶属社会范畴的认知(Tajfel & Turner),[5]是个体自我概念(self-concept)的一部分,是行动者对其范畴资格(membership)积极的认知、评价、情感体验及价值承诺(Tajfel)。[6]欧洲社会心理学家泰弗尔提出了完成社会认同建构的三个过程:社会范畴化(social categorization)、

---

[1] Berzonsky, M. D. "Identity Style: Conceptualization and Measurement". *Journal of Adolescent Research*, 1989(4): 268-282.

[2] Cote J E. "Sociological Perspectives in Identity Formation: the Culture-identity Link and Identity Capital". *Journal of Adolescence*, 1996(19): 417-428.

[3] Kerpelman, J.L. "Toward a Microprocess Perspective on Adolescent Identity Development: An Identity Control Theory Approach". *Journal of Adolescent Research*, 1997(12): 325-346.

[4] Adam, GR., & Marshall, S. K. "A Developmental Social Psychology of Identity: Understanding the Person in Context". *Journal of Adolescence*, 1996(19): 429-442.

[5] Tajfel H. & J. C. Turner. "The Social Identity Theory of Intergroup Behavior". In *Psychology of Intergroup Relations*, Worchel S, Austin W(eds). 1986, Nelson Hall: Chicago.

[6] Tajfel H., *Differentiation Between Social Groups: Studies in the Social Psychology of Intergroup Relations*. Chapters 1-3. 1978. London: Academic Press.

社会比较(social comparison)和积极区分(positive distinctiveness)。① 特纳(Turner)在泰弗尔的基础上提出了自我范畴化(Self-Categorization Theory)过程,自我范畴化是个体接纳群体的内在归类,它解释了个体获得群体认同以及群体形成的过程。② 前三个社会认同的过程是产生集体认同的依据,最后一个则是产生个体认同的机理。

泰弗尔在其群际关系研究中首次使用"认同"作为解释机制,并将社会认同定义为:"个体知晓他归属于特定的社会群体(group membership),而且他所获得的群体资格(身份)会赋予自己某种情感与价值意义"。③ 在社会认同的内容结构上,通常认为包含三个部分:认知、评价与情感。④

(三) 组织角色认同取向

索茨(Thoits)确定了个人同一性、角色同一性和社会同一性的边界,广义的社会同一性包含个体水平和集体水平的同一性。⑤ 个体水平同一性是作为某一种人的自我认同,即描述"我是谁",包括斯特赖克(Stryker)的角色同一性,即角色认同(role identity)。⑥ 社会水平的同一性是作为整体的群体自我认同,即描述"我们是谁",包括泰弗尔和特纳的狭义同一性。可见,个人同一性是从个人特质角度定义,角色同一性是从特定组织角色角度定义,社会同一性是从自我对社会群体或类别认同以及调节自我和类别关

---

① 泰弗尔:《群际行为的社会认同论》,方文、李康乐译,《社会心理研究》2004年第2期。
② Turner, J. C., "Towards a Cognitive Redefinition of the Social Group". In H. Tajfel (ed.), *Social Identity and Intergroup Relations*. 1982, Cambridge: Cambridge University Press.
③ 转引自[澳]迈克尔·A. 豪格(Michael A. Hogg)、[英]多米尼克·阿布拉姆斯(Dominic Abrams):《社会认同的过程》,高明华译,中国人民大学出版社2011年版,第7页。
④ Brown R. "Social Identity Theory: Past Achievements, Current Problems and Future Challenges". *European Journal of Social Psychology*, 2000(30): 745–778.
⑤ Thoits, P. A. "On Merging Identity Theory and Stress Research". *Social Psychology Quarterly*, 1991(54): 101–102.
⑥ Stryker, S. "Toward A Theory of Family Influence in the Socialization of Children". In A. C. Kerchoff (Ed.), *Research in Sociology of Education and Socialization: Personal Change Over the Life Course*, 1980(4): 47–74. Greenwich, CT: JAI Press.

系的建构角度定义。三者都是对自我的反映,但赋予自我(self)不同的水平。

角色认同理论认为角色才是认同的基础,角色在社会互动中进行不断定义和不断确认。对于个人来言,通过角色扮演来履行社会责任;对社会而言,通过角色培养来维持社会稳定和发展。可见角色担当者的主观价值认知和心理活动与社会角色期望就像硬币的一体两面,当试图对某个社会角色作出解释时,应该从角色的外规定性和行动者的主体性两方面设定才能廓清问题本质。

通过对文献梳理,不同学者对角色认同的概念有不同的理解,如表1-1所列。

表1-1 角色认同的定义概述

学 者	角色认同(Role Idetnity)概念或观点
McCall & Simmons[①]	角色认同包括规范维度和特质维度。规范即角色占据一定的社会位置的规约和社会期望;特质即对角色的个性化解释。
Stryker[②]	角色认同由社会结构与自我认知共同构成,角色认同并非被动建构,是个体主动与环境互动的结果。
Stryker, Statham & Burke[③]	认同是个体根据自我定义进行角色扮演以及在群体中进行身份确认的过程。角色具有内在社会性。角色定义和代表一系列关系通过社会内化为自我的基础性方面。角色是个体维持其与社会联结的中介。

---

① McCall & Simmons. "The Role-identity Model". In *Identities and Interactions: An Examination of Human Associations in Everyday Life*. 1978. New York: The Free Press.
② Stryker, S. "Toward a Theory of Family Influence in the Socialization of Children". In A. C. Kerchoff (Ed.), *Research in Sociology of Education and Socialization: Personal Change over the Life Course*, 1980(4): 47-74. Greenwich, CT: JAI Press.
③ Stryker & Statham & Burke. "The Past, Present, and Future of an Identity Theory". *Social Psychology Quarterly*, 1985(63): 284-297.

(续表)

学 者	角色认同(Role Idetnity)概念或观点
Burker①	将角色中的自我(self-in-role)意义视为一个人的角色认同。它是内在认同与外在角色的联结,是社会重要类属中获得自我定义的意义所在
Darcy Clay Steber. et al②	一种知觉,即在特定社会位置上行动的自我定义
Katz &. Kahn③	是定义自我概念内化的角色期待
Showers④	代表了归属于一个特定社会角色中的自我特性
黄希庭⑤	角色认同亦称角色同一性,指与个体扮演相应角色一致的具体态度和行为

来源:笔者自行整理。

从表1-1对角色认同的定义可以总结发现角色认同被分为三类,第一类着眼于角色认同的社会期望与自我期待,是互动作用的结果;第二类着眼于角色认同的社会内化和自我定义;第三类着眼于角色认同对社会结构的影响。

三、角色认同应用的相关研究

角色认同应用于诸多特定人群,关涉有关工作投入、价值感等领域,从职业、性别等方面建构角色认同过程。这也是角色认同源于符号互动论分

---

① Burker, J. "The Past, Present, and Future of an Identity Theory". *Social Psychology Quarterly*, 1985(63): 284-297.
② Darcy Clay Steber. et al. "Friendship and Social Support: the Importance of Role Identity to Aging Adults". *Social Work*, 1999(6): 522.
③ Katz &. Kahn. *The Social Psychology of Organization*(2nd ed.). 1978. New York: Wiley.
④ Showers. C. J. "Integration and Compartmentliazation: A Model of Selfstructure and Sele-Change". In D. Cervone, Daniel, &. W. Mischel (Eds.) *Advances in Personality Science* 2002, pp. 271-291. New York: Guiford Press.
⑤ 黄希庭:《简明心理学词典》,安徽人民出版社2004年版,第196页。

支发展①的体现。1990—2020年,以"角色认同"为主题的文献总体趋势逐年递增(详见图1-2),说明对于角色认同的应用愈来愈受到学界重视,从知网关键词分布来看,角色认同的主要研究内容概述如下:

总体趋势分析

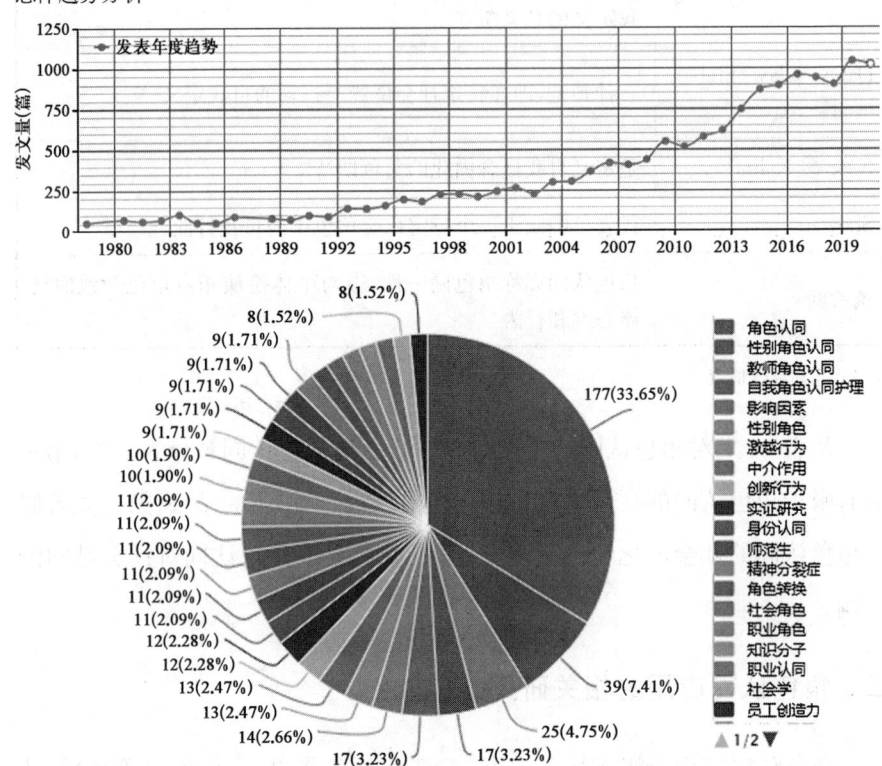

图1-2 1990—2020年角色认同文献趋势与关键词分布

(一) 特定人群角色认同的研究

特定人群角色认同是对社会特定群体角色认同的探究,如社区志愿服务者、农村青年教师、地方高校教师、大学校长、高校辅导员、少先队员、高校班级学生干部、高水平运动员、女性旅游从业者、全职太太、医生等,研究的

---

① 张宇:《论角色认同的重新定位》,《求索》2008年第3期。

角色都较为具体,尤其关注教师角色认同,如新教师经历了角色冲突到角色融合的过程,建构多重认同的叠合机制。[①] 在线教师角色认同与专业发展的关系,研究我国在线教师角色认同现状、角色认同建构因素和建构过程。[②]

（二）角色认同相关主题关系的研究

从与价值感、工作投入度、创造力、压力等关系角度揭示角色认同的研究也比较常见。如《大学生心理健康、自我价值感与角色认同的关系研究》揭示了自我价值感在大学生心理健康和角色认同中的中介调节作用[③];角色认同与工作投入的关系认为领导者与员工创造力角色认同的一致性程度对员工创造力行为的影响显著[④];新生代农民工使用社交网络对积极工作行为产生正向影响,而社交网络使用能够对工作角色认同产生正向影响;[⑤]大学生学习投入各因子与大学生角色认同各因子存在不同程度的相关性;[⑥]《大学生志愿者的角色认同与压力应对研究》认为大学生志愿者对志愿者身份有高水平的角色认同,但在角色认同的维度上有年级差异、性别差异等。[⑦]

（三）角色认同建构过程的研究

角色认同是个体不断与自身、他者、环境互动协商和建构的过程,此类研究集中在专业角色认同、职业角色认同、性别角色认同、角色适应、角色认同危机、角色认同困境等领域。如高校教育者的群体队伍构成复杂,承担的专业角色多元,面临专业身份认同危机,自身的专业发展经历从学习者到教

---

① 阮琳燕等:《多重认同叠合机制:新教师专业发展角色冲突的和解路径》,《教师教育研究》2020年第1期。
② 张遐等:《在线教师角色认同与专业发展研究——以中国开放大学青年教师为例》,《中国青年研究》2016年第5期。
③ 蒋莹等:《大学生心理健康、自我价值感与角色认同的关系研究》,《阅江学刊》2017年第2期。
④ 龙果坚:《领导者与员工创造力角色认同的一致性程度对员工创造力行为的影响》,湘潭大学硕士论文,2020年。
⑤ 王潇潇:《新生代农民工社交网络使用与其工作角色认同及工作行为的关系》,天津师范大学硕士论文,2018年。
⑥ 刘丽娟:《大学生角色认同对学习投入的影响研究》,《宜春学院学报》2017年第7期。
⑦ 王玺等:《大学生志愿者的角色认同与压力应对研究》,《西南师范大学学报（自然科学版）》2012年第12期。

育者的转变过程,并以自我研究为基本途径。① 从角色认同的视角对原城郊农民市民城市适应性的影响因素进行研究,现在收入与被征地前相比的状况和被征地意愿是影响原城郊农民市民角色认同的重要因素。② 新生代乡村教师在新乡土感情、文化和价值融合中面临缺乏教学理解和自觉的角色游离、缺少能动和联动的实践反思的角色梳理等角色认同危机并提出唤醒其专业自我认同,厚植教师角色认同感基因等路径。③ 还有基于性别角色划分理论,构建性别角色影响绿色消费行为的理论模型,通过分析不同性别角色之间的绿色消费差异,研究性别角色对绿色消费行为的影响机制。④

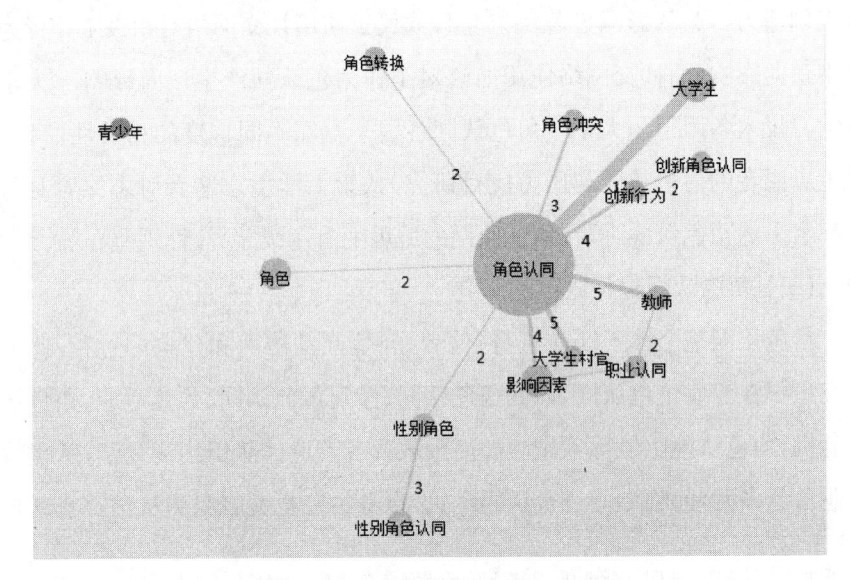

图 1-3 "角色认同"关键词共现网络

图 1-3 为"角色认同"关键词共现网络分析的截图,所选文献多次出现的关键词集中在角色认同、角色、角色冲突、角色转换、创新角色认同等;角

---

① 刘径言:《高校教师教育者的专业成长:特征、困境与路径》,《教师教育研究》2015 年第 3 期。
② 谈小燕:《原城郊农民市民角色转换过程中的认同及适应性实证分析》,《青海社会科学》2013 年第 5 期。
③ 蔺海沣等:《新生代乡村教师角色认同危机及其消解路径》,《中国教育学刊》2019 年第 2 期。
④ 任胜楠:《消费者性别角色影响绿色消费行为的实证研究》,《管理学刊》2020 年第 6 期。

色同的研究对象集中在大学生、大学生村官、教师、青少年等；角色认同的类型包括性别角色认同、职业认同等，与前述分析相印证。

四、基于文献综述的启示

角色、认同、角色认同、老年社会角色这些文献的整理使得本研究明确了角色在个体认识自我、群体认同方面的重要意义；明辨了认同的三种研究路径及趋势；明识了大多数角色认同都是基于"功利主义"的职场、专业等的绩效，而本研究中的老年学习团队带领人的角色认同则建构于"非功利"色彩的老年学习团队、社区机构、家庭等学习生活共同体的场域情境中，其角色认同的建构过程是符号意义协商和角色互动的结果。

（一）角色与认同是密切结合的两个概念，使得个体认识自我以及在群体中形成角色归属意识成为可能

米德主我与客我的角色扮演，库里"镜中我"自我角色概念，埃里克森对中老年期的角色认同危机的表述，林顿的角色地位说，詹姆斯物质我、精神我、社会我角色协调一致的表达，戈夫曼角色表演论等都表明：角色是个体认识自我的重要概念，这里包含了角色认知、角色地位、角色意义、角色情意、角色行为等具体的角色建构元素，为构建本研究的老年学习团队带领人角色认同的分析框架给予了一定的启示。

埃里克森把精神分析理论中的自我 ego 引入自我同一性，从强调个体发展的内部结构到自我同一性（self identity）的完善，各个学者从发展和扩散的角度充实与完善自我同一性的研究，从个体心理到个体内部特征与环境互动的作用成为自我角色认同趋于社会心理学、社会学的研究态势。角色认同从社会学、心理学等学科融合角度来看，其研究取向逐渐趋于整合，自我角色认同与社会角色认同的研究路径趋同，组织角色认同与社会角色认同也趋同。譬如组织角色认同中的自我归类与社会角色认同的社会分类趋近，带领人角色认同的归属认知即角色认知，情感认同即角色显著性的情

感体现,积极评价即角色认同带来的胜任力和幸福感的态度评价。社会角色认同的社会比较将自己认同为特定角色的承担者。①

从角色认同研究文献中可以发现,角色与认同的理论同源都是符号互动论在自我概念中的阐释,早期角色认同是自我校正角色、他者验证角色的过程,而后期角色认同是自我暗示角色、与他者互动建构角色的过程。新角色认同强调的是个人与他者的社会化,自我会自行群体归类,通过比较建构角色,强化认同。

本书对老年学习团队带领人进行角色认同的研究叙事,听取和记录他们的生活回顾与追忆,笔者发现其早前的生活经历与现今的自我角色认同相关,这些回忆与阅历讲述对人的精神发展和智慧生成有着重要的意义。老年学习团队带领人通过组建团队活动,自学与教他,更能构建角色认同,引领其他老年人实现积极老龄化,其间,它展现的是诸如反思性学习、批判性思维等高级精神功能,②这正是长者成为智者的特性表现。

(二)角色认同理论应用研究较广,主要应用的方向有自我角色认同、组织角色认同、社会角色认同三种路径,且趋势统合

角色认同理论有三种路径取向:自我角色认同、组织角色认同、社会角色认同,分别可以看作是微观、中观、宏观视域下的认同视角。其中自我角色认同源自埃里克森把自我同一性的心理学概念引入社会学,而组织角色认同源自米德对角色的理解以及布鲁默、斯特赖克等后继者对角色互动、角色承诺等的延展。社会角色认同理论发端于20世纪80年代的欧洲心理学界,尤其是社会心理学家在社会认同理论发轫之际予以关注,认为是研究个体—社会的创新视角,不限于心理学的个体角度,而是从个体—社会关系角度研究社会心理现象,而该理论传播到我国,更着眼的是利用社会认同理论

---

① Tajfel H. & J. C. Turner. "The Social Identity Theory of Intergroup Behavior". In *Psychology of Intergroup Relations*. Worchel S, Austin W(eds). 1986, pp.7-24. Nelson Hall: Chicago.
② Baltes, P. B. & Staudinger, U. M. "Sophia: A Me-Taheuristic (Pragmatic) to Orchestrate Mind and Virtue toward Excellence". *American Psychologist*, 2000(1): 122.

研究各个社会现象,即我国学界更注重社会认同理论的应用价值,以社会认同理论为基础进行广泛研究,如赵志裕等人针对香港青少年社会身份认同、地区国家认同的研究。[1] 方文对北京基督新教的分析研究,则被认为是内地应用社会认同观点进行研究的开端。[2] 雷开春的博士学位论文《城市新移民的社会认同研究》运用量化方法分析了城市新移民认同与制度性排斥、群体和个体地位、社会记忆等的关系结构。[3] 从孙秀艳的博士学位论文《青年公务员社会认同及其引导研究》[4]以及陈利娜[5]、梁宗娅[6]等人的相关文章中可以看出,角色认同理论已经广泛应用于社会学、政治学、社会工作等领域,这也是应用最为广泛和普遍的界域,尤其对特定群体的角色认同也屡见不鲜,譬如少数民族族群认同、新生代农民工认同[7]等。

(三)角色认同运用于职业、专业认同的内容较多,而老年学习团队带领人角色认同是以聚焦个体主体性为主的认同

角色认同理论用于教师、公务员、大学生等特定群体的研究较多,如李建红[8]、郑笑眉[9]、王莉红[10]、胡华敏[11]、李刚[12]的研究均涉及专业素养、职业素

---

[1] 赵志裕、温静、谭俭邦:《社会认同的基本心理历程——香港回归中国的研究范例》,《社会学研究》2005年第5期。
[2] 方文:《群体符号边界如何形成——以北京基督教新群体为例》,《社会学研究》2005年第1期。
[3] 雷开春:《城市新移民的社会认同研究》,上海大学博士论文,2008年。
[4] 孙秀艳:《青年公务员社会认同及其引导研究》,福建师范大学博士论文,2011年。
[5] 陈利娜:《当代大学生对社会主义核心价值观认同的研究——基于社会认同理论的视角》,南京工业大学博士论文,2015年。
[6] 梁宗娅:《认同理论视角下儿童自信心不足的社会工作干预研究——以甘肃M社区农村儿童社会工作服务为例》,兰州大学硕士论文,2016年。
[7] 闫超:《基于社会认同视角的新生代农民工炫耀性消费行为影响机理研究》,吉林大学博士论文,2012年。
[8] 李建红等:《基于社会认同理论的社工大学生专业认同研究》,《邢台学院学报》2016年第1期。
[9] 郑笑眉:《英语学习中的态度、社会认同与转化投资》,《教育导刊》2015年第2期。
[10] 王莉红:《人力资本与社会资本对创新的影响:个体与团队跨层次模型研究——基于经验学习与社会认同的作用机制》,上海交通大学博士论文,2013年。
[11] 胡华敏:《两难情景中合作行为的社会理性研究——社会身份及其作用机制》,浙江大学博士论文,2008年。
[12] 李刚:《城市社区社会工作者职业认同研究——基于杭州市上城区752个调研样本的分析》,杭州师范大学硕士论文,2018年。

质、员工角色认同,也就是说利用角色认同关注职场人士或年龄段在少年、青中年的内容不少,但就老年人本身而言的角色认同研究不多,一方面是因为老年人已经退出职场,其社会角色被看作是缺乏竞争力和挑战性,由此没有被突出置于社会中心场域;另一方面,以往角色认同的研究偏重于从人们所从事的职业或所处的社会位置来考察,却忽略了人本身的主体性角色,因此笔者从个体主体性角度,即单纯个体终身学习、终身发展的视角着眼带领人角色认同,是超越了"功利主义"式的职业化、专业化认同,是带领人个体于老年学习团队、社区机构、家庭等工作学习生活共同体的场域情境中的符号意义协商和角色互动而建构的突出个体主体性发展的角色认同。老年学习团队带领人的组织教学、管团建设、志愿服务等工作属于社会参与行为,因此笔者梳理的老年参与为主的论文对本研究也有积极的借鉴作用。陈昫以嵌入性概念分析老年人社会参与问题,认为老年社会参与形式单一、可持续性问题以及引导缺失是造成老年人社会参与比例不高的原因并针对性提出政策、实效保证的建议。[①] 有关老年人自我认同的论文也比较切合本研究主题,比如邓梦兰[②]利用社会工作方法之生命回顾疗法对所访谈的养老机构老年人进行需求评估,发现老年人有提高自我认同感的需求,并验证该法对介入老年人自我认同的作用。查小琼[③]、曹志华[④]、黄秋彤[⑤]揭示了老年人通过微信使用实现自我身份的认同、家庭身份的转变、社会身份的重塑等。

运用老年社会化理论中的社会重建理念就是引导老年人从建构主义视

[①] 陈昫:《老年人社会参与"嵌入性"问题分析》,《老龄科学研究》2014年第1期。
[②] 邓梦兰:《生命回顾疗法介入老年人的自我认同研究》,华中科技大学硕士论文,2018年。
[③] 查小琼:《社会认同视阈下小组工作提升随迁老人的社区认同研究》,华中科技大学硕士论文,2019年。
[④] 曹志华:《流动老年人社会认同研究——以北京市安慧里社区流动老年人为例》,中央民族大学,2012年。
[⑤] 黄秋彤:《认同·转变·重塑:老年人在微信使用中的身份认同与建构》,西南大学硕士论文,2019年。

角重新构建自我社会角色,适应和超越自身限制,通过角色定位、角色意义领会来彰显新时代老年人"退休精神"的风貌。本研究中的老年学习团队带领人就是主动适应社会角色并进行学习团队规划和设定自我团队学习角色,从而不断与自我、他人、社会环境进行意义协商和符号互动的社会适应群体,他们是老年人中坚持学习的积极分子,也是感悟人生、超越自我继续角色社会化的个体。

第三节 研究问题、思路与意义

一、研究问题

笔者对成人中的老年人群学习参与活动情有独钟,原因基于几点,这也正是促动笔者进行研究的目的。首先,全球老龄化已经成为时代趋势。如今,中国老龄化社会俨然形成,上海更是领跑全国老龄化的城市之一。其次,老年人的学习生活关系到其精神生命质量,而成人学习本来就非"显学",对老年学习的关注和研究更为薄弱。再次,本研究试图通过展现若干带领人角色认同的图景,探索其在老年学习团队情境下角色认同的特征,从而验证和修缮相关理论。从中透露的可能是研究者、转录文本、读者之间相互交叠产生的隐喻,精神共鸣有之,质疑不解存之……团队带领人是团队灵魂,抓住关键就是抓住了实质,目的在于探究老年学习团队带领人角色认同的过程,理解诠释带领人角色认同的本质,进而思考对老年人个体主体性及社会结构性的意义,从而充实与完善老年人学习参与的理论与实践,吸引更多老年人参与各种形式的学习活动,凸显教育、文化养老的积极功能。由此核心问题是:老年学习团队带领人如何建构角色认同的过程?围绕这一点具体包括的子问题是:

1. 老年学习团队带领人构建角色认同的特征包括哪些?

2. 老年学习团队带领人构建角色认同的机理是什么？

3. 老年学习团队带领人角色认同的本质是什么？

鉴于选取的多个案，多元展示不同发展阶段的老年学习团队带领人所呈现各异的角色认同特征与过程，在社会学理论角色认同的视域下，通过个案研究和跨个案研究来进一步细化分解相关问题：个案研究中每个老年学习团队带领人的身份承诺、他人支持、内外奖赏、角色投入是怎样的？跨个案研究中分析不同带领人建构角色认同的过程是怎样的？探讨角色认同对老年学习团队培育和带领人培养有什么实践启示？

二、研究思路

研究思路如图1-4所示，由三大部分所组成。第一部分是"总述"。首先是介绍研究的缘起与背景，正是全球老龄化和上海深度老龄化的现实催生了本研究主题：上海老年学习团队带领人角色认同的多个案研究，接着进行角色认同的文献综述，包括对角色认同研究基础、角色认同三种取向、角色认同应用的相关研究等文献的梳理，并提出问题：上海老年学习团队带领人如何构建角色认同？以斯特赖克的角色认同理论为分析框架进行研究设计，并进行个案选定、现场调查、资料搜集与资料编码的设计布局。第二部分是"分述"。分别对6名上海老年学习团队带领人进行个案叙述，包括瓷刻带领人陈伯伯、形体舞带领人刘阿姨、终身学习推进员带领人景伯伯、编织带领人张阿姨、山水画带领人王阿姨、老年男声合唱团带领人黄伯伯的角色认同图景叙述，每个个案叙述都以斯特赖克的显著性角色认同的身份承诺、他人支持、内外奖赏、角色投入维度进行，但由于每个个案都因应自身个体特性、团队特色以及与团队成员、家庭、社区管理机构等角色互动的不同情况而构建不同组合的角色认同，每个个案最后以角色认知、角色情感、角色互动三个维度进行小结。第三部分是"总述"。跨个案分析带领人角色认同的建构过程。主要概括为个体角色认知、"工作"角色情感、角色互动与角色认同三个层面,其中个体成因又分为学习力、性别、退休前职业;"工作"成因分为领导力、管理风格、管理力;角色互动成因包括家庭,即夫妻关系、代际关系支持力;社区即社区参与黏合力、社区认同度。由此探究角色认同的本质,基于上述再思考角色认同建构中的个体主体性和社会结构性,其中个体主体性体现老年人的终身学习与全面发展;社会结构性凸显老年教育的人本价值。

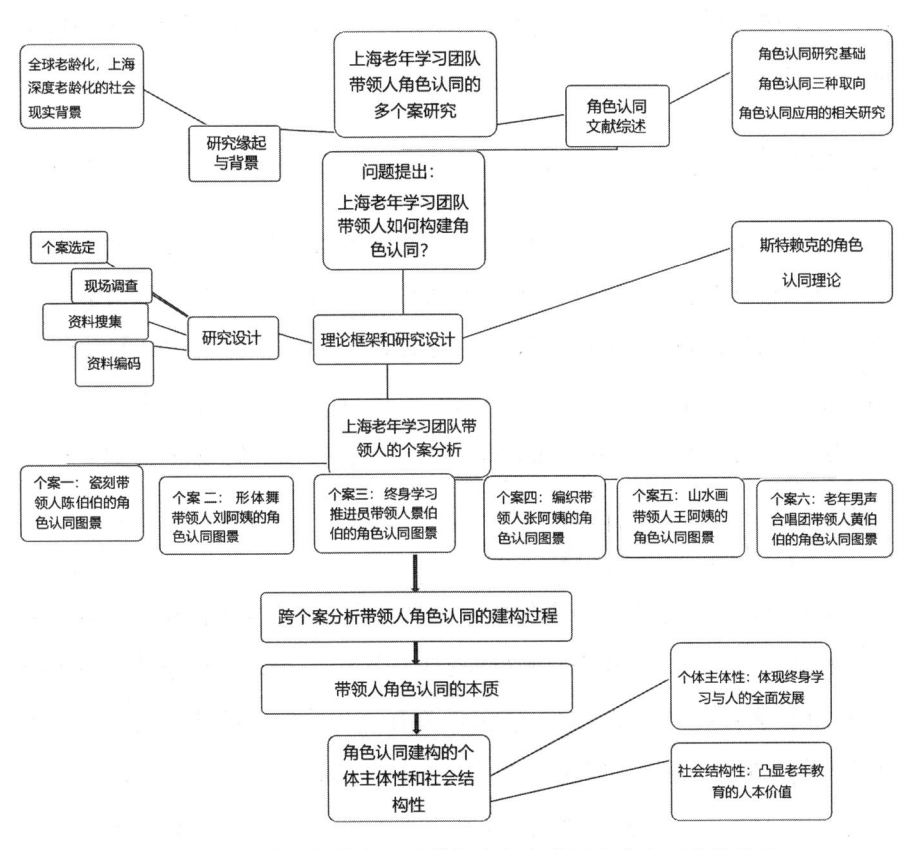

图1-4 上海老年学习团队带领人角色认同多个案研究的思路

全书分为十章。第一章的绪论内容主要包括研究的缘起、文献综述,交代研究的问题和意义以及关键概念阐释。

第二章是理论基础和研究设计等。主要涉及斯特赖克角色认同的理论综述、研究设计、多个案研究方法与研究设计等。研究筹划中包括个案的选定依据、资料搜集的方法、资料的三级编码等。

第三章到第八章是叙述 6 位老年学习团队带领人的角色认同图景。

第九章主要是跨个案分析带领人建构角色认同的过程,包括个体、工作、家庭、社区四个层面,不同团队不同带领人角色认同的建构过程不尽相同,由此第十章探究角色认同的本质,分为角色认同的机理、角色认同建构的个体主体性及社会结构性。最后部分是研究结论、总结与反思,也为后续研究埋下伏笔。

三、研究意义

本研究是在全球老龄化的背景下、中国老龄化加速的现实中开展调研、访谈、思考和撰文,同时基于若干老年学习团队带领人工作与学习的生活故事而展开,这对拓展老年学习方式、聚焦带领人角色认同特点、建构角色认同过程等具有一定的现实意义,也对丰富和完善有关老年学习和教育相关理论有一定的参考价值,同时也是笔者所肩负的专业责任和使命。

(一)丰富老年学习实践

老年学习团队带领人是老年学习团队的发起者、组建者和管理者。老年团队学习的性质是成年人自我导向、自主学习,它突破了传统的学习组织形式,并且能有效解决教育学习文化资源有限与满足日益增长老年学习需求之间的矛盾,一方面可以提升老年人的学习兴趣;另一方面对我国目前养老途径单一形成有力补充,将拓展文化养老渠道,这会在一定程度上变人口负担为文化生产力,从而减轻国家养老负载,同时为国民经济有序稳定发展做出隐性贡献。在现实社会中,人们往往只看到外显的经济成果,而忽略了老年人在构建和谐社会方面所发挥的稳定潜在作用。譬如老年人的志愿服务、二次就业、照顾孙辈、老年人通过学习教育提升精神生活质量免于或少于出入医院,节省医疗资源等都是隐形的社会价值,然而老年人积极的社区参与却因为不直接带来GDP的增长而被轻视了。在本研究访谈老年学习团队带领人的过程中,涉及他们个体、家庭、社区等对其角色认同的影响以及之间的互动关系,而上述为践行和理解角色认同提供了实践层面的启示。

长期以来,教育机构形式的学习才被人们认为是学习,但实际上成人的学习路径非常广阔和丰富,细微到生活场景、工作场所,延伸至各种非正式场合,老年人参与终身学习可以尽享其中的各种形式。大多数老年人学习是通过非正规和非正式学习途径,[1]本书是以若干上海老年学习团队带领人的学习与工作生活故事为研究文本,通过访谈、解读诠释,一方面,希冀以此吸引更多老年人参与不拘形式的多样化的老年团队学习活动;另一方面也从中观层面探寻带领人建构角色认同的过程,力图使得全年龄段(各个年龄段)的人们改变老年即人生落寞的刻板印象和历史文化痼疾。老年学习团队带领人作为团队存续的关键,探寻其建构角色认同的过程,展现其退休精神风貌,为培育更多优秀的带领人,积极面对城市深度老龄化提供实践借鉴。

(二) 深化老年教育学理论

随着老年人口的增加,从青少年本位社会向成年人本位社会的转型得以巩固。[2] 美国发现人口老龄化趋势明显,也注意到老年人同样需要满足其学习需求,制定了高等教育和继续教育的政策,还设计了老年旅社项目(Elderhostel program)、退休学习制度(Learning-in-retirement institution)等。我国也于20世纪80年代在全国各地开设老年大学,但从老年人口参

---

[1] Merriam, S B., & Bierema, L. L. *Adult Learning: Linking Theory and Practice*. San Ranccsco, 2014, CA: Ossey-Bass.
[2] [美]雪伦·B. 梅里安等:《成人学习的综合研究与实践指导》,黄健等译,中国人民大学出版社2011年版,第6页。

与老年学校的比例来看,人数并不多,因此本研究更着重从老年学习团队这种非正规学习形式入手,从团队带领人这一老年学习积极骨干的工作学习生活叙事为切口,分析、探寻、延展角色认同的理论内核。正如威廉姆斯(Williamson)所言,我们文化所认同的恰当的学习,倾向于"强调退休和年老意味着退隐和衰退"的思维定式而忽视了老年人可以获得的个人发展和对社会贡献的可能性。

老年学习团队带领人的角色认同是在梳理角色、斯特赖克角色认同理论的基础上的突破,带领人的角色认同是以老年学习团队为特定情境,对老年教育者、终身学习者、组织活动者、团队管理者、志愿服务者、智慧长者的多重角色认知、角色扮演以及产生角色情感进行角色互动建构的过程,其中显著性角色认同源于(重要)他人支持、身份承诺、内外奖赏和角色投入,从而凸显带领人对老年教育者的角色显著性认同,实现自我标定内在化与外在社会自我的一致,达成角色同一性。通过质性访谈研究,笔者发现带领人"工作"与实现"角色认同"关涉紧要,围绕带领人个体学习历程与组建团队始末透析的是带领人角色认同建构的过程,是老年人创建成长的有意义的个人生活的展现,是角色认同的个体主体性与社会结构性的统一,彰显了老年人的积极老龄化,终身学习与发展的精神风貌——退休精神的体现。

带领人通过组建团队,不但自我学习而且促进他学,从个人而言,可以实现自由而全面的发展;从团队而言,召唤更多老年人参与学习活动;从权利视角而言,带领人引领老年人享受终身学习权益,促进学习机会平等、权利平等,从而实现社会整体的包容发展。人人都会变老,重新审视老年人生阶段的学习是个人与社会共同助推作用的结果,是老年人学习权益的落实,是社会正义与教育公平的显现,达成共建共享共荣的社会期盼,由此笔者希冀对角色认同的本质进行补充完善,从角色认同的角度关涉老年教育学理论,为老年教育和学习开辟理论新场域。

第四节 核 心 概 念

一、老年学习团队

本书的老年学习团队是以老年人自我教育与学习、自我组织与管理为特征的自主运营的团队，主要活跃在社区及相关机构场所。老年团队学习是以团队为单元的老年学习方式，形式灵活弹性，有效缓解了老年机构教育资源紧张无法满足老年人各异文化学习需求的矛盾。

2012—2015年，上海市一般团队和优秀团队达6 000个，2016—2020年达到万个，涉及的种类也较为丰富，包括体育类、舞蹈类、保健类、唱歌与音乐类、戏曲类、时政类、电脑类等，老年学习团队按照发展阶段划分为五种类型，分别是草根型、起步型、一般型、优秀型、特色型。[①]

老年学习团队由学习与团队两部分构成。说到团队，很多研究都从学习视野着眼，因此与心理学、组织行为学等相关，带着此前的思考，笔者以"团队"为关键词，以2000—2020年为年限，查找了中国知网和万方数据库，有分别多达20万条和18万条的搜寻记录，且团队的论述多涉及管理学、心理学领域，另外，团队内容的维度较多，包括团队精神、团队建设、团队管理、团队学习、团队绩效、团队合作、团队文化、团队协作等。"团队"一词在英文中是"team"，有时会与"group"混同，但查找英文释义，前者意为合作的队、组，后者意为组、集团，两者相较，还是取team比较恰当，因为它更强调协作。团队不同于群体，具有一定的组织性，有共同的目标和达成目标的计划，有公认的团队带领人等。虽然从查阅的文献来看，团队概念更多用于企业，最终指向都是为了提升绩效，但笔者应用团队概念，更多强调集结性，老

[①] 上海市老年学习团队指导中心资料和数据(2017年内部资料)。

年学习团队不同于管理学意义上的团队,它不注重显现的绩效,更注重团队成员的志趣相投,诉诸情感,成就于团队带领人与团员的学习互动,它是老年人参与学习的重要支持力量之一。

二、老年学习团队带领人

上海市老年教育规划把培育老年人学习团队的数量及提升质量作为工作目标,强调老年学习团队为老年人就近、便捷、快乐地学习创造了条件。其中老年学习团队带领人则是组建老年学习团队的核心骨干力量,负责老年团队学习活动的教育教学、组织实施、运营保障等,在老年团队学习中,带领人学习力强,能者为师,乐于组织成员取长补短,发挥各自优势,互教互学,使得团队可持续发展。老年学习团队带领人自身也是老年人,本书研究的带领人都是60岁以上的人,因此是按照WHO或世界上最通用的依据生理年龄进行划分的标准。

三、角色认同

角色认同是社会学中的重要概念,米德主我与客我的角色扮演,库里"镜中我"自我角色概念,埃里克森对中老年期的角色认同危机表述,林顿的角色地位说,詹姆斯物质我、精神我、社会我角色协调一致的表达,戈夫曼的角色表演论等都表明角色是个体认识自我的重要概念。本书主要采用谢尔登·斯特赖克(Sheldon Stryker)的角色认同理念。角色认同是人们在社会结构中所占据的象征符号及与之相关的意义诠释,人类行为与个体所占社会位置紧密关涉的是社会角色的扮演以及角色期待。角色认同的显著性(identity salience)[1]是斯特赖克等人关注的重点之一,自我许多不同的角色

---

[1] Stryker, S., & Serpe, R. T. "Commitment, Identity Salience, and Role Behavior". In W. Ickes & E. S. Knowles (Eds.), *Personality, Roles, and Social Behavior*, 1982, pp. 199–218. New York: Springer.

身份是按照其重要性进行排序建构的,它来自个体获得他人支持的程度、身份承诺或保证的程度、内在满足度、外在奖赏度等。

四、社会认同

社会认同(Social Identity)是欧洲研究社会心理的一个重要概念,由于Identity既是"认同"又译为"身份",且往往也是对某种身份的认同,社会认同还是西方文化研究的一个重要概念,它植根于西方现代性的内在矛盾,是个体自我归属的角色认知表达和价值承诺,本书所指的社会认同是参考泰弗儿和特纳有关社会认同的定义:个体知晓他归属于特定的社会群体(group membership),而且他所获得的群体资格(身份)会赋予自己某种情感与价值意义。[1] 认同感和认同度则表征个体在诸多文化个体间的身份确认度。社会认同可以理解为社会区分、社会比较、积极评价的过程,是个体在群体中进行自我定义与对照,然后按照群体的规约进行认同的过程。这是一个从个体自我认同到集体群体归属认同的过程,是认同角色嬗变的动态过程。[2]

五、退休精神

退休精神是来自美国作家詹姆斯·奥特里著作《退休精神》[3]的核心概念,是指创建不断成长的有意义的个人生活(The spirit of retirement: creating a life of meaning and personal growth)。

退休精神,顾名思义,即退休后退而不休的精神,旨在提升老年人精神生活质量。退休精神涉及生活质量概念,最早出现在美国经济学家加尔布

---

[1] 转引自[澳]迈克尔·A. 豪格(Michael A. Hogg)、[英]多米尼克·阿布拉姆斯(Dominic Abrams):《社会认同的过程》,高明华译,中国人民大学出版社2011年版,第7页。
[2] 张春兴:《教育心理学》,浙江教育出版社1998年版,第139页。
[3] [美]詹姆斯·奥特里(James A. Autry):《退休精神》,曹文丽译,生活·读书·新知三联书店2010年版,首封。

雷思所著的《富裕社会》,该书主要揭示美国居民较高的生活水平与满足社会的、精神的需求方面相对落后之间的矛盾现象。他在 1960 年发表的美国《总统委员会国民计划报告》和 R. R. 鲍尔主编的《社会指标》集中正式提出生活质量这个专门术语。此后,生活质量逐渐成为一个专门的研究领域。20 世纪 60—70 年代,美国学者对生活质量的测定方法及指标体系做了大量研究。70 年代以后,生活质量研究相继在加拿大、西欧和东欧以及亚洲和非洲的一些国家展开。80 年代初,中国开始结合国情对生活质量指标体系及有关问题进行研究。

退休精神是从生活质量延伸到精神生活质量,即指老年人虽然退居二线,但仍然需要"就职"于老年人朝夕相处的社区或某个场域,并以此为平台,开展精神追求、发挥自我潜能,实现老有所乐、老有所学、老有所为等目标。

此外,按照马斯洛需求层次理论,生理、安全需求属于生存性需要,而社交、自尊、自我实现需求属于发展性需求。退休精神着眼于老年学习团队带领人的发展性需求,重在满足成员的志趣爱好,实现团队带领人的角色情感认同,达成角色一致性。

第二章
理论基础与研究设计

本章是研究的理论基础,主要包括多视域下的角色认同研究,按照社会学的三大流派,角色认同也分别有结构功能论、冲突或批判论、符号互动论等,并对斯特赖克角色认同理论进行系统阐述,继而对研究设计进行布局。

第一节 多元化视角的角色认同研究

一、结构功能论与角色认同

米德认为,"自我"源于个体互动,象征符号的作用意义显著……提出角色领会(role taking)概念,即个人感受并理解他人角色、根据他人态度采取行动。① 乔纳森·H.特纳指出,社会是由个体扮演的角色,即占据某个社会位置(position)或地位组成的网络。② 拉尔夫·林顿(Linton,R.)认为角色是地位的动态体现,当个体行使构成地位的角色与义务时就是在扮演角色。③ 可见结构论将角色放于社会结构、社会位置等社会情境中进行考察,

---

① [美]乔治·H.米德:《心灵、自我与社会》,赵月瑟译,上海译文出版社1992年版,第7页。
② [美]乔纳森·H.特纳(Jonathan H.Turner):《社会学理论的结构》,邱泽奇等译,华夏出版社2001年版,第152页。
③ Linton, R. *The Study of Man*, 1936, p.12. New York: Appleton-Century-Crofts.

关注社会网络、亲属关系、各种社会系统的对比。① 以塔尔科特·帕森斯(Talcott Parsons)为代表的结构功能论认为角色认同是个体对占据某一社会角色位置的适应与内化过程,其角色形成、强化、改变、重建等都受社会结构的规约。

二、批判论与角色认同

社会学冲突或批判理论的关注视角在角色认同方面的体现是聚焦角色认同的分化、瓦解、抗拒,由此而产生角色失范、角色冲突、角色认同危机等,类似于角色认同的消极方面,从角色矛盾中演进发展角色认同。曼纽尔·卡斯特着眼权力关系语境下建构的合法性认同、抗拒性认同、规划性认同。② 抗拒性认同是由那些地位处于被支配,行为处于被贬损或污名化的行动者所持有,其实就是角色认同危机或冲突;而规划性认同是行动者界定或重构地位并寻求社会转型的认同,其实就是角色统合过程。老年教育处于教育的非显要位置,老年学习团队带领人的"老年教育者"角色被主流的教育范畴视为边缘,会导致角色失调,影响其带领人角色身份的稳定,容易造成带领人流失,从而会影响到老年学习团队的可持续发展。

三、符号互动论与角色认同

符号互动论是在诠释文本和理解叙事方面比较重要和必要的理论。所谓符号是人们发明的赋予意义的符码,人类最为熟悉的是语言,以语言为媒介进行彼此沟通,获取意义理解。③ 互动被视为分析单位,符号互动论是一种微观社会学,社会由互动的个体组成,除了反应还有领悟、解释、行动和创

---

① Biddle, B. J. "Recent Developments in Role Theory". *Annual Review of Sociology*,1936(12):67-92.
② [美]曼纽尔·卡斯特:《认同的力量》,曹荣湘译,社会科学文献出版社 2006 年版,第 123 页。
③ [美]欧文·戈夫曼:《日常生活中的自我呈现》,冯钢译,北京大学出版社 2008 年版,第 13 页。

造等。

符号互动论最早可以追溯到威廉·詹姆斯对习惯、自我与社会我的研究，本能被习惯所取代，习惯是被经验修正的行为，詹姆斯认为自我分为"物质我"（一个人的衣食住行等，通过工作所获）、"社会我"（通过与他人交往而形成的个体自我感觉）与"精神我"（心理的能力与爱好）。"社会我"概念认为人们对于自我的感知源于同他人的互动。这与库利早期的"镜中我"思想，即以他人的看法为镜子而认识自己，个人的自我观念是在与他人交往中形成有互动趋同的意涵。

米德是符号互动论的典型代表，强调主我与宾我的互动，其追随者赫伯特·乔治·布鲁姆（Herbert George Blumer）强调自我主动性的同时关注即时互动情境中行动者自我和认同的持续构建。所以在自我角色同一性方面，奥地利精神分析学家弗洛伊德（S.Freud）将人格的发展分为三个部分：本我（id）、自我（ego）和超我（superego），人格则是三者的组合综合体。本我是人格中最原始的部分，秉持"快乐原则"，基本成分是欲望和冲动，本我的需要不能在现实中全部得到满足，于是个体服从现实的一部分就分化出来发展为自我，由于自我是适应外界环境而形成，行为准则是适应现实环境的"现实原则"；超我是人格中理想主义部分，以"至善原则"为纲领，代表人类高尚品德及情操。[①] 本书研究对象老年学习团队带领人在担当志愿奉献者角色中充分体现了利他服务精神，是超我人格发展的具体实践表现，也是带领人与周边环境良性互动的结果。埃里克森的人生发展理论认为个体与环境互动得到发展，但个体因在人生不同阶段会产生不适社会环境导致的心理困境与发展危机（developmental crisis）。在埃里克森的描述中，个体在人生发展的八个阶段具有不同的发展危机。这些心理发展危机呈现过渡与谱系状态，尤其是他对中老年阶段的论述给本研究以启示，埃里克森认为人生

---

① ［奥］弗洛伊德：《精神分析引论新编》，高觉敷译，商务印书馆1987年版，第52页。

发展到阶段七：中年期，精力充沛—颓废迟滞；阶段八：老年期，完美无缺—悲观绝望。① 这说明人生发展阶段具有延续性，老年期会因中年期的心理发展阶段产生正面或负面的情绪，干预或优化前一人生阶段知识、情感、意志才能积极应对人生的下个阶段，促进个体心智成熟。

欧文·戈夫曼（Erving Golfman）的戏剧理论是表演角色理论的重要发展。他强调个体的角色扮演和印象管理，指出个体会对所扮演的角色深度卷入，以至痴迷……对于从属地位的个体而言，会削弱角色紧张，新增角色之外的自我特征，并表现为角色满溢，丢掉完全顺从的角色包袱②……

本书主要着眼于符号互动论和建构主义视角的角色认同。斯特赖克的角色认同理论强调人们在社会角色中占据位置的象征符号和与之相联系的意义，对某个角色越认同，投入度就越高，则成为显著性角色认同。上海老年学习团队带领人在团队情境中构建了老年教育者、终身学习者、志愿服务者、团队管理者、组织活动者、智慧长者的身份，而投入最为显著的就是老年教育者角色，依照斯特赖克的理论，在身份承诺、他人支持、角色投入、内外奖赏四维度进行叙述，勾勒出带领人角色认同的图景。

第二节　斯特赖克角色认同理论

以谢尔登·斯特赖克（Stryker, S.）为代表的结构性符号互动理论者提出角色承诺、显著性角色认同、角色行为选择、内外奖赏、他人支持等，并且他认为个体经与社会互动而形成角色认同。③ 伯克（Burke）等人关注认同

---

① 转引自张春兴：《教育心理学》，浙江教育出版社1998年版，第129页。
② ［美］欧文·戈夫曼：《日常生活中的自我呈现》，冯钢译，北京大学出版社2008年版，第15—17页。
③ Stryker, S., & Serpe, R. T. "Commitment, Identity Salience, and Role Behavior". In W. Ickes and E. S. Knowles(eds.). *Personality, Roles, and Social Behavior*. 1982. New York: Springer, Verlag.

的内部化过程,认为认同是由认同标准、输入、比较、输出组成的控制体系。[1]个体感知与认同标准相较,一致则维持认同、自我确认,否则就不断进行意义协商,习得角色认同的意义。从建构论的视角开展角色认同较为广泛,比如角色认同形塑的主体能动性、自我调适,角色反思与创新,在社会情境中建构角色认同的路径等。伯克等人认为个体与社会机构相互作用形成的认同与社会机构相互影响。[2] 布迪厄指出认同通过个体在"场域"中的权力斗争而建构。[3] 吉登斯提出结构与主体相互作用的结构二重性理论,强调反思性自我认同并把其动力机制分为时空分离、抽离化机制、抽象系统与制度反思性。[4] 美国社会学家温格(Wenger)受其启发提出在"实践共同体"中从边缘走向中心的合法性情境学习建构认同,引发了认同研究者的关注。[5]

由于老年学习团队带领人不是社会意义上的有劳动报酬关系的职业工作,而是带领人无偿自主担任老年教育者等角色,承担对团队的管理和运营,因此对教师角色认同和老年人身份认同的研究主题也作为参考。

教师角色承诺与角色研究者斯奈德(Snyder)和斯普里策(Spreitzer)利用符号互动论构建模型,认为教师角色认同很大程度上受到周边环境情境、教师从业生涯及偶发事件的影响。根据斯特赖克的角色认同观点,迁移到教师角色承诺的决定因素包括内在充实与满足、外在反馈与回应、社会评价与支持、工作投入中的自我认同等,教师角色内在承诺即教师的育人价值,外在承诺即教师的工具价值。[6] 哈梅尔(Hamel)借助于社会建构认同理论、

---

[1] Burke P. J. & Tully J. C. "The Measure-Ment of Role Identity". *Social Forces*. 1997, Vol.55, No.4, pp. 881-897.
[2] Burke P. L., & Luckmann, T. "The Social Construction of Reality: A Treatise in the Sociology of Knowledge". *Garden City*, 1967. N. Y.: Doubleday.
[3] 转引自杨善华、谢立中:《西方社会学理论》(下卷),北京大学出版社2006年版,第175—180页。
[4] [英]吉登斯:《现代性与自我认同》,赵旭东、方文译,生活·读书·新知三联书店1998年版,第21页。
[5] Wenger, E. *Communities of Practice: Learning, Meaning, and Identity*, 1998, New York: Cambridge University Press.
[6] Snyder, E., & Spreitzer, E. "Identity and Commitment to the Teacher Role". *Teaching Sociology*, 1984, Vol.11, No. 2, pp. 151-166.

对话自我理论以及认同建构的情感属性等,分析了对新教师角色认同影响的因素包括指导和被指导的协商关系,情感和重要他人等。布朗(Brown)认为教师是与社会情境互动中建构自我认同。亚当斯(Adams)分析了教师外部的生活经历、指导与被指导经历、学习经历、共同体身份及多重角色认同等的内外部或内外向的认同轨迹①……

谢立黎等人对老年人身份认同的转变、趋于年轻化的趋势进行了定量分析,借助于积极老龄化的理念,认为健康、经济保障、社会参与对老年人自我角色认同的影响作用明显,即越健康,经济有保障,社会活动参与多的老年人越认为自己不老,体现了自我觉知年轻化的水平趋向,②然而,社会以60岁划界,认为老年人年老体衰的消极刻板印象则迟滞于社会发展,借助于回归分析来呼吁和廓清社会进步发展理念,同时更新和促动社会各种力量推进积极老龄化理念,才是应对人口老龄化的良方。

本书运用质性研究的方法来探究老年学习团队带领人角色认同的过程,诠释带领人角色认同的特征、建构及与本质,与上述人口学用量性方法研究不同,主要从微观着眼老年学习团队带领人个体访谈与实录,通过参与式观察及多个案研究,展现带领人角色认同不同于其他领域的职业、专业等的"功利性"认同,是具有个体主体性的人本价值的认同以及对老年教育教学的社会结构性反思。

以斯特赖克等为代表的学者认为角色认同理论试图理解并解释社会结构与自我的相互影响与作用的关系。该理论一般有两种研究传统,其一聚焦于社会结构对自我的影响以及自我结构对社会行为的作用;另一派以伯克为代表更关注自我认证(self-verification)的内部过程。以斯特赖克和伯

---

① Adams, L. L. Using Wenger's Social Theory of Learning to Examine University Teachers' Understanding of How Instructional Technology Affects Their Experience in Practice. A Doctor Dissertation in the College of Human Resourcesand Education in West Virginia University. 2010.
② 谢立黎等:《中国老年人身份认同变化及其影响因素》,《人口与经济》2014年第1期。

克为核心，相关学者进行了丰富的实证研究。斯特赖克的角色认同理论在20世纪下半期对学术界产生了广泛影响，基本理论观点概括为"自我反映社会"，总体自我由部分自我构成，而部分自我即若干角色身份构成，与角色身份紧密相关的是社会结构，社会互动也发生在人们的角色扮演过程中。

一、个体与社会

斯特赖克的角色认同理论被用来解释人们在社会结构中所占据的象征符号及与之相关的意义诠释，人类行为与个体所占社会位置紧密关涉的是社会角色的扮演以及角色期待。而明确认同位置，认识角色行为的心理预期，同时确认他人认同位置，把角色意识从自我扩展到广阔的参照框架和情景定义中，即个体把自己视为社会客体。个体与社会结构之间会发生互动，即个体影响社会结构，社会结构对个体发生限定或规制作用，具体见图2-1所示。

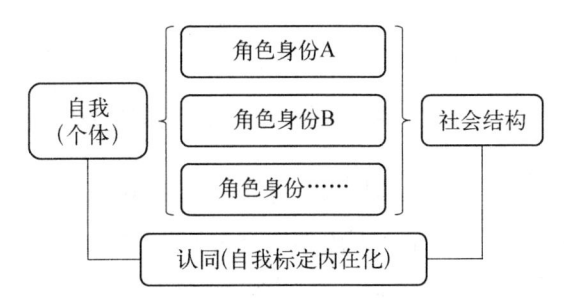

图2-1 斯特赖克角色认同理论中个体与社会结构的关系
（角色是个体与社会联结的中介）

角色认同的显著性（Identity Salience）[①]是斯特赖克关注的重点之一，自我许多不同的角色身份是按照其重要性进行排序建构，它来自个体所获

[①] Stryker, S., & Serpe, R. T. "Commitment, Identity Salience, and Role Behavior". In W. Ickes & E. S. Knowles (Eds.), *Personality, Roles, and Social Behavior*, 1982, pp. 199-218. New York: Springer.

得他人支持的程度、身份承诺或保证的程度、内在满足度、外在奖赏度等。其中角色身份越重要,排序越靠前,个体在相应情景中越可能执行该角色身份,努力扮演该角色,完成对其角色的期待,具体见图2-2所示。

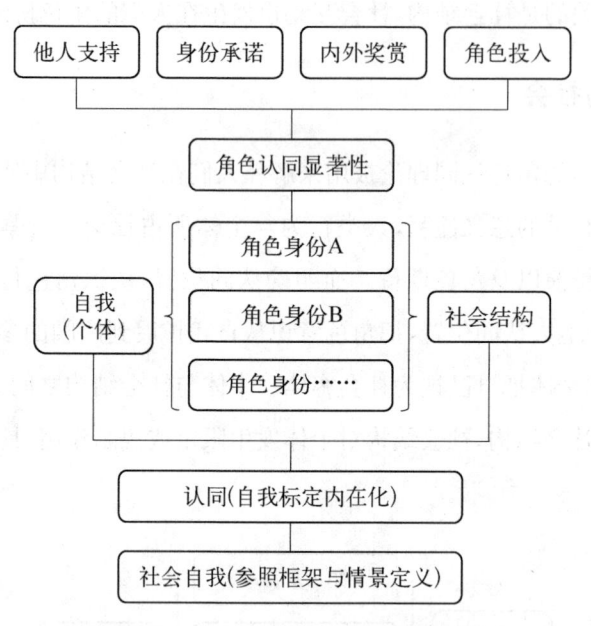

图2-2 斯特赖克角色认同理论中角色认同显著性的影响因素

个体对于某一角色认同的投入度愈高,其角色认同显著性愈强,他人支持度越高,其积极评价的面越扩展,其角色认同的显著性等级也越高。[①] 这时个体角色扮演趋同角色预期,并在角色丛中凸显,且个体努力搜寻能运用显著性认同的条件,显著性认同与情景预期的调适一致性会随之增加。由此,每个个体都在互动中把角色定位于显著性角色的扮演并寻求他人和自我都认可和接受的"合法性"角色,从而树立角色形象,强化认同显著性高的角色认同。这种角色互动,本质上是各种角色之间的谈判与对话,是基于角

---

① Stryker, S., & Serpe, R. T. "Commitment, Identity Salience, and Role Behavior". In W. Ickes & E. S. Knowles (Eds.), *Personality, Roles, and Social Behavior* 1982, pp. 199-218. New York: Springer.

色执行的角色扮演。斯特赖克还将承诺(commitment)概念引入了角色认同中,承诺是联结个人与社会的工具,表明个体与他人或社会组织有内在契约和规约的关系。个体承诺度越高,责任承担力越高,对角色认同的显著性水平越高,若认同是基于更广泛的社会界定,个体就会产生共有观念相一致的行为;同理,个体越认同角色,其承诺度就越高。所以斯特赖克的中心观点是"承诺影响认同的显著性,认同的显著性影响角色行为"。[1]

二、相关理论统合

安娜·F. 阿卜杜拉-兰堤西(Ana F. Abraido-Lanza)的角色认同与自尊、胜任力、幸福感的模型认为有价值的角色认同对自尊有更强的影响,并获得扮演这种角色的胜任力。[2] 社会角色认同会影响心理幸福感,重要角色认同给人们提供了认同感、胜任力与自尊,且与幸福感指数成正比。索茨则从干扰角色认同的角度探寻影响角色认同的因素,如认同压力。

伯克(Burke)关注角色认同的内在动力,提出了认同过程的控制论模型,认为在某种情景中一个角色认同被启动是由认同标准、输入、比较者、输出等四个部分组成一个反馈环。[3] 其中认同标准即自我意义,是指引个体维持基准的参照;输入即来自情景的与自我相关意义的知觉输入,即自我评价与他人评价反馈;比较者即将输入与认同标准进行对比后的意义;输出即通过自我意义的知觉与实际自我意义进行比较的结果,系统的输出实际是一种改变、协调自我知觉和认同标准,以致意义相同的过程。

有研究者认为多重角色认同也会导致角色冲突和心理压力,古德

---

[1] Stryker, S., & Wells, L. E. "Stability and Change in Self over the Life Course". In P. B. Baltes, D. L. Featherman, & R. M. Lerner (Eds.), *Life Span Development and Behavior* 1988, pp. 191-229. Greenwich, CT: JAI Press.

[2] Ana F. Abraido-Lanza. "Lantina with Effects of Illness, Role Identity, and Competence on Psychological Well-Being". *American Journal of Community Psychology*, 1997(25): 5.

[3] Burke, P. J. "Identity Processes and Social Stress". *American Sociological Review*, 1992(57): 835-849.

(Goldberg)认为多重角色认同会因资源时间分配不合理而引发冲突,而对角色进行等级排序(rank order)可以有效中止冲突产生。[①] 角色认同中的情绪问题也受到研究者关注。斯特赖克认为,对与角色身份相关情境行为的情绪反应强度可显示出一个角色身份在其重要性等级序列中的排位,即角色等级重要性程度与情绪强烈程度正相关,越重要的角色越容易调动人的情绪。[②]

综上所述,根据认同的同一性和差异性,形成构建上海老年学习团队带领人(简称带领人)角色认同研究的分析框架,可分为带领人的老年学习团队认同和带领人的角色认同两部分,其中角色认同以角色认知、角色情感、角色互动三维度进行架构。

第三节 老年学习团队带领人角色认同分析框架

笔者通过对角色认同不同取向的研究,发现其逐渐趋于整合,自我角色认同与社会角色认同的研究路径趋同,组织角色认同与社会角色认同趋近。由此老年学习团队带领人的同一性和差异性认同的实质是构建带领人以老年教育者为角色认同显著性的多元化角色交叠的认同,围绕"教他""管团""自学"的角色行为,扮演相应的角色,形成自我认同的标定内在化与社会结构的相一致,从而希冀从中观机构、宏观政策方面予以支持,促进更多老年人参与团队学习,重视老年教育,以学习文化养老为途径弘扬退休精神。

[①] Goldberg C. B. "Applicant Reations to the Employment Interview: A look at Demographic Similarity and Social Identity". *Journal of Business Research*, 2003(56): 561-571.

[②] Stryker, S. "Identity Theory: Developments and Extensions". In K. Yardley and T. Honess (Eds.), *Self and Identity: Psychosocial Perspectives*, 1987, pp. 83-103. New York: Wiley.

一、带领人的老年学习团队认同

基于对社会角色认同的考察以及泰弗儿和特纳对社会认同的定义,即个体知晓他归属于特定的社会群体(group membership),而且他所获得的群体资格(身份)会赋予自己某种情感与价值意义,并结合诺尔斯对成人学习、成人教育者、团队领导的理论,即认为成人学习原则主要是自我导向型学习,学生有认可而明确的学习目标,而且成人学习者的经验具有学习同化作用,成人学习者往往倾向于亲和非正式的学习氛围,于是成人教育者相应的角色转变为帮助者、引导者、鼓励者等。笔者结合上述搭建"老年学习团队认同"的构念,并对其内涵进行释义。

所谓老年学习团队认同,是指老年人以积极老龄化为理念,通过个体或群体主动进行学习参与而形成对老年学习团队的群体归属认知、建立的积极评价,以及由此产生的正面情感体验及价值承诺。

(一)老年学习团队认同的构成

在厘清老年学习团队认同构念的同时,笔者再进一步分析其包括的三个主要组成部分。老年学习团队认同首先以老年学习(Elder Learning)为界域,是成人学习的范畴之内,但又是不同于成人学习的特殊年龄阶段的学习,即后成年老年人阶段,本书以老年学习团队带领人这一老年教育者兼终身学习者骨干为主要对象来探究其角色认同的图景,再根据社会认同理论开创者泰弗尔的社会认同(Social Identification)含义,创生性建设了"老年学习团队认同(Elder Learning Team Identification/ELTI)"的构念,带领人对老年学习团队形成了归属认知(Belonging),即老年人认为老年学习是自己不可或缺的一部分,是老年人的一种重要生活方式和态度。老年人定期参与老年学习,并对学习与团队形成心理认同感与归属感。这是对成人学习的自我导向性学习特点、亲和力学习氛围、团队学习方式的回应。老年人在参与老年学习的过程中,随着归属感的产生,对老年学习团队产生情感认同(Affection),即对个体学习和参与团队学习表现出稳定而持久的情感,如眷恋团队学习圈,对团队及成员形成情感依赖,由此对老年学习团队作出积极评价(Positive Evaluation),并将其上升为价值追求、精神归宿,使得老年学习团队可持续发展。三者之间是相互作用的关系,即老年学习团队认同是三因素互动作用的结果,老年人通过老年学习形成对团队的归属认知;成员之间产生情感认同,这种内在充实与依赖使得参与老年学习的团员对老年团队学习行为本身形成积极评价,成为衡量精神生活质量的重要依据。带领人的老年学习团队认同与普通团员相比,强度更高,力度更强,详见图2-3所示。

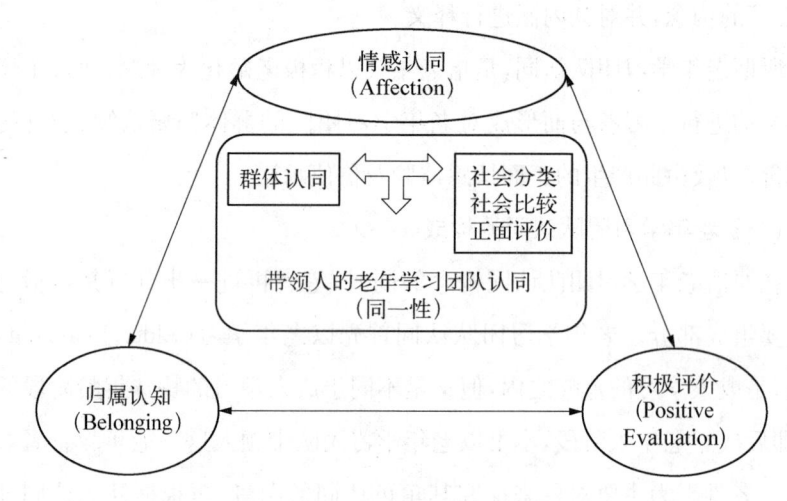

图2-3 老年学习团队认同的构成(ELTI)

(二) 老年学习团队认同的意义

老年学习团队认同提法较少,侧面说明老年学习或老年学习团队在社会层面的认可度不高,然而,伴随着全球老龄化的加剧,各国政府都开始积极应对老龄化问题,老年人学习参与又是重要的社会参与形式之一,结合对深度老龄化的上海城市的老年学习团队带领人进行访谈,就会发现老年学习俨然成为城市老年人重要的文化养老形式。本书基于理论与现实的依据,以社会角色认同为参考,建构"老年学习团队认同"概念,并以带领人—老年学习团队、个体—群体的关系诠释角色认同建构过程,从而进一步明确研究主题的实践意义与理论价值,扩展带领人角色认同的社会辐射力,探寻角色认同的个体主体性和社会结构性。

二、带领人的角色认同

(一) 带领人角色认同的构成

如图2-4所示,根据认同(Identity),从同一性和差异性两个层面构建老年学习团队带领人的角色认同,前述同一性即带领人的老年学习团队认同,主要从社会角色认同定义所包含的归属认知、情感认同、积极评价三维度进行;差异性即带领人不同于普通团队成员的差异,即带领人角色认同,包括角色认知、角色情感、角色互动。角色认知又细分为角色定位和角色意义,其中角色定位是结合笔者的研究与访谈,发现老年学习团队带领人在其退休后投入学习团队管理和组织学习活动是与其带领人"工作"相一致的角色身份,通过参与式观察团队学习后又发现带领人在管理团队的过程中还"自学"与"教他",从而建构形成与角色定位相应的显著性角色。根据斯特赖克的角色认同理论阐释个体与社会结构的关系,带领人构建角色认同的

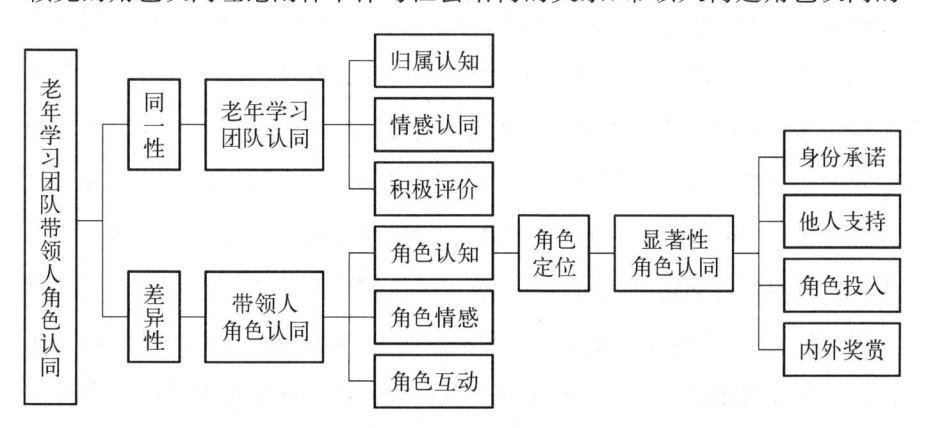

图 2-4 老年学习团队带领人角色认同建构理论分析框架

过程即角色认同显著性的彰显,主要从身份承诺、他人支持、内外奖赏、角色投入四个维度进行。

(二) 带领人角色认同的意义

斯特赖克角色认同理论被用来解释人们在社会结构中所占据的象征符号和其所联系的意义,人类行为与个体所占的社会位置紧密相关的是社会角色的扮演,以及如何处理好自己与他人的预期。个体要在角色扮演中明确认同位置,认识角色行为的心理预期,同时确认他人认同位置,个体角色意识在广阔的参照框架和情景定义中就是个体已经把自己视为社会客体。个体与社会结构之间会发生互动,个体影响社会结构,社会结构对个体发生限定或规制作用。在斯特赖克角色认同理论中,特别强调的角色认同显著性是对个体承担诸多角色进行区分的指标,自我许多不同的角色身份是按照其重要性进行建构,它来自个体获得他人支持的程度,对这种身份保证或承诺的程度以及从角色身份中获得的内外在奖赏。角色身份越重要,个体在相应情景中越可能扮演该角色。个体基于某一种角色认同的投入越多,这一认同的显著性就越强,若这一认同被他人认可,并在更广泛的价值体系中得到积极评价,则这一认同显著性得以提升。当个体借助于围绕角色建立的社会网络不断确认角色,社会网络不断扩展,某一角色认同的显著性等级则最高。个体角色扮演趋同角色预期,并在角色丛中凸显,且积极搜寻能运用显著性认同的条件。由此显著性认同与情景预期的调适一致性会随之增加。老年学习团队个体的角色认同显著性主要体现在对老年教育工作的履职中,从团队支持度、带领人自身学习促进老年教育者身份承诺方面,以及获得来自团队内外奖赏和带领人自身投入度方面都使得带领人在互动中谋求老年教育者的角色认同显著性处于等级较高的位置,并寻求"合法性",在团队情境中,带领人会使用各种策略表现这一特定角色形象,从而确定认同显著性高的角色认同。在有关角色认同显著性的四个维度的解释中又被分为内外因,其中他人支持、外在奖赏属于外因,具体表现在团队成员的肯定,家人支持,街镇社区文化活动中心、老年大学等机构的援助认可等;身份承诺、角色投入度属于内因,主要取决于带领人的内在要求和自律操守等。带领人角色认同是与成员自身各种角色不断互动的过程,是联结个人与社会的工具,表明个体与他人及社会组织的关系,以及对某一特定角色的承担程度。

综上所述,老年学习团队带领人角色认同包括对老年学习团队的认同和在该团队中扮演多重角色认同。因为带领人角色是以老年学习团队为工作情境而构建的一系列特定角色身份,由此带领人的老年学习团队认同是指老年人以积极老龄化为理念,通过个体或群体主动进行学习参与而形成对老年学习团队的群体归属认知、建立的积极评价以及由此产生的正面情感体验及价值承诺。老年学习团队带领人角色认同:以老年学习团队为特定情境,从他人支持、身份承诺、内外奖赏和角色投入度四维度凸显带领人对老年教育者的角色显著性认同,实现自我标定内在化与外在社会自我的一致,达成角色同一性。

第四节　多个案研究方法与研究设计

一、个案选定依据

(一)客观因素:志愿色彩,自主组织

基于符号互动论和建构论,决定物色和联系的研究对象的首要必须条件是能自主组建老年学习团队,自发自愿引领团队成员参与学习活动的带领人。一般来说,老年学习团队有社会自组织和机构转化两种类型,也就是说有些老年学习团队的发起人是个人,在他的倡导下会有部分志趣相投的老年人参与其中,随着活动的深入和持久,自主老年学习团队也会增加人脉,并逐渐进入相关管理机构,如社区学校、老年大学、街镇居委等组织的视野,这会为团队活动的场地、硬件设施等方面提供支持保障,也是带领人颇为重视的团队外力。另一种是老年大学规模、场所受限,某些班级常年人满为患,而且老年人学习没有毕业升学概念,所以会出现"永不毕业"的老年人,为了满足更多老年人的学习需求,一些机构办学班级就采取团队学习的方式定期活动,相对而言,机构变体的团队活动会有硬软件支持。笔者选择的都是区、街(镇)级层面的带领人,他们比较基层,但都对自组建的老年学习团队怀有深厚感情,志愿服务团队在团队中起到核心、骨干的引领作用。

(二) 主观因素:对象配合,相处和谐

访谈中研究关系显得较为重要,这是研究开展的访谈基础。笔者能够近距接触访谈对象,并能与之畅谈,主要在于笔者也是一名成人教育工作者,常与街镇老年社区学校、文化活动中心管理者保持一定的工作联系;另一方面,笔者作为区级层面的社区、老年教育者也会直接接触带领人,有过合作,这些都为顺遂的研究关系奠定了基础,也保证了研究访谈的过程相对和谐、稳步。笔者选取了瓷刻老年学习团队带领人陈伯伯、形体舞老年学习团队带领人刘阿姨、编织老年学习团队带领人张阿姨、终身学习推进员带领人景伯伯、山水画老年学习团队带领人王阿姨和老年男声合唱团带领人黄伯伯作为研究对象。

为了保证选择个案的典型代表性,一是关注了老年学习团队发展的全阶段,如初级、成长、成熟阶段的老年学习团队;二是考虑了老年学习团队的不同管理类型,如依赖机构管理的团队以及自发组织的民间团队等,从而符合适应深度研究,呈现意义丰饶的案例选择原则,且为异质性的跨个案比较分析奠定条件基础。

二、个案情况概览

笔者选择的老年学习团队类型多样、阶段各异,缘由有二:其一,笔者所甄选的老年学习团队学习样态是动静结合,形态多种,比如囊括动手、动身、动脑的海派瓷刻、形体舞美、编织技艺、山水绘画、终身学习推进员、老年男声合唱等学习团队,具有一定的代表性;其二,被选的团队发展阶段不同,有的是起步阶段,有的是成长阶段,有的是成熟阶段,访谈中笔者还接触到团队的瓶颈期、危机阶段等,这都为叙述开展、凸显带领人化解团队威胁提升能力提供了丰富的脚本。从2015年底至2019年底,笔者对16位带领人进行访谈,根据被访谈团队的学习内容相似性、团队带领人的配合性、团队的成熟度等,又从中甄选出6位(序号1—6)访谈对象,其中被选中成为本研究对象的带领人都取自化名,如陈伯伯、王阿姨等,以示与其他未入选者进行区分。表2-1是16位被访谈带领人的基本情况,作为概览。

表2-1　老年学习团队带领人访谈基本情况

序号	访谈对象	性别	年龄	退休前职业	访谈时间	访谈地点
1	瓷刻带领人陈伯伯	男	66	棉纺机械厂电工	2019年9月20日、27日,10月8日	工作室、老年学校教室
2	形体舞带领人刘阿姨	女	71	纺织厂女工	2019年10月13日、18日、25日	刘阿姨家、舞蹈房、老年学校休息室
3	终身学习推进员带领人景伯伯	男	66	某纺织集团工会干部	2019年7月5日、11日、18日	休息室、教室
4	编织团队带领人张阿姨	女	66	某三甲医院护士长	2019年10月23日、11月4日、16日	老年学校教室、休息室
5	山水画带领人王阿姨	女	77	某烟草公司办公室主任	2019年9月23日、28日、10月11日	绘画活动室、休息室

(续表)

序号	访谈对象	性别	年龄	退休前职业	访谈时间	访谈地点
6	男声老年合唱团黄伯伯	男	65	厂部工会干部	2019年6月23日、28日，7月20日	合唱活动室、休息室
7	老年读书读报学习团队带领人	男	75	西北某省地震局研究员	2018年9月23日	老年学校沙龙活动室
8	老年钢琴学习团队带领人	女	75	河南某地机械厂翻译	2018年6月15日	老年学校休息室
9	老年民族舞学习团队带领人	女	71	某越剧团演员	2018年5月23日	老年学校舞蹈房
10	老年瑜伽学习团队带领人	女	58	某印染针织厂统计员	2017月6月28日	老年学校舞蹈房
11	老年形体舞学习团队带领人	男	70	某中学教师	2018年6月5日	老年学校活动室
12	老年书法学习团队带领人	男	68	某机器厂经济师	2018年6月12日	老年学校教室
13	老年混声合唱团队带领人	女	66	某工人文化宫馆员	2018年5月15日	老年学校功能室
14	老年拉丁舞学习团队带领人	男	63	上海某保健院医生	2018年5月18日	老年学校活动室
15	老年中医刮痧团队带领人	男	65	某机械厂电工＋保健刮痧师	2018年6月18日	老年学校教室
16	老年二胡团队带领人	男	62	文化馆馆员	2018年5月28日	老年学校器乐室

通过面对面、电话以及友人推荐等方式，笔者与被访谈的带领人进行了多种方式的访谈调研。其中面谈和参与式观察为主，每人访谈3次以上，每

次谈话或参与式观察两个半小时以上,整理录音,源文件资料 15 余万字。其中最为关注的是面谈和参与式观察的日志描述。笔者与被访谈对象采取事先预约方式确定访谈时间和地点,原则是以当事人即访谈对象时间和方便为主,一般是在受访者学习活动结束或者经对方同意,笔者上门拜访等形式进行,并且鉴于访谈的首映效应,笔者每次在访谈前都提醒自己做好充分准备,包括事先计划的访谈思路、提纲以及现场的灵活应对等,为后续访谈奠定基础。

三、资料搜集方法

工欲善其事,必先利其器。做研究要达到预期目的,就必须选择适合的方法,即"器"。每项研究都有相适应的研究方法,所以方法无最优,只有相对适合之法。正如罗布森(C.Robson)指出的,确定方法论的关键原则在于"研究策略与方法和研究问题相对应"。[①] 本书主要使用的是质的研究方法,聚焦于访谈、参与式观察等。另外在阐述研究方法的基础上对研究思路、整体布局、研究过程和研究框架进行分析讲述。

社会科学研究是人们为了了解分析和诠释社会行为、社会现象等的活动。[②] 笔者通过研究上海老年学习团队带领人的工作、学习、生活故事,从中揭示其角色认同特质,跨个案分析角色认同构建的过程,一方面对团队带领人的个人学习和组建团队等事件进行现象描述;另一方面,透过现象探寻其角色认同的建构过程,这种诠释和分析的目的是生成理论与若干实践策略。

(一)访谈法的内涵与功用

所谓"访谈",是研究者与被研究者建立联系的工具,是通过有目的的寻访、探究、交流、询问等方式与被访谈对象进行交流,从而建构一手资料的方

[①] 转引自徐改:《成功职业女性的生涯发展与性别构建》,华东师范大学博士论文,2007 年。
[②] 陈向明:《质的研究方法与社会科学研究》,教育科学出版社 2000 年版,第 3 页。

法。① 访谈与日常谈话不同，有十分明确的目的，是一种研究性交谈，事先要撰写访谈提纲，确定采用的是半结构型抑或结构访谈方式。

为了保证访谈效果，提取更多访谈信息，在访谈中研究者很可能会要求访谈对象重复和追问，还要鼓励被访谈者尽可能多说出自己的看法和经历，尽量具体和明确，直到研究者认为信息充足才结束访谈。上述而言，访谈法的研究者对访谈对象有一种"权力控制"。访谈这一形式本身使研究者有权控制双方交谈的方式，包括交谈的内容、谈话的风格以及信息的类型和容量。② 只要互相尊重，还是能够通过沟通协商理解彼此的谈话意图。访谈本身就是参与双方建构的社会事件，双方同意访谈就是预设了一个特定的社会情境，因此在访谈前要对被访谈对象进行预想准备，譬如准备可能的问题与回答。但现场中访谈的导向、资料的建构是双方互动的结果，访谈也不仅仅是言语行为，"以言表意"（locutionary act）还有可能"以言行事"（illocutionary act）和以言取效（perlocutionary act），也就是我们所说的言外之意或者改变说话的效果。③ 这跟研究者在访谈中对研究对象身体语言的敏感和参透有关，所以还是研究者和被研究对象视域融合的过程。

通过访谈，研究者可以了解访谈对象的所思所想，从中透析其价值观、情感感受等，能对其有较为整体、综合、丰富的认识，有助于研究者与被研究者双方之间建立信任感，使受访者有倾诉的渠道，有被认同的肯定，有利于其自身文化的解释和构建。所以与问卷调查相比，访谈的灵活性和深度诠释性更强，研究关系更容易建设，另外，本研究把访谈、观察、实物分析几种方法结合使用，其实在实际情境中也很难断然分开几种研究手段。在访谈对象的过程中，研究者除了访谈、提问，还时刻观察对方的情绪反应或言谈

---

① 陈向明：《质的研究方法与社会科学研究》，教育科学出版社 2000 年版，第 165 页。
② Bernard, H. R. "Unstructured and Semistructured Interviewing". *Research Methods in Cultural*. 1988.
③ Austin, J. L. *How to Do Things with Words*. 1962, Oxord: Oxord University Press.

举止,访谈对象在得知被访谈时通常会做好准备,携带有关的影像资料或资质证书等,因此通过往复不断地运用各种方法也有助于检验相关研究结果,为研究结论提供依据。

(二) 注重访谈的提问、追问与回应

本研究使用的是半开放型访谈,研究者对访谈结构有一定的掌控,同时也鼓励被访谈者参与其中。笔者依循上述的访谈提纲对访谈对象进行提问。访谈依研究的问题、访谈者的习惯、受访者个性以及当时的具体情境不同而各异。按照陈向明老师对访谈问题的分类,大致分为开放型与封闭型问题、具体型和抽象型问题、清晰和含混型问题。[①] 其中开放型是允许受访者作出多种回答的问题,通常以"什么""为什么"之类提问,而封闭型问题对受访者回答有所限定,可适当使用,譬如本研究中对带领人的年龄、家庭情况的询问,但不可过多,以免限制受访者回答,易导致冷场。具体型问题是询问受访者细节的,抽象型问题则是对事件进行概括和笼统的陈述。笔者认为若被访谈对象在访谈中对某些事件印象深刻,非常有意愿表达就可以具体详述,但对某些问题回答闪烁其词,研究者的反应要适宜,并在此处做好标记,在有条件时再进行追问或者通过观察和实物分析等来理解和诠释访谈对象的特殊回应。而清晰问题和含混问题的分类主要依据提问内容是否意义清楚、指向明确,若在访谈前进行了较为充分的准备,应该是选用清晰的问题,使得访谈顺畅进行。

追问适宜,在访谈中要能够有效调动访谈对象的积极性。"追问"指的是:访谈者就受访者前面所说的某一个观点、概念、语词、事件、行为进一步进行探寻,将其挑选出来继续向对方发问。[②] 追问是访谈者对被访谈对象提出开放型问题,进而深挖事件发生过程必用的访谈手段。追问的时机不可

[①] 陈向明:《质的研究方法与社会科学研究》,教育科学出版社 2000 年版,第 183 页。
[②] Seidman, I. E. *Interviewing as Qualitative Research: A Guide or Researchers in Educ Ation and the Social Science*. 1991, NewYork: Teachers college.

一开始访谈就使用，另外访谈中追问要以访谈对象当时情境为要，不能为了自身的访谈提纲而不管不顾访谈对象的现场情形和表现。

访谈中除了访谈者自己智慧地问和听，还要有所回应，这是认可被访谈对象的体现，也是与之共情的表现，同时回应适宜，避免评价不当或者以文化客位的方式妄加论断，这与前期提及的互相尊重一脉相承，研究者只有在尊重对方文化、背景和个人的前提下才能积极回应，使得访谈双方感觉访谈后更为亲近，从而起到通过访谈达到沟通信息、润滑双方研究关系的目的。

四、研究调研实况

研究过程是一个整体谋篇布局的过程，虽然在预备研究、确立主题、撰写访谈提纲、明确研究对象、进入现场访谈、整理和生成资料、阐释和理解叙事、探究与构建理论的进程中无不是遵循循序渐进的原则，但其中会不断被否定、质疑、无序所侵扰，几易修缮，最终呈现的则是贯穿叙事探究逻辑主线的整体研究过程。

（一）研究准备

为了确保研究有效开展、持续，笔者首先在选题方面不断缩小和聚焦主题半径，从开始的老年教育到老年学习团队，又到带领人学习生活成长，再到带领人角色认同的探究，无不是对笔者自己不断否定之否定再到肯定和坚持的过程。确定好研究主题，旋即展开有关研究方法和文献综述的查询、收集和思考，酝酿对访谈对象的提纲编写，在这一过程中，笔者发现不是一定要遵循固定呆板的步骤完成书稿研究和撰写，个别阶段可以同时着手，但无论执行哪个阶段，都必须做到心中有数、计划周详，即凡事预则立，不预则废。

1. 厘清研究思路

研究初始，最重要的是进行通盘规划，梳理研究思路，澄清研究脉络。笔者要着眼的是老年学习的主题，但老年学习是一个较大的范畴，在导师的建议与学友的探讨中,在翻阅资料和谋划过程中,基于笔者的研究旨趣和工作实践,从而对老年学习团队带领人这一研究对象产生了浓厚的兴趣,他们是老年学习中的达人,同时身负自我学习与组织成员学习的双重任务,对他们采用质的研究,应该能够较好展现出老年学习先行者角色认同的建构过程,当然在访谈过程中必然会牵涉他们的成长发展经历,依循时间维度、人和社会的情境维度、空间维度进行叙述,较为立体全面地展示其工作学习生活。接下来就是对带领人角色认同的深度诠释,然后是对带领人角色认同和退休精神的的归纳、比较,从而进一步探究角色认同的个体主体性和社会结构性。

2. 确定研究对象

规划好研究思路后则需要对具体的研究对象进行选择。质的研究方法使用最多的非概率抽样方式是"目的性抽样",即依据研究目的抽取为研究提供最大信息量的研究对象。[①] 据此,本研究选取了6位带领人,分别是瓷刻、编织、终身学习推进、形体舞蹈、山水画、男声合唱的老年学习团队带领人。他们的团队学习内容体现了动(舞蹈)静(阅读)结合、工艺手工与非遗历史传承(如瓷刻)相囊括,吹拉弹唱、琴棋书画相交融的较为综合及立体层面。另外,这些团队或是起步阶段,或是一般型或是优秀或是特色型,且带领人性别不同、背景不同等都对后续展开的跨个案分析埋下了伏笔。笔者作为研究者又是研究工具,也因与部分被研究者有一定渊源关系,而相对降低了寻求物色研究对象的难度,但在访谈研究之前,研究者与被研究者属于弱关系,大多都是因为团队有特色,笔者慕名而访谈。或许因自己工作和实践中会与部分带领人偶有接触,对其学习精神和组织成员学习的情境记忆犹新,访谈研究相对顺畅。质的研究不仅把人当成有意识的研究对象,而且

---

① Patton, M. Q. *Qualitative Education and Research Methods* (2nd Ed.). 1990, Newbury Park: Sage.

特别强调通过研究者本人与研究对象的互动而获得对研究对象的理解。[①]

3. 设计访谈提纲

本研究是半开放型的访谈,虽然要求给访谈者一定的表达自由,但是还需要设计访谈说明和提纲。访谈问题不同于研究问题;一方面要列出访谈中应该了解和覆盖的问题;另一方面,访谈问题应该言简意赅。访谈提纲的作用就是提示提醒,以免漏掉访谈的主要内容。笔者在进行预访谈研究时也发现鉴于当时现场和被访谈对象的个性以及双方之间的未知互动等,访谈有时候很可能超出访谈范围。本着以研究对象为访谈主体的宗旨以及出于礼貌考虑,笔者不会断然打断对方,但会合时宜地沉默一阵,大多数时候,访谈对象都会笑笑,以一句"扯远了"的自嘲再拉回到访谈问题范畴之内。这可能与笔者在访谈前出示访谈说明有一定关系,在访谈之前设计和撰写访谈说明就是向访谈对象表明访谈的目的,这步最好不要省却,因为访谈对象能够通过说明理解自身在访谈和研究中发挥的重要作用,其自信和自豪意识会自然形成,这对访谈前的情绪把控和配合访谈有积极作用。此外,笔者在访谈提纲中会把访谈问题按照不同维度进行类属化,带领人个人学习维度、组织学习维度继而与其角色认同有关的个体人格特质、家庭、社区、个体成长关键事件等因素都涉及其中(访谈提纲详见附录)。

4. 开展预研究

研究前预选择的对象是笔者在一次市民辩论赛中认识的老年学习团队带领人,当时笔者在参赛现场就注意到这位老者,年龄在75岁左右,满头白发,身材偏矮但腰板挺直,走路如风。在市民辩论赛中,其银发不让黑发,以声音洪亮、毫不怯场的风采赢得了观众阵阵掌声。在赛后笔者得知她还是一位志愿者,在社区中成立志愿服务的爱心工作室,于是前去访谈。老人得知我的访谈意图后,热情接待。她长期在老年学校学习,对手工、葫芦丝、书

[①] 陈向明:《质的研究方法与社会科学研究》,教育科学出版社2000年版,第117页。

法、烹饪等技能都熟练掌握,更可贵的是,她还自装马达缝纫机和拷边机,为居民免费修补衣服,并教居民回收广告纸张,做环保凳子和衣架等。日常生活中她还义务充当协调员,帮助居民排忧解难。短短 2 小时的访谈,老人给我讲述和演练了很多器具,沉浸其中,笔者会被访谈对象的语言和精神所打动,这时候"我"会站在"她"的立场上考虑志愿服务的使命与意义,连笔者自身都充盈着爱的力量和对美好生活的期许。她也会讲到志愿服务的出发点是让小区里少抱怨多友爱,她知道以个人之力帮助有限,希望带动更多的人参与其中,这就是组建志愿者团队的初衷。笔者通过预研究的访谈,能够把握住对方的访谈重点,切身感受到研究对象的悲忧喜乐,同时也时刻提醒自己避免感情用事,须加强主体间性的自我反思,尽量以客观、中立的研究态度对待访谈对象,才有可能透过现象诠释其背后的本质。

(二) 访谈过程

1. 处理好与"守门员"的关系

研究者在进入现场时需要了解很多方面的情况,其中最重要的一环是"守门员",[1]即对被研究者群体来说具有一定权威性的人,他们可以决定被选择的对象是否能够参加研究。笔者所选择的带领人都是经所在街镇或区级相关老年教育机构管理者的同意或举荐才得以访谈,而这些"守门员"由于跟老年学习团队有着一定的关系,比如组织和管理团队或者推荐团队参与市、区等各种比赛等,因此笔者首先对"守门员"进行了本研究的解释和说明,希望提供支持……或许是前期准备较为充分,再加上笔者也从事相关工作,与"守门员"有一定的交集,他们都比较支持这一研究访谈,但也有部分"守门员"叮嘱"我要好好宣传"……"守门员"由于自己的特殊位置,通常对研究有一定的考虑或顾虑。[2] 这应该与管理者的期望有关,大部分时候他们

---

[1] 陈向明:《质的研究方法与社会科学研究》,教育科学出版社 2000 年版,第 21 页。
[2] Bogdan & Biklen, R. C. &, S. K. *Qualitative Research or Education*. 1982, Boston: Allyn and Bacon.

对访谈研究不做要求,可能与笔者的身份并非直属领导也有一定关系,因此在做研究方面反倒没有琐事烦扰,有相对来说较为适宜的访谈环境。于是按照预定时间和地点进入访谈现场,由于部分访谈对象得益于有"守门员"的"交情",还有部分访谈对象是笔者工作实践中接触过的带领人,因而在与带领人访谈时相对比较顺利。

2. 导引访谈方向,保证访谈质量

在访谈十几位带领人的进程中,笔者发现大多数被访谈者比较喜欢交流,这可能与他们都身为带领人从事组织老年学习团队的工作有关,另外,他们都是老年学习者,正因为他们希望学习参与,才会组建团队,但在访谈中也会暴露"问题",如:他们有的喜欢畅谈,若不及时把控,会王顾左右而言他,这对于有限的访谈时间和访谈机会实在不利,但又不能断然制止。于是笔者会在某些时候适当不回应,譬如在他们喜不自胜表达与访谈无关的问题时,稍加沉默,多数能被访谈对象会意,说"我跑偏了",于是再回归"轨道"。当然也会在访谈中遇到对方突然沉默的情况。事实上,笔者在访谈之前就向他们说明保护个人隐私的化名处理,但看到访谈对象如此紧张,笔者只能加以安慰。

由此说明,研究者与被研究者关系对访谈的研究质量至关重要。"研究关系"主要包括研究者与被研究者之间的相互角色,以及双方在研究过程中的互动方式。[①] 从不同层面探讨,常见的有群体隶属关系、亲疏关系、局内人和局外人关系等。质的研究是以研究者作为主要研究工具,但毋庸置疑的是研究关系也是重要的反省因素,在与被研究者互动时,设法把不利因素过滤出去,关涉研究结论的信度和效度。持建构主义范式的研究者认为,所谓"客观现实"是不能完全脱离当时当地的具体情境,是研究者与被研究者双方知识和意义的理解与共融。[②] 根据贝特生的视觉生理学理论,人的双眼之

---

① 陈向明:《质的研究方法与社会科学研究》,教育科学出版社 2000 年版,第 133 页。
② Schwandt, T. A. "Constructivist, Interpretivist Approaches to Human Inquiry". In N. K. Denzin & Y. S. Lincoln (Eds.) *Handbook Qualitative Research*. 1994, Thousand Oaks: Sage.

所以比单眼辨明事物,就是缘于双眼能较好分辨周围环境的反差性,若把研究者和被研究者比作双眼,研究者也只有同时运用研究者自身与研究对象的双视野,才能形成深度的信息,即达到双方的"视域"融合。因此,笔者在访谈中注意观察被访谈对象的情绪和神情,尽量把自己放于他们所言谈的情境中,与之共情、想其所想……同时还有另一个声音提醒自我,以回归研究者第三方的立场看待被访谈者的事件描述,这也是主体间性的作用,相对做到保持现场文化客位和文化主位的统一。

3. 记录即时访谈

在访谈过程中,笔者是以"局外人"身份进行,优势在于笔者可以在研究中保持相对独立,不会对某些现象或访谈对象的说法认为平常而忽视,同时还可以用自己的文化来理解和诠释相异的文化。当然"局外人"也有一定的劣势,这就是"局内人"的优势,"局内人"的优势在于熟悉研究对象的文化,理解当地人的思维习惯和行为意义及情感表达方式等,因此比"局外人"更容易进入对方的"期待视界。"[①]笔者对自己的要求是争取做"局外人"+"局内人"的双重身份,以取长补短,同时发现,伴随访谈的深入,局外人或者局内人的身份会发生连续谱系般的过渡,相对陌生的关系也会在数次访谈后变得相对熟悉,甚而个别带领人已经和笔者成了忘年交的朋友。他们有的甚至很关心我的工作和生活,我也更理解他们在退休以后持续参与终身学习的动力以及感佩他们带动更多老年人参与团队学习的意义。

这些汩汩流动的感情都需要笔者一一记录下来。一般记录时主要通过录音笔,在此之前也征求过被访谈对象的意见。只是在访谈中涉及个人政治观点等的话题,个别被访谈者要求不要录音,为了能和被访谈对象有相对和谐的访谈关系和较为愉悦的访谈情境,笔者一方面宽慰和提醒对方之前看过的访谈说明有提示本研究所有访谈对象是匿名;另一方面,笔者也会暂

[①] 董小英:《再登巴比伦塔——巴赫金与对话理论》,生活·读书·新知三联书店1994年版,第37页。

时停止录音,以示对受访者的尊重。当遇到无法详细进行现场记录时,就会在访谈提纲上写少量的核心词汇,主要进行观察,也是认真倾听的表现,这比研究者拼命撰写记录而不顾及访谈对象的效果要好,因此每次访谈完,当日就要进行日志撰写,整理资料,以免漏掉研究情境的关键事件。虽然录音都在录音笔里,但从语音到文字,再到现场文本、研究文本的距离是一种跨越,因为这本身就是一个披沙拣金、回顾反思和取舍的过程,也是架构文章、澄清思维的过程。

4. 整理、生成、分析资料和撰写现场文本

一是忠实记录、整理和生成资料。访谈记录的整理不仅仅是收集,更多的是生成的概念,因为收集意味着资料就放在那里,随时可拿,而生成具有现场性,就像上述而言,笔者必须适时整理每次的访谈录音、拍摄的照片、实物,而不至于让大量的一手资料最后埋没于模糊记忆中。这就需要对原始资料进行整理,笔者在首轮整理资料中遵循录音逐字逐句记录的原则,并对当时访谈对象的非语言,如说话神情(沉默、开怀大笑)、语气(如叹气)等情形也进行了一一标注。

二是再次整理资料并与分析同步。在第一次原始资料的基础上,笔者还要对长达15余万字、涉及数位带领人的访谈记录进行范畴化提炼,这又是一个漫长而持续解读的过程,开始笔者感到有些手足无措,不知取舍,但当笔者再努力沉淀思维,阅读原始资料和理论对话时,发现这是下一步熟悉资料和琢磨其中相关关系的过程,因此整理与阅读一手资料须采取一种"投降"的态度,意指悬置研究者的前设和价值判断,让资料呈现本貌。还有学者指出,除了向资料投降,还要向自己在与资料互动的过程中产生的感觉和体悟"投降",[1]这或许是始终警醒我们在做质的研究都要明确的一点,即研究者自身的经历和经验会影响对文本的解读,只有时刻意识才能感悟到资

---

[1] Loland, J. & Loland, L. H. *Analyzing Social Settings: A Guide to Qualitative Observation and Analysis*. 2nd. 1984, Belmont, CA: Wadsworth(Original Work Published 1971).

料分析的过程也是对自我分析的过程。"我"作为研究工具,会有不同于他人的自身特点,这对解析资料、撰写文本以及得出研究结论都有影响,可见,研究不可能完美,但能够真切地令研究者反复琢磨和不断反思而不断纠偏的过程本身就是对研究和研究者的交代。

除了阅读资料,这一阶段还要试图在资料中寻找意义,从语义结构中找重要的词语、重复的言词,从语义层面探讨相关语言表情达意,从语言运用方面找用词的意义,从内容层面找故事的逻辑主线等。

三是归并资料和深入分析。笔者对资料进行归并分类,按照访谈逻辑,被访谈对象先从个人学习角度谈自身参与老年学习情况,这其中又会关涉经历,属于时间纬度,接着从组织学习角度谈带领人作为老年教育者、团队管理者等角色认同的呈现情况,其中带领人与老年学习团队、家庭配偶和子女、社区的角色互动是情境纬度。角色认知、角色情感、角色互动都与角色认同相关。所以笔者按照个人学习、组建团队对所有被访谈对象的记录加以分类,有时需要类属分析(Categorization),在资料中寻找反复出现的现象以及可以解释这些现象的一个过程。[①] 需要比较被访谈对象在这几个方面的异同或者特点,但又遵循所有受访者的资料分析都是在自然情境中进行的维度,即进行情境分析(Contextualization),以当时发生的自然情境为主进行相关事件和人物的描述,譬如对有的被研究者的故事,笔者采用时间流叙述,有的是因果分析,有的则是时空回溯等,目的是希望更加理解被研究者,把他们的"本土概念"(即被研究者经常提及,用以表达自身感情和看待世界方式的语词)挖掘和呈现出来,既能保持"原汁原味",又能体现研究者"我"的直觉和观察。譬如在预研究访谈读书沙龙的带领人时,他经常以"共产党员"身份为自己的行为解释,若不仔细诠释,以为是司空见惯的口号,但若结合他的人生经历就会理解这辈人对自己党员身份的强烈认同感。情境

[①] 陈向明:《质的研究方法与社会科学研究》,教育科学出版社2000年版,第290页。

分析和类属分析相互作用、有机整合，在使用过程中是研究者呈现给读者的文本故事，更是启发思考、召唤理性解释和反思得出研究结论的工具。

5. 撰写研究论文

一是注重客观描述。质的研究特别强调对研究的现象进行完整综合的及情境动态的描述。因为在论证研究结论时必须呈现原本的素材，在深描中要详细引用被研究者的话，笔者一般用区别于论文基本字体宋体的"楷体_GB2312"，以示区分。列举引言是为了支撑分析，所以引言使用要有逻辑主线和印证分析。譬如在深描老年编织学习团队张阿姨时，她退休前是护士长，用她自己的话说，处理各个层面的人际关系，其下有护士，她负责管理，还有医生层面、主任层面，再上是行政院长，外围还有病人以及家属，护士长会用手势比画，让笔者顿时对层叠交织的人际关系、复杂的利益相关方叹为观止。如果不描绘她的无声语言动作，肯定令读者阅读时难以意会，而叙述其退休前工作的目的意在对其组建团队学习和协调关系得力进行事实参考和解释：老年学习团队出于成员自愿，彼此和谐友好的关系就是保证团队有序发展的重要前提。

二是注重态度开放。在撰文中，质的研究要对现象进行细致的描述性分析，就要使用分析性语言，描述被视为隐蔽性分析，分析就是直接介入式分析，但都应该避免对被研究者直接进行评价的语言出现。就像前述"共产党员"这一称谓在部分老年人心目中是神圣而光荣的称号。回溯带领人的个人发展和家庭背景，就能和读者一起体会到"没有共产党就没有新中国"绝不仅仅是口号，是该带领人作为沧桑老者发自内心的热切呼声……所以研究者态度要开放，在写作中要不断追问自身：研究结论如何得出？研究可靠性如何获得？研究中的漏洞是什么？潜在问题是什么？如何避免等。同时想到若读者参与解读，会如何反映，个人体认须基于共情来写作。

三是注重语言流畅。研究文章既要有深涩的理论分析，也要有生动的语言描述。通过前期访谈、整理和分析资料，笔者已经能感受到作为一个读者、撰写者以及研究者而言，语言对澄明事实、增强文本理解以及可读性的重要意义。虽然一直忌惮文章过于文学化会降低学理要求,但阅览许多相关文章,参阅许多有关角色认同、老年学习的中外书籍资料,发现语言的流畅和精致对于研究本身都不失为闪光点,它映射了我们的文字素养,感召着我们对母语的感情,激荡着我们对研究的挚爱,挥洒着我们的汗水,凝结着我们对研究的期盼。诚然,也有感于被研究的老年学习团队带领人都是花甲之年,古稀之岁,但其终身学习组建团队的退休精神,其从不向生活屈服,不断突破自身的态度……都需要我们用流畅而不失规范的语言进行清晰记录和认真解析。

五、调研资料编码

质性研究的访谈资料施行编码处理是研究得以严谨与质量的保证,因此笔者对搜集的海量原始资料要进行科学合理的编号,起到识辨清晰、便于转录、合理分析的目的。

(一) 资料编号

表2-2是资料搜集的过程性编码,具体编号及代表意义分别是:研究观察日志即D(Documennt)、访谈资料I(interview)、聊天记录T(Talking)、个体实物P(Product);老年学习团队带领人个案编号以团队名称+带领人化名为标记等。

表2-2 数据资料搜集的过程性编号

编号类别	具 体 编 号						
资料类型编号	研究观察日志(D)、访谈资料(I) 个体实物(P)、聊天记录(T)						
老年学习团队带领人个案编号	瓷刻带领人CHEN伯伯	形体舞带领人LIU阿姨	终身学习推进员带领人JING伯伯	编织带领人ZHANG阿姨	山水画带领人WANG阿姨	老年男声合唱团带领人HUANG伯伯

(续表)

编号类别	具 体 编 号					
个案内访谈者编号	团员学习者(L) 社区学校校长(H) 家人子女(E)	团员学习者(L) 家人丈夫(Z) 社区居委工作者(F)	团员学习者(L) 机构管理者(F)	团员学习者(L) 活动中心管理者(F)	团员学习者(L) 工作人员(F)	团员学习者(L) 机构管理者(F)
个案内参与观察的群体编号	瓷刻团队(C)	形体舞团队(X)	推进员团队微信群(W)	编织团队(B)	山水画团队(S)	老年男声合唱团(M)
不同访谈者化名	*伯伯、*阿姨、*老师					
研究笔记日期	比如：2019年7月为"201907"					
文档页码编号	1、2、3、4、5……					

根据编号规则，在第三章至第十章所出现的原始资料出处即有据可循，详见表2-3。

表2-3 数据资料标号格式及含义

代 码	含 义
【D-CHEN-20190920】	2019年9月20日对瓷刻带领人CHEN伯伯的研究观察笔记
【P-ZHANG-L-20191114】	2019年11月14编织带领人ZHANG阿姨团队学习者的作品实物
【T-WANG-F-20191011】	2019年10月11日山水画带领人WANG阿姨与所在社区管理者的对话记录
【I-HUANG-L-20190623】	2019年6月23日对老年男声合唱团HUANG伯伯的访谈转录资料

（二）文本三级编码

笔者主要运用斯特劳斯和科尔宾（Strauss, A. L. & Corbin, J. M.）提出的三级编码方法，一级编码即通过参与式观察日志、笔记、访谈转录文本、实物资料等进行初始编码；二级编码即开放式登录，在初级编码基础上形成概念群，对出现频率最高的一级编码进行类属归并，成为聚焦编码；三级编码即关联式登录，也是核心登录，对若干类属进行主要和次要类属的区分与辨析，选择成为核心类属，[1]具体如图2-5所示。

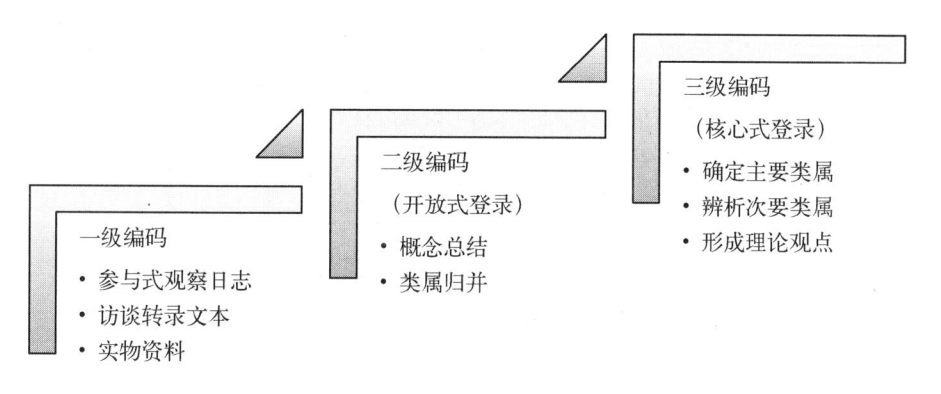

图2-5 关于质性材料的三级编码

本研究在文献、理论以及质性原始、文本转录资料的基础上，围绕角色认知、角色情感、角色行为三方面形成资料搜集框架，其中角色认知包括角色定位、角色意义；角色情感包括角色归属感、角色自尊感、角色使命感；角色互动即带领人与团队、家庭、社区等的意义协商和角色建构。由于老年学习团队带领人组织教育教学，承担团队管理、自身进行终身学习、对团队、社区等进行志愿服务等，表现出智慧处事等角色认同特质，因此老年学习团队带领人形成了老年教育者、团队管理者、组织活动者、终身学习者、志愿服务者、智慧长者等角色丛，其中决定其角色认同显著性的角色

---

[1] Strauss, A. L., & Corbin, J. M. *Basics of Qualitative Research: Grounded Theory Procedures and Techniques*. 1990, Newbury Park, Calif: Sage Publications.

是老年教育者，其维度包括身份承诺、他人支持、内外奖赏、角色投入，具体如图2-6所示。

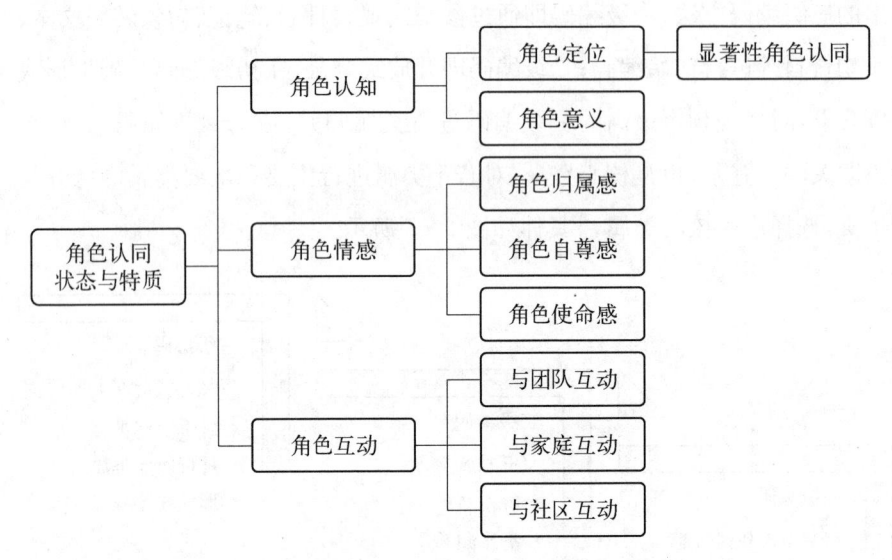

```
                        ┌─ 角色定位 ─── 显著性角色认同
              ┌─ 角色认知 ┤
              │          └─ 角色意义
              │
              │          ┌─ 角色归属感
角色认同 ─────┼─ 角色情感 ┼─ 角色自尊感
状态与特质    │          └─ 角色使命感
              │
              │          ┌─ 与团队互动
              └─ 角色互动 ┼─ 与家庭互动
                         └─ 与社区互动
```

图2-6　老年学习团队带领人角色认同的三级编码

第三章
个案一：瓷刻带领人的角色认同图景

　　第三章到第八章，笔者对6位老年学习团队带领人角色认同图景作了描述。通过跟班进团队，在不同的学习、工作、生活场所对带领人及团队成员采用访谈及参与式观察等方法，从较为广泛而深入的角度，展示动静结合、形态各异的带领人角色认同图景，为跨个案诠释带领人角色认同的建构过程提供个案依据。为了全面集中展现被访谈对象的叙述场景，主要采用直接描述、访谈问答、现场观察记录等近似白描方式，旨在保持访谈原貌，还原与凝固现场情境，减少因时间流逝而蜕化现场的真实感。

　　每个个案叙述都以斯特赖克的显著性角色认同的身份承诺、他人支持、内外奖赏、角色投入维度进行，但由于每个个案因应自身个体特性、团队特色以及与团队成员、家庭、社区管理机构等角色互动的不同情况而构建不同组合的角色认同，因此每个个案最后以角色认知、角色情感、角色互动三个维度进行小结。

　　如果只有年轻好，那年老必然不好

　　如果只有年轻人拥有一切，那老年人必然会失去一切

　　如果只有年轻人富有创造力和活力，那老年人必然枯燥和僵化

　　如果只年轻是美，那老年必然没有魅力

　　如果只青春令人兴奋，那年老必然让人感到无聊

　　如果只是年轻人感情丰富，那老年人必然不可救药

> 如果只是孩子是我们明天，那老年人必然是我们昨天
>
> ——迪奇·瓦尔德[①]

笔者引用《不老的身心》一书中将老年与青年对立起来的话语说明社会至今仍然弥漫着对年轻的刻意追捧，对老年的丧气和失望，两者的鲜明对比、二元对立彻底割裂了人生发展阶段的延续性与全程性。其实，这种对比就是个体对自我未来身份的背叛，通常人人都会经历年轻到年老的生理转变过程，然而很多人都忽视了年龄图式（Age Schema）对人们的心理暗示作用，无论年轻人还是老年人自身，普遍认为老年阶段是人生下坡，而事实上，老年人的优秀范例被轻视或忽略。盲视社会老龄化的现实，以致无法正视数以亿计老年人的精神文化需求，这对社会整体进步无益。人全面、全程和终身发展的倡议也只能是空中楼阁。"衰老"一词本身就带有多层次的偏见，截然地把青年与老年阶段进行对立，必然令人们对年青向往和留恋。当老年将至，则会陷入消极退行状态。对社会而言，则限于未有包容的促狭中。事实上，老年阶段跟其他年龄段一样，都是人的常态。在笔者研究访谈的老年学习团队带领人中，他们不但自我学习，还组织教学，带动和引领其他有共同志趣的老年人参与学习活动，那么这些学习团队带领人自身有哪些特质会使其不同于普通老年人？为何能够持续投入热忱于自学、自组织活动中？他们学习的动机如何？维持学习的动力如何？笔者通过自身工作、好友相助，以一个介于局内和局外的复合身份，参与式观察、访谈了若干带领人，在长达几千兆的访谈录音中，笔者不断转录、提取和分拣访谈记录及日志，按照瓷刻、形体舞、推进员、编织、山水画、老年男声合唱等不同的称谓对老年学习团队进行分类，将各个团队带领人的访谈记录设置编码。首先，笔者访谈的是瓷刻带领人陈伯伯，并对瓷刻老年学习团队开展的学习活动进行了现场观摩和浸入式体验。

[①] 转引自[美]狄巴克·乔布拉：《不老的身心》，崔京瑞译，中国工人出版社2007年版，第113页。

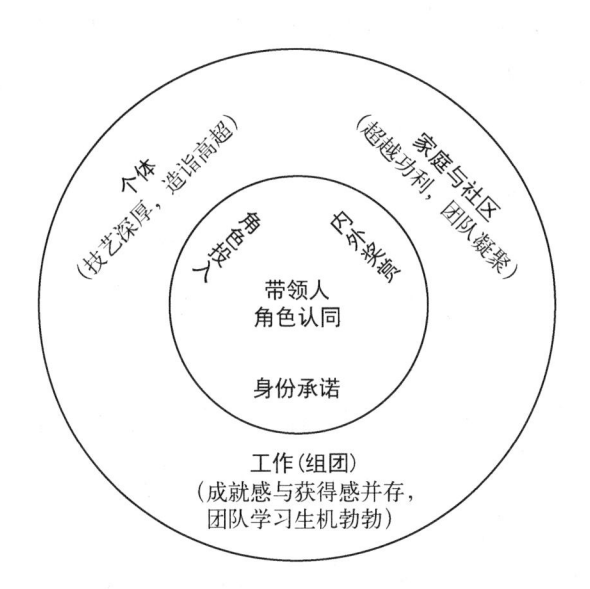

第三章 个案一：瓷刻带领人的角色认同图景 | 71

图 3-1 瓷刻老年学习团队带领人陈伯伯的角色认同图景

（圆圈内文字：个体（技艺深厚，造诣高超）、家庭与社区（超越功利，团队凝聚）、工作（组团）（成就感与获得感并存，团队学习生机勃勃）、内外奖赏、他人支持、带领人角色认同、身份承诺）

本章第一节通过角色投入、身份承诺、内外奖赏维度展现带领人角色认同过程，他人支持维度在瓷刻老年学习团队带领人角色认同中相对弱化，也因应瓷刻艺术相对小众，无论支持与否，带领人陈伯伯把瓷刻从年轻延续到老年阶段主要是其酷爱工艺的个性化之角色认同过程。第二节基于第一节的访谈情况，对瓷刻带领人的角色认同进行小结。陈伯伯技艺过人，是瓷刻非物质文化传承人，访谈几次的最深印象是其德艺双馨，他对瓷刻老年学习团队成员既有匠心要求又有德艺标准，与成员互动，处理家庭、社区关系也尽显人生智慧。

金秋的一缕阳光洒在社区学校瓷刻工作坊的室内，瓷刻作品的橱窗在金光映照下熠熠生辉，笔者正在仔细观看橱窗内的作品，有瓷刻的花瓶、瓷盘，其上刻有人物、花鸟，或颜色绚烂，或质朴典雅……一阵爽朗的笑声打破了我出神的凝望。在社区学校校长的引荐下，我得以访谈瓷刻带领人——

现任第二代海派瓷刻传承人陈伯伯。他请笔者到瓷刻工作坊旁的办公室落座,地方较为促狭,与刚才工作坊相比,逊色不少。

陈伯伯生于1953年,从小喜好绘画、美术,在工厂做过电工,自己考取从业证书,工作期间喜欢瓷刻,在职期间考取了上海大学成人教育学院的美术系。由于瓷刻技艺见长,后在上海工艺美术学院教学,退休后在老年学校组建瓷刻老年学习团队。

第一节 禀赋和爱好滋生终身学习瓷刻的土壤

一、角色投入——个体学习:毕生精研瓷刻技艺

(一)瓷刻学习历程

瓷刻带领人陈伯伯从小喜欢绘画,彼时是1968届初中毕业生,随后到纺织厂做电工,在职期间曾到党委宣传科写美术字,就在那个时候他喜欢上了雕刻,并用当时的瓷砖雕刻《红楼梦》人物,至今保留此套雏技作品。虽然陈伯伯是自学出身,但在学习瓷刻过程中,无论是原料选择还是精进学习都是主动探索,钻研其中。从访谈以及阅览的诸多作品、学员评价中,笔者大致勾勒出他的瓷刻促学过程,即绘画爱好—自我学习—名师点拨—自我钻研—跨界修习—退而不休,持续瓷刻—组建老年学习团队—传承瓷刻技艺与文化。这是在陈伯伯的本土语言中构建其瓷刻学习与组建团队的历程。

在追溯瓷刻带领人学习瓷刻过程中,他表示兴趣爱好是学习的原动力。"是的,我喜欢琢磨,第一次玩瓷刻,是我偶然发现了几块泥水匠用的5厘米厚瓷砖,于是尝试着在瓷砖上刻出一些人物剪影,感觉非常有趣,我周围的人也都夸赞我。不但在瓷盘上刻画,我还在竹子上刻画,那个时候我刻样板

戏,厂子里宣传科都觉得不错……"①

"哦,这里有故事的……后来,我住的是父亲的房子,那里家属有在派出所、武装部工作的,其中有邻居看我刻画的好,介绍我去上海工艺美术研究所,那里有个杨老师精通刻画,我这个人很内向,第一次是自己慕名去找杨老师的,我一看到办公室,人家都坐在里面办公,我就犹豫着是不是要进去,我怕打搅人家嘛,后面硬着头皮进去也没有说什么话,就把我自己的瓷刻拿给他看,当时很害羞,我放到杨老师桌子上就一溜烟跑了……"②

陈伯伯在追溯拜师学艺(瓷刻)的经历时还能悉数细节,可见对瓷刻技艺的喜好以及重视,足以应验学之者不如乐之者,乐之者不如好之者。

"第二次去找杨老师就是想看看他怎么评价我的东西(谦虚、恭敬,不说作品),我还是挺紧张的,杨老师这次见我开始点评我的瓷刻,说好在哪儿,还有哪儿应该注意,我心情一下就轻松了,就这样,我就算拜师啦,其实杨老师是象牙雕刻,但他会指点我的瓷刻……我当时还在厂子上班,1971年开始玩瓷刻,杨老师点拨过我几次,后来都是自己摸索……再后来厂子倒闭,买断工龄,我就去老年学校玩,还去工艺美院,我做的东西,美院也在研讨,把技法总结下来,他们也会拍录过程……我从1970年代至今已经探索了40多年了。"③

(二) 匠人角色认同

笔者跟瓷刻带领人陈伯伯约好来到工作室,进入眼帘的除了瓷刻作品,还有许多获奖证书,说明瓷刻带领人及团队的成绩斐然。当问及已经获得诸多荣誉是否还要继续在瓷刻方面深造的问题,陈伯伯作了如下回答:

"那当然还要学习的,学无止境!瓷刻也不是退休后的工作,而是一辈

---

① 【T-CHEN-20190920】:瓷刻带领人陈伯伯个人结缘瓷刻学习的对话记录。
② 【I-CHEN-20190920】:瓷刻带领人拜师学艺的小故事,访谈转录。
③ 【I-CHEN-20190920】:瓷刻带领人简单回顾了瓷刻学习的40年,对话记录。

子的游戏。我能出佳作的关键在于纯粹之心。① 我的瓷刻也不是用来卖的,我也不把它当作谋生工具。""瓷刻学习与艺术追求是我生活的意义所在!"②

瓷刻又名刻瓷,是用特种刀具在出窑成型的瓷上"绣花",所以又被称为"瓷上锦绣",属陶瓷装饰的一种,陈伯伯这40多年来孜孜不倦地钻研这门极考验耐心的技艺。一说起瓷刻,陈伯伯就眼睛放光,而且是他那双长期以来因用眼过度而略显浑浊的双眸却在瓷刻的述说中显现出的光彩。

瓷刻带领人最具代表性的作品包括人物瓷刻《八十七神卷》《京剧人物》等,后来他又组建瓷刻艺术社、工作室、老年学习团队等,他在教与学中不断实践探索,形成了"半工半写和篆刻金石结合"的瓷刻派别。他认为这是毕生追求的艺术生活。半辈子的在学、在做、在教,铸就了瓷刻带领人的终身学习习惯和精进技艺之匠心之路。③

在询问陈伯伯传承瓷刻艺术时,笔者与陈伯伯儿子进行了对话,他也是子承父业,学习工艺美术,现在做电脑动漫设计,陈伯伯把瓷刻作品设计好,图片发给儿子做后期制作。

"我爸爸是瓷刻匠人,我就是帮他打下手……我也很喜欢瓷刻,小时候看到爸爸瓷刻,我也尝试刻,爸爸保留了我儿时的'作品',有机会我会教他电脑设计……"④父子俩对瓷刻艺术都有偏好,陈伯伯传承瓷刻传统工艺,其子用现代信息技术发扬光大瓷刻艺术,这既是斯特赖克角色显著性认同关键要素——内部奖赏⑤的应证,也是陈伯伯匠人角色定位的角色意义所系。陈伯伯不但有匠人的"技艺",还有匠人的"德行",实践与言行中诠释了德艺双馨的内涵。

---

① 【I-CHEN-20190928】:瓷刻带领人陈伯伯在访谈中反复提及的话语,访谈转录资料。
② 【I-CHEN-20190928】:与瓷刻带领人的访谈转录资料。
③ 【D-CHEN-20190928】:参与式观察瓷刻带领人陈伯伯的日志文件。
④ 【I-CHEN-E-20190928】:与瓷刻带领人陈伯伯的家人访谈记录。
⑤ Stryker, S., & Serpe, R. T. "Commitment, Identity Salience, and Role Behavior". In W. Ickes and E. S. Knowles (Eds.). *Personality, Roles, and Social Behavior*. 1982, New York: Springer, Verlag.

"瓷刻申报的是非物质文化遗产,还有草编、篆刻等,都是一品一件,价格高昂,不过我组建学习团队不是为了赚钱,主要是为了传承瓷刻技艺。"[①]

根据瓷刻带领人的介绍,笔者翻阅了他曾经受社区学校校长委托编写的《瓷刻艺术》教材,上面有瓷刻的起源、技法以及作品鉴赏等。校长在给我介绍陈伯伯时尤为推崇的是其瓷刻技艺精湛,还组建瓷刻老年学习团队,经常代表街镇文化活动中心和社区学校参展参演,尽显海派瓷刻的魅力。[②] 在陈伯伯的带领下,熏陶与培养了一批瓷刻爱好者和技艺者,形成了瓷刻艺术的传承团队。陈伯伯还会一周两次去上海工艺美术学院从事教学工作,虽然因路远每次都要清晨坐车,归来已是华灯初上,但陈伯伯还是心甘情愿,乐此不疲。到周末他还喜欢去福州路的书店逛逛,寻找瓷刻的灵感;有时还要到虬江路(本市著名的旧货日杂工具的淘货地)去看看,搜集瓷刻工具。

但陈伯伯也表示,随着年龄增长,视力会下降,由于瓷刻很费眼力,所以他希望倘若"玩不转瓷刻了,就想找人传承下去,我在工艺美院教学,希望有小青年学习和继承,虽然他们接受能力强,却玩心重,这是靠耐力的"。陈伯伯作为区里的非遗继承人,非常关注瓷刻传统艺术的未来发展,并且认识到老年学习团队成员在瓷刻学习中虽有年龄劣势,不如年轻人反应快,但相比之下,老年人却有耐心细致的学习优势。由此观之,陈伯伯对瓷刻技艺匠人的角色认同基于其职责与使命,正如戈夫曼把角色定义为对系于特定身份之上的权利与职责的规定。[③]

二、身份承诺——组团学习:组建团队传承非遗文化

(一)瓷刻造诣精深,组建老年学习团队

在询问陈伯伯组建瓷刻老年学习团队始末过程时,他认为社区学校离

---

① 【I-CHEN-20190928】:与瓷刻带领人陈伯伯的访谈记录。
② 【D-CHEN-H-20190928】:社区学校校长观察日志。
③ [美]欧文·戈夫曼:《日常生活中的自我呈现》,冯钢译,北京大学出版社 2008 年版,第 12 页。

家的空间距离较近,老年学习团队成员喜好瓷刻,于是他耐心细致讲解与示范。"我家住在老年学校附近,同事介绍我来玩(别的),我对自己玩的瓷刻更感兴趣,于是就组建了瓷刻团队,人多的时候要40几个人……我是自己喜欢瓷刻,老年人看到我的东西好就想学,我就手把手地教……"①陈伯伯一说到瓷刻就娓娓道来,不知不觉中畅谈瓷刻老年学习团队的组建缘起。

当问及陈伯伯如何胜任瓷刻老年学习团队带领人的身份角色时,他很谦逊,连连摆手,无需笔者称呼其"带领人"或"团队领袖",而是就让笔者称呼"陈伯伯",他首先认为给老年人教瓷刻须务必耐心,"让他们看我怎么刻瓷的,先要在瓷盘上绘画,然后用刀具一点点地敲击,这个力道要掌握好,不能太重,也不能太轻,开始就是白瓷盘子,用单纯的颜色粉末上色,后面可以用其他颜色的盘子,还可以瓷刻花瓶……"②陈伯伯瓷刻技艺高超,事实上扮演着该团队的瓷刻教师角色,他能历数授课的流程、步骤,还能清楚地把握老年瓷刻团队成员学习瓷刻的瓶颈问题:"跟得早的已经十来年了,但每年都有新成员加入,大家水平良莠不齐,开展团队学习时很难弄,老的自己玩,新的还不会,我们这个活儿不能只说,而要做,锤子敲击瓷盘又会发出声响,老年人总喊着听不清楚……"③针对参差不齐的学习水平,陈伯伯想到实施分层教学,但又认为操作有难度,于是又妥协了,认为"他们(团队成员)坚持活动都不容易了,再对他们要求就苛刻啦,不过这么多年了,团队成员很重视每次活动,除了学习瓷刻,他们都喜欢互相交流……"

陈伯伯指着陈列橱窗里琳琅满目的瓷刻工艺品,说都是出自师生之手,面露自豪之色。瓷盘刻有婀娜多姿的女性、花卉禽鸟,惟妙惟肖……(见图3-2)

瓷刻带领人与团队成员之间是师生关系,陈伯伯的老年教育者角色表现在他对传统瓷刻技艺传承的角色承诺中。斯特赖克等人认为角色认同是

---

① 【D-CHEN-20190927】:与瓷刻带领人陈伯伯的访谈资料。
②③ 【T-CHEN-20190927】:与瓷刻带领人陈伯伯的谈话记录。

图 3-2 瓷刻老年学习团队师生作品展示

个体根据自我定义决定该如何在其生活中扮演角色,以及如何在一个群体文化中表现(声称)自己的成员关系。①

(二) 团队凝聚,超越功利

笔者未进入瓷刻工作室就在门外听到"叮叮当"小锤敲击瓷盘的声音,定睛一看,室内有若干张桌椅,每张桌子上都有诸多瓷刻用具、瓷盘、小锤、各色颜料粉末、样图等不一而足。陈伯伯正在与团队成员讲解具体的瓷刻技法(见图 3-3)。②

参与式观察中,笔者发现瓷刻老年学习团队成员之间关系融洽,老人之间学习交流的亲和氛围浓重,陈伯伯也认为老年学习的情感凝聚更重要。他说团队学员有住在浦东的,但学习活动几乎都来,而且团队成员会在每周活动后中午聚餐……"甚至有些老年人更看重的是活动聚餐,瓷刻学习马马

---

① Stryker, S., & Statham, A. "Symbolic Interaction Role Theoey". In G Lindzey & Aronson (Eds.), *Handbook of Social Psychology*, 1985, pp.311-378. Hillsdale, NJ: Erlbaum.

② 【D-CHEN-C-20190927】:瓷刻团队的观察资料。

图 3-3　瓷刻老年学习团队进行瓷刻学习

虎虎……不过老年人学习瓷刻也有优势,他们有时间,会花时间和心思在(瓷刻)上面"。① 陈伯伯带领的瓷刻老年学习团队被评为世博会公众参与馆优秀展演团队。老年学习团队还带动周边青少年的第二课堂,活跃社区文化生活,进一步扩大了瓷刻老年学习团队的影响力。正如陈伯伯作为带领人所言,儿子懂电脑设计,他懂瓷刻,儿子作为年轻人教老人电脑设计,老年人再教年轻人瓷刻艺术,这是前喻、后喻文化②的相互渗透,也是代际学习的良好开端。团队老年人之间互学互助是同辈群体之间的学习,又是同喻文化的体现。

"我们团队也是得益于街道、社区学校的支持,现在你看到的团队活动场所,就是社区学校给我们设置的工作室"。③陈伯伯介绍说社区学校还让以他为领衔的瓷刻老年学习团队参与了老年素质教育实验课题,他和团队的作品也斩获市内外不少奖项,这种来自街镇的政策支持、教研性质的活动参与凸显了瓷刻老年学习团队带领人陈伯伯作为老年教育者的显著性角色认同。④

---

①②③ 【T-CHEN-20191008】:与瓷刻带领人陈伯伯的谈话记录。
④ Stryker, S. "Identity Salience and Role Performance: The Relevance of Symbolic Interaction Theory for Family Research". *Journal of Marriage and the Family*,1968(30):558-564.

说到家人的支持方面,陈伯伯很有生活智慧地认为与老伴互不干涉,求同存异是较好的老年夫妻相处方式。陈伯伯虽语言诙谐,但也折射出他的日常生活智慧:亲人之间的近距离关系最要把握有度,而自己学习和钻研瓷刻,不但充实了日常生活,同时无形中也避免了老年夫妻因退休、儿女成家,生活重心转移到老年夫妻如何相处得当的问题。瓷刻学习及组织瓷刻团队则从中起到了微妙的调和老年夫妻关系的作用,把可能会爆发的隔阂冲突予以化解。合理协调老年夫妻双方关系尽显其生活智慧。

在与社区来往的访谈中,陈伯伯认为以前(弄堂)街坊关系更紧密,现在老街坊少,居住环境较复杂,社区居民交流不多,瓷刻也算小众艺术,除了瓷刻艺术爱好者圈子里的成员交往,其余交往不频繁。这说明普及推广瓷刻艺术有一定的硬、软件的限制条件……陈伯伯在对瓷刻老年学习团队的要求方面更淡化功利意识,注重德艺双馨。"我更希望瓷刻团队在学校开展活动,瓷刻知名度不高,不像绘画、书法等,我们这个瓷刻老年学习团队中有些人把瓷刻当成做生意,学几下能做作品,就想赚钱,不再提高,不再技术钻研,这不行,我希望我们这个团队拉出去是个队伍,不要问出去多少钱?艺术都不高雅了……团队有些老年人学习瓷刻的态度不是很好,只以自我感觉为好,其实学问学问,要学要问,不能固执己见,还是要多交流,多学习,多钻研。"[①]

三、内外奖赏——团队成员互助,肯定学习价值

在笔者进入瓷刻老年学习团队,观察团队学习的过程中,发现这些老年团队学员都聚精会神地在精雕细琢,虽然他们年事已高,戴着眼镜,身上穿着做活的围裙,但大多正全神贯注地进行瓷刻……带领人陈伯伯在前面示

---

① 【T-CHEN-20191008】:与瓷刻带领人陈伯伯的谈话记录。

范瓷刻,团队成员自行打磨敲击瓷盘,瓷刻是观察学习与情境学习的实操类技艺,它更为强调个体与周围环境、实践共同体成员之间的互动,随着新成员的领悟力不断增强,不断向团队带领人仿效瓷刻,并观摩其他团队成员的操作,这是一个逐渐从边缘新手渐进为核心老手、骨干的过程。笔者访谈了一位资深的瓷刻成员,跟学数十年,已经年近80岁,但我看老人瓷刻时神情专注,面容慈祥,手中的白瓷盘上分明在刻牡丹花,于是就跟老人攀谈起来,老人因为我是个年轻人,或许出于好奇也乐意跟我多说几句。原来她在家孤独,多年来参加瓷刻老年学习团队把玩瓷刻,找到了生活乐趣,团队成员都爱好瓷刻,互相交流作品,听取带领人的点评很有获得感和价值感。老年人坚持学习的内驱力很强,她通过学习感受到自尊和欣喜。① 在与新来团队的成员访谈时,我发现他们都称呼带领人陈伯伯"老师",也会称呼指点自己的资深团员为"老师",瓷刻带领人陈伯伯的确履行了老年教育者的职责,他平时授课注意成人学习的教育教学规律,如让团员明了并认可课程目标;创造亲和、非正式的学习气氛;外在环境须有益于学习等。② 同时瓷刻团队成员评价带领人,"陈老师不在话下的,他是老把式(形容技艺过人者的称谓)。我们跟着陈老师学得久了,虽然也会瓷刻,但作品层次不同,你看他的瓷刻很注重神韵的……"陈伯伯在指导瓷刻团队学习时不断走到团队成员身旁,一一指点技法、选色,对新成员学习他还是强调多看多问……

通过几次的访谈,笔者对瓷刻带领人陈伯伯的基本印象就是"匠人""精研",此外,在团队学习现场观摩中,笔者能够较为便利自然地融入其学习活动情境中,一方面是社区学校校长搭桥;另一方面,作为研究者的"我"与瓷刻带领人陈伯伯研究合作者之间初步建立了合作与共赢的关系。陈伯伯配

---

① 【D-CHEN-L-20191008】:瓷刻老年学习团队学习者访谈资料。
② M. K. Smith. Malcolm. Knowles, Informal Adult Education, Self-direction and Andragogy, http://www.infed.org/thinkers/et-knowl.htm, 2007-12-28.

合访谈,允许笔者参与现场学习观摩,访谈团队成员……"局内人"与"局外人"、"熟人"与"生人"等不同类型的关系,对现场文本乃至研究文本都会产生重要影响。笔者扮演"准局内人"的角色,"局内人"是指熟悉研究对象的价值观念、行为方式、情感表达的人,由此他们往往有共同的观点,容易交流与沟通。"局外人"不同于"局内人",对该群体文化习惯和行为方式等都较为陌生,主要通过观察法倾听和了解研究对象。[①] 一般而言,"局内人"比"局外人"更容易进入研究合作者的"期待视野"并引起情感上的共鸣,因此也更容易实现研究者的"现今视界"与研究合作者的"原初视界"的"视界融合"。[②] 笔者则扮演的是团队外的组织管理者角色,借助于"守门人",[③] 社区学校校长对带领人得以访谈,对团队学习活动得以介入,但笔者又不属于团队内部成员,因而称为"准局内人"。

第二节 瓷刻带领人的角色认同

一、角色认知:个体层面

(一)角色定位:一生执着学习和钻研

瓷刻带领人陈伯伯一直坚持学习,主要源于他对于瓷刻艺术的热爱,也正是在瓷刻领域浸染已久,由此,其学习、兴趣与生活融为一体。按照老年连续性理论(Continuity Theory),他的瓷刻学习已经跨越了退休前后,成为延续一生的终身学习。西班牙学者费南代尔·巴列斯特罗斯在其积极老龄

[①] 陈向明:《质的研究方法与社会科学研究》,教育科学出版社 2000 年版,第 134 页。
[②] "视界融合"是德国哲学家伽达默尔(H. G. Gadamer)提出的一个重要的诠释学概念,是指诠释者的现今视界与诠释对象的原初视界融为一体的状态。
[③] 指的是那些在被研究者群体内对被抽样的人具有权威的人,他们可以决定这些人是否参加研究。

化的多领域—多维度生命历程模型①中把终身持久学习列为积极老龄化的近端因素之一,这从团队瓷刻带领人陈伯伯的终身钻研瓷刻技艺中得到了验证。

陈伯伯很注重技艺精湛,这和他长达40年的瓷刻学习及探索须臾不分,即使他是从业余开始,退休前是职业电工,也没有影响其瓷刻学习和爱好的前行步伐。退休后,陈伯伯组建瓷刻老年学习团队旨在继续发展瓷刻学习技艺,激发更多的(老年)人参与活动,这就是以瓷刻学习兴趣为平台进行社会参与的方式,使得老年团队成员动手与动脑并举,符合费南代尔说的积极老龄化特征,即优化认知功能、行为和身体健康等。

陈伯伯个人钻研瓷刻技艺,也抱着终身学习、学无止境的态度,这跟他即使退休后还每周去工艺美院带领青年学习,业余时间找同行把玩琢磨瓷刻的强社会参与意识相一致,即陈伯伯以爱好瓷刻为出发点保持终身学习的态势,从而实现老年教育者和工艺匠人的角色定位。

(二) 角色意义:助人学习

笔者从瓷刻带领人陈伯伯的多维度考察中发现,个人学习、组建团队参与学习活动是陈伯伯进行角色认同的两大主线,其中个人学习的动机是贯穿一生的兴趣爱好,以及坚持恒久的终身学习习惯与精研品质,由此可以衍生出陈伯伯作为带领人执着认真的人格特质;另外从组建团队、组织活动的主线来看,陈伯伯具有严格不失亲善,律己律他的特质;从家庭和社区外界环境因素来看,陈伯伯具有乐观豁达的智慧,感恩珍惜等人格特质。总之,陈伯伯通过瓷刻学习平台以团队为情境,与个体积极老龄化的微观表征方面有交集,譬如认知可塑、情绪控制、自我效能、社会和家庭支持、终身持久学习②等。

---

①② Fernandez-Ballesteros. *Active Aging—The Contribution o Psychology*,2002:43.

二、角色情感：工作层面

（一）角色归属与自尊感：引领团队勤学技艺

瓷刻带领人陈伯伯以自身的瓷刻技艺见长，带领一批老年人进行瓷刻学习，这对于他本人而言，就不仅限于个人学习参与，还包括管理团队，相对老年个体学习而言，组建团队学习使得团队带领人在扮演角色方面须符合角色期待，"我是自己喜欢瓷刻，老年人一看到我的东西好就想学，我就手把手地教……"①当被问及瓷刻团队学习的瓶颈，陈伯伯毫不讳言："大家水平良莠不齐，开展团队学习时候很难弄，老的自己玩，新的还不会……"②所以需要团队带领人分层指导，也正是由于陈伯伯技艺见长，所以他在团队中除了扮演带领人角色，还要扮演指导教师角色，这就使得陈伯伯在团队情境下的社会参与强度和意识更为强烈，譬如更加关注学员学习效果、成员学习接受力、成员社交和团队氛围等，以至于团队成员都把带领人称为"陈老师"。

带领人陈伯伯的技艺水准是聚拢团队成员的关键。团队成员中有不少是慕名而来，比如一位 80 岁左右的团员说："我们跟着陈老师都学习瓷刻十几年了，他是瓷刻的传承人呀，造诣深厚，"③还有团员说："瓷刻是非物质文化遗产，跟着陈老师学习，我们也觉得自己在传承优秀历史文化呀！"④陈伯伯也不止一次地说："瓷刻就需要匠人之心，我和瓷刻打了 40 多年的交道，一辈子最喜欢的事情非瓷刻莫属。"⑤陈伯伯在向众人示范瓷刻制作工艺时总是一边敲敲打打，一边口述工艺流程，并且要悉心指导每一位团员，既要保证瓷刻制品的质量也让他们学会鉴赏瓷刻。他在指导成员学习瓷刻的过程中还很强调瓷刻技艺学习的纯粹之心，陈伯伯认为老年人不能仅仅满足于自己会做瓷刻制品，还要再学习和提升。正是陈伯伯自身的不断学习，才

---

① 【D-CHEN-20190927】：与瓷刻带领人陈伯伯的访谈资料。
② 【D-CHEN-20191008】：与瓷刻带领人陈伯伯的访谈资料。
③④⑤ 【D-CHEN-L-20191008】：瓷刻老年学习团队学习者访谈资料。

会促动团队成员在瓷刻学习中精进,而他坚持学习也会深化自我的角色认同。

(二)角色使命感:倡导团队德艺双馨

通过访谈,笔者总结出两点:第一,作为瓷刻带领人的陈伯伯对成员浅表化学习瓷刻而不钻研颇有微词;第二,他较为反对成员学习瓷刻为了赚钱的功利思想,他说:"瓷刻是艺术,艺术是大众的,有些老年人喜欢瓷刻虽然好,但毕竟不会像我这么狠命钻研的,玩的心态很多,现在还有在我这里学瓷刻,会了就拿自己的东西出卖的,我很反对这样,我又不是教你们赚钱的,老了不能太在乎钱,尤其是我给团队成员说,我们要参加个什么比赛的时候,有些人就问了,有钱吗?我就不高兴了,学瓷刻不是图赚钱!"①

瓷刻带领人陈伯伯在组建团队过程中存在矛盾和苦恼。譬如:他在平衡艺术脱俗和现实市侩的落差,在平衡团队内部成员多样的学习目的和社交关系,思考着如何在团队中既让大家学有所获、学有所成,又能和睦相处?团队学习氛围形成和精神凝练是否成功,不仅考验带领人的艺品,还折射人品。团队虽小,但以团队为具体情境,每个成员都在扮演自己的社会角色,新老成员在学习,但学习深度不同,新成员通过观察,慢慢从学习边缘状态汇入学习情境;老成员在学习中不断参悟和挑战自我,逐渐向骨干中心靠近,而陈伯伯很像师傅带徒弟,通过示范、讲解、操作、再讲解,然后一一指点团队成员学习,在学习中就有身份、地位、情感等隐形因素产生。

瓷刻学习中,新手从不熟悉瓷刻技艺到渐渐熟识和认同,是日益由边缘到中心的过程,这里会有隐含的身份地位。情境学习是由边缘性参与(peripheral participation)引导所至的充分参与(full participation),充分参与的目的是能公正地对待包括在共同体成员中各种不同形式的关系,直至中心参与(central participation),暗示着该共同体有一个中心(自然的、政治的或隐喻

---

① 【D-CHEN-L-20191008】:瓷刻老年学习团队学习者访谈资料。

的),从而对实践共同体成员的身份构建、权力关系等进行阐释。

当有些成员禁不住物质利益诱惑,开始考虑售卖自己的瓷刻作品时,显然"师傅"(瓷刻带领人陈伯伯)对此不满,他认为这不符合带领老年人学习瓷刻的初衷,有了金钱驱使就会令瓷刻作品的艺术气质大大贬值……艺术品德的操守是陈伯伯作为组织带领人的隐性认知,正如他所言:"我能出佳作的关键在于纯粹之心。"[①]然而,现实中,如何处理老年人的学习效果和学习态度问题的确困扰着陈伯伯。其一,老年人参加学习很多是出于情感需求和社交需要,对于瓷刻艺术而言,陈伯伯作为瓷刻老年学习团队带领人的专业素养和艺术操守可能是横亘在娱乐学习与专业学习之间的屏障;其二,某些团队成员的学习功利主义与瓷刻带领人陈伯伯的艺术操守存在矛盾,陈伯伯在不断平衡团队学习问题的过程中,不断进行认知优化,从而深化对带领人的老年教育者的角色认同。

三、角色互动:与团队、社区学校互动

为了多视角、多侧面解析瓷刻带领人陈伯伯的角色认同过程,笔者与团队成员、社区学校校长以及家庭成员等访谈,通过带领人与诸多角色互动协商考察其角色认同状态,发现瓷刻带领人虽然是团队管理者,但由于自身技艺擅长,偏重艺品,除了知识技能更加注重老年教育中的"德育",于是引入团队成员、家庭、社区机构等互动因素,既是重要他人和场域的概念渗入,也是全方位客观描述瓷刻带领人陈伯伯的角色认同过程与状态。譬如:瓷刻带领人陈伯伯把老伴与他爱好各异、互不干涉也看作是一种支持,就表明老伴不反对即可,并且充分认可老伴的兴趣爱好,很智慧地认为倘若夫妻二人都没有彼此爱好,终日在家会有纷争。而在与儿子相处方面,父子以瓷刻作品展示为平台,各自发挥技艺和信息化优势,从而取长补短,互助互帮,代际

---

① 【D-CHEN-20190927】:与瓷刻带领人陈伯伯的访谈资料。

关系和谐。陈伯伯在处理与家庭成员关系方面睿智开明,应该是他组建团队学习,应对与平衡团队人际关系的成果迁移与应用之一。

瓷刻带领人陈伯伯还提到社区对团队的肯定,"我们团队也是得益于街道、社区学校的支持,现在你看到的团队活动场所,就是社区学校给我们设置的工作室,还让我们参与了老年素质教育的实验课题……"①从中能够发现陈伯伯组建瓷刻老年学习团队在社区中已经有一定的影响力和辐射力,借助于瓷刻团队密切与社区的黏合度,就近推广和传承瓷刻非物质文化,与此同时,陈伯伯也从单纯自己玩瓷刻的"玩家"转变为更加关心社区发展的从事社区教育活动的积极分子,带领人与社区之间形成了良性互动关系。

综上所述,瓷刻带领人角色认同特质详见图3-4。

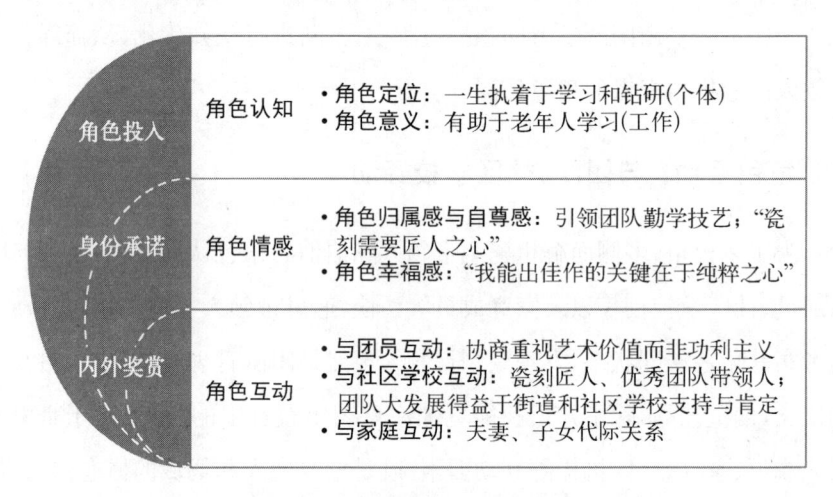

角色投入	角色认知	• 角色定位:一生执着于学习和钻研(个体) • 角色意义:有助于老年人学习(工作)
身份承诺	角色情感	• 角色归属感与自尊感:引领团队勤学技艺,"瓷刻需要匠人之心" • 角色幸福感:"我能出佳作的关键在于纯粹之心"
内外奖赏	角色互动	• 与团员互动:协商重视艺术价值而非功利主义 • 与社区学校互动:瓷刻匠人、优秀团队带领人;团队大发展得益于街道和社区学校支持与肯定 • 与家庭互动:夫妻、子女代际关系

图3-4 瓷刻老年学习团队带领人的角色认同特质

---

① 【D-CHEN-20191008】:与瓷刻带领人陈伯伯的访谈资料。

第四章
个案二：形体舞带领人的角色认同图景

图4-1是形体舞老年学习团队带领人刘阿姨的角色认同图景。第一节从角色投入、他人支持、身份承诺等几个维度展现其角色认同的图景，内外奖赏的维度相对弱化，缘于形体舞老年学习团队带领人刘阿姨在访谈中淡化奖励，个人终身学习动力取自自身的个性化角色认同特质。第二节对其角色认同进行小结。

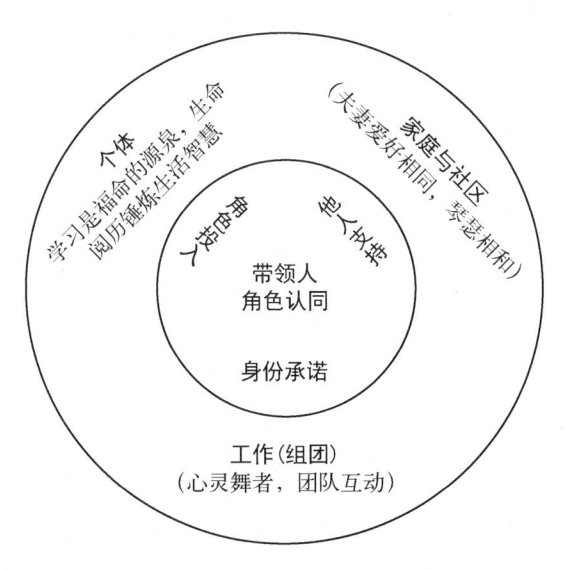

图4-1 形体舞老年学习团队带领人的角色认同图景

与形体舞带领人刘阿姨相识于2014年,当时笔者的工作单位要举办面向全市的家庭才艺活动,于是我们先在区里进行项目甄别和筛选,当笔者和同事多次拜访刘阿姨,发现她连家中唯一的客厅都改装成舞蹈练功房的时候,笔者就对这位花甲之年的老年女性充满了好感和敬意。于是,凭借当年的合作"交情",笔者去访谈她。

形体舞带领人——刘阿姨

女,1948年生,某社区学校形体舞带领人,多次与志趣相投的老伴自编自创自跳舞蹈,并带领团队屡获殊荣。

踏入形体舞带领人刘阿姨的家门,笔者看到客厅里的一面墙被安装了整面镜子,镜旁装着用于压腿或支撑的扶手,刘阿姨很热情地请笔者在客厅落座,虽然小小居室(一室一厅),但由于正面墙都是镜子,也不显得太局促,更为重要的是它体现了主人对舞蹈的热爱,客厅里还放着一架钢琴,上面有刘阿姨的部分获奖证书。

第一节 学习是福命的根源

一、角色投入——个体学习:活到老学到老

(一)舞蹈学习历程

笔者仔细端详着形体舞带领人刘阿姨,她已经年过七旬,面容淡妆,上衣是舞者休闲服,裤子是高腰练功服,头发扎马尾,戴发箍,虽然她身材偏矮,但整个人非常挺拔,身姿矫健,比实际年龄年轻许多,这应该得益于她长期坚持学习和练习舞蹈。据刘阿姨自我介绍,她是45岁下岗,退休到现在边跳舞边学习20几年了,早的时候她在奉贤社区学校教舞,自己还学习电子琴,并在外面报班学习舞蹈。闻她一席话,笔者也被刘阿姨的终身学习勇气所感染,随即问支持其不断学习的动力,"活到老,学到老。1997年我在

纺织厂退休,当时就教舞蹈。教过外国人,在复旦大学的外国人舞蹈速成班教人舞蹈,老年人很少……教老年人很累,基础很差,教了就忘了……我想到外面舞蹈培训班学习,一张学习卡要8 000元,那是挺专业的舞蹈教程。其实我到处在学习,我的目的不是教舞蹈,目的是学习让自己开心,到我这个年龄不说钱,我图的就是开心,我已经实现了儿时的梦想,虽然教老年人跳舞的时候很苦,但看到姐妹们会跳舞我也开心"。[1]

刘阿姨的学习精神高涨,年龄在她看来不是学习与否的障碍,她最看重的是自己的提升与成长——"毕竟我是业余的,跟专业的相比,无论是动作,还是眼神都有差距的,所以我到处找可以提高的机会去学习,我和老公上次参加社区的诗歌朗诵,就发现人家专业,在发声、用气等方面都很棒,这个当然要好好向人家学习"。[2] 刘阿姨身上体现了一种退休精神,[3]即创建不断成长的有意义的个人生活。

笔者被形体舞带领人刘阿姨矢志不渝的学习精神所打动,同时也了解到刘阿姨的丈夫也是民族舞的爱好者,夫妻二人互相支持,亲密配合,一起编舞,自行表演,曾多次参加比赛,获得佳绩,这也是笔者选定刘阿姨来进行访谈的缘由。于是,笔者和刘阿姨事先约好,下次还要来进行访谈,她安排了自己的时间表,这次在家中接待了我。

(二) 夫妻琴瑟相和

刘阿姨说到丈夫对自己的支持时语气激动而肯定,在笔者与刘阿姨丈夫聊天时,他也非常赞同,因为"我们有共同的志向……"[4]他打开自己的手机,向我展示夫妻二人参加诸多演出的合影、剧照、演出照,我仔细端详,发现他们演出时候的着装总是情侣款,在很多舞蹈表演中都是互相配合,演绎

---

[1] 【D-LIU-20191013】: 与形体舞带领人刘阿姨的访谈资料。
[2] 【I-LIU-20191013】: 与形体舞带领人刘阿姨的访谈资料。
[3] [美] 詹姆斯·奥特里(James A. Autry):《退休精神》,曹文丽译,生活·读书·新知三联书店2010年版,封首。
[4] 【I-LIU-Z-20191013】: 与形体舞带领人刘阿姨丈夫的访谈资料。

的不仅仅是剧中舞蹈的美,更是人间夫妻相伴的恩爱。刘阿姨对舞蹈异常钟情,"我这一辈子是与舞蹈结缘的,通过它我结识了爱人,找到了生活的意义。人说年轻夫妻老来伴……其实我们俩也是相互扶持,走过风雨。"

形体舞团队刘阿姨说到此居然有些脸红,凭借笔者的生活阅历,感觉她似乎有难言之隐,出于对其个人隐私的尊重,笔者没有急于提问,等对方情绪平稳……还是刘阿姨率先打破了沉默,她坦诚向我告知自己是二婚,她大方爽朗的个性对笔者很有感染力,刘阿姨向我讲述了自己的经历。

"因为我祖父是资本家,应该是上海滩知名的家族,1960年代初期就被打击。我18岁去安徽乡下,哥哥去新疆,爸爸被打成右派,1959年去世,妈妈1969年去世,我在农村做教师,原来我是富家千金,但我为了生存,自己在安徽乡下养鸡鸭,种菜,由于我们兄妹下乡地方离得太远,我哥哥让我到新疆好互相照应……我们父母去世太早,哥哥给我找了前夫,2年后我生了女儿,但我离婚了,这在当时也很难,后来我父亲平反,我带着女儿只身回到上海,我顶妈妈岗,就在纺织厂工作,后来哥哥也返沪,自学酒店电器管理……没有平反政策我都不知道我们一家怎么办,我真要感谢政府!"[①]

耳闻刘阿姨因为特殊时期从出身名门,流落穷山僻壤,后返沪,做纺织厂工人,还在20世纪70年代社会风气相对保守的情况下毅然离婚,自己只身一人带着女儿求生存的故事,笔者也不觉眼眶湿润!这就是刘阿姨人到老年阶段还竭尽全力学习的动力之源!她年轻时颠沛流离,命运多舛,所以在退休阶段非常感恩和珍惜现实生活,她是在补偿自己多年来因为维持生计而牺牲自我,是对人生酸甜苦辣的自我回馈与赏识。

笔者看到刘阿姨怅然所失、眼神幽幽的样子,想起她在刚刚描述自己生活经历时动情而脸色涨红的神情,都让笔者不免愧疚……是笔者让她勾起

---

① 【I-LIU-20191018】:与形体舞带领人刘阿姨的访谈资料。

了对往事的回忆……但事实上逆境的积极应对促成真正成长！再当问到子女是否赞成刘阿姨带领形体舞老年学习团队时,这个组合家庭的所有成员都对刘阿姨支持点赞,引得她不住说"学习就是我的福命根源"。①

(三) 感悟舞蹈学习意境

少而好学,如日出之阳;壮而好学,如日中之光;老而好学,如炳烛之明。② 笔者再次访谈刘阿姨是在她带领形体舞老年学习团队的情境中。她一边练功一边跟老年人进行对话,是对她所领悟的舞蹈意境的修习,"学习会让人始终保持天真、好奇,只有学习才对得起自己,因为学习的时候最年轻,我们很开心,就像回到了童年……你现在是在学形体舞,要感觉自己回到了8岁,心态归零,把你退休前的身份,什么厂长、书记等都抛掉,你就是来学形体的,拉筋的!"③

形体舞带领人刘阿姨始终对学习怀有激情,笔者和她接触不是首次,2014年就通过举办家庭才艺活动感受到刘阿姨创编舞蹈非常热情与投入,无论是从她的言行,还是她把客厅改成舞蹈练功房,她都是一位执着于自身学习爱好的老年人。尤其在访谈中她谈到学习使人保持天真、好奇,让笔者对她刮目相看,笔者承认自己在访谈刘阿姨时被她退休前纺织女工的职业限定了思维,或者说笔者没有"悬置"自己的刻板印象和前见,应该持有海德格尔(M.Hedgel)强调一种"无成见的""无前设的"和"面对实事本身"的思维态度。因此,笔者及时提醒自己对研究对象进行客观描述,虽然有时不能控制自己的主观经验痕迹,正如伽达默尔在哲学阐释学中为"倾见"或"成见"平反,他认为,"一切理解本质上都包含着倾见性",但重要的是倾见寓于理解之中。这在刘阿姨讲述个人命运起伏的生活故事中有所体现,再次对刘阿姨退休后格外爱好学习进行了归因与诠释。

勤于思考,乐于学习,这是刘阿姨给笔者几次访谈的印象,在研究观察

---

①③ 【I-LIU-20191018】:与形体舞带领人刘阿姨的访谈资料。
② 刘向:《说苑·建本》。

笔记上笔者注明了她还很会处理与子女的关系,用她的语言就是要会做老人,不过多干涉子女,自己身心康健,自然是让子女省心,和瓷刻带领人陈伯伯一样,刘阿姨也是在日常中体现了生活智慧,自身锤炼和担任团队带领人的"工作"都无形中让他们在为人处世方面分外通透。

二、身份承诺——组建团队：心灵舞者的乐园

此次访谈地点定在形体舞老年学习团队的练功房,刘阿姨一直强调老年人跳舞一定要注意动作幅度不宜过大,而且老年人年龄大了,前学后忘,动作不能复杂,要循序渐进,还要注意不能扭伤自己,另外不能打击老年学习团员的积极性。所以刘阿姨只能一遍一遍教,由于她耐心讲解教舞编舞,很多老年人都慕名而来,但社区学校把杆有限、场地受限,也一定程度上制约了团队壮大。刘阿姨说有些老年人看自己跳舞年轻不少,也想通过跳舞焕发青春。"有一次我和老公去大剧院看芭蕾舞,星尚频道还采访我和老公。"她马上打开手机翻出照片,向我一一介绍,"这是我和团队的表演,这是带姐妹们参加居委的敬老节表演,我和老公跳的双人舞,都是我自己编的舞蹈……"刘阿姨如数家珍,喜悦之情溢于言表。

在研究观察中,笔者发现刘阿姨喜欢用"姐妹们"的称呼,而不是"同学们"或者"团员们",她豁达回应"哪有老师学生之分,谁跳得好,谁喜欢、愿意跳,就来领舞"。老年团队学习形式是非正规学习,隐蔽了课堂中的师生高低身份、权力关系,拉近了团队带领人与成员间的心理距离,使得形体舞带领人与团员的角色互动更为和谐。

笔者还收集到刘阿姨及形体舞团队获得的诸多荣誉及证书。这是刘阿姨向笔者展示的"社会体育指导员的一级证书"(见图4-2),当地街道文化活动中心特意选送她去外地参加培训,她考取证书,以及外界肯定和支持使刘阿姨的形体舞教者、终身学习者的角色身份更加清晰,角色自尊、幸福感更加显著。

图 4-2　形体舞团队带领人刘阿姨获得的社会体育指导员一级证书

三、他人支持——交口称赞，情感融洽

笔者根据上次与刘阿姨相约的地点，早早来到某社区学校舞蹈房。这是一间宽敞明亮的房间，三面墙都是镜子，镜旁都是扶手，另一面墙是窗户，老年人在这里练功跳舞，随时看到自己的身形因形体舞练习而越发改善自我的情形，与老年人不断追求美好身姿和生活形成映照。

正在遐想之际，几位老年人进门，她们对我这个不速之客表示疑问，笔者笑盈盈地告诉她们是来访谈刘阿姨，她们听到她的名字，表情瞬间缓和，开始换练功服自觉压腿，在笔者与团员的交流中，发现她们非常喜爱刘阿姨做形体舞带领人，"我就是冲着她才来的，她可耐心啦，我本来想跳跳玩玩的，她告诉我们跳舞要用心，一遍一遍地教、练习，我要是不认真点儿也对不住她，当然对不起自己……"①团员认为刘阿姨是才女，会编舞、会唱歌，和她在一起很开心，而且不觉中，团员已然把刘阿姨称为"刘老师"，并且公认刘阿姨教老年人形体舞十分用心，百分耐心，不像以前去别人那里学跳舞总被人家嫌弃笨手笨脚。老年人反应慢，但是"刘老师"总会教数遍。

---

① 【D-LIU-L-20191018】：与形体舞带老年学习团队成员的访谈资料。

笔者观察到刘阿姨让团队成员按序分三行,接着打开音乐,开始做热身准备活动,老年人都很投入,挺胸抬头,伴随音乐缓缓,做着各种拉伸和扩展动作,这时,刘阿姨用极富感染力的声音对大家说:"姐妹们,我们现在就是倾听音乐,忘记现实烦恼,投入地去伸展,扩胸,拉伸,心态平和,忘记年龄……"[①]一句"姐妹"的称呼,瞬间拉近了与团队成员的距离。刘阿姨不是单纯在动作技艺方面领舞,她还关注到成员的跳舞心态,鼓励她们忘我忘龄……她此时扮演的角色已经不只是团队活动的带领人,是舞者的心灵导师,无怪乎受到老年人的拥戴。刘阿姨感恩知足,积极追求达观幸福的老年学习生活,并把此传输到形体舞老年学习团队的日常学习活动中,从而令学舞的老年人备受感染。

在刘阿姨的指导下,团队成员开始进入跳舞环节,她们在跳刘阿姨自编的新疆舞,每个成员都要会"扭脖子",由于动作较难,刘阿姨反复在众成员前做舞动脖子的示范,并分解动作,让大家记住要领,首先放松脖子,接着做头部运动,低仰,左右,转圈,平移,前后伸缩脖子,她让大家两两组合,互相点评彼此动作,随后,刘阿姨就开始一个一个进行指点,每纠正一位成员动作,她都要做数遍,成员和她自述的耐心教舞得到印证。

生活中的角色表演与意识有关,自然的日常角色表演往往无意识,但每个人的行为都会给人以某种印象(impression)。戈夫曼的戏剧论(Dramaturgy)中提出了印象管理(Impression Management)[②]的概念,既要控制,又要显得"未加控制",或者说我们在为别人制造"情景定义"(本色出演)的时候,双方印象管理的目标是为了能使互动维持下去,互动双方都要控制一些真实角色情感的表露,同时视而不见对方的无控制表露,继而通过这种共谋促成"情景定义"的生成,戈夫曼称其为"运作一致"(Working consensus),[③]它是角色表演互动的条件。形体舞带领人刘阿姨的自我评价是,"与人为善,要求

[①] 【D-LIU-20191013】:与形体舞带领人刘阿姨的访谈资料。
[②][③] [美]欧文·戈夫曼:《日常生活中的自我呈现》,冯钢译,北京大学出版社 2008 年版,第 55、58 页。

上进。我说人最好的就是自己教育自己"①是对自己好学求知的最好注脚。

第二节 形体舞带领人的角色认同

一、角色认知：个体层面

(一) 角色定位：人生无处不学习

在形体舞带领人刘阿姨看来，生活无处不学习，她说：

"我觉得我们虽然老了，但学习的毅力和决心不亚于你们年轻人，我下学期就继续学习钢琴，每晚我都要阅读书籍，我感觉自己就像海绵一样……要学的东西真是太多。"②

刘阿姨虽然年事已高，但她把所有的经历都以积极的态度去转化为学习，从而汲取经验，感悟生活真谛。笔者深感与其访谈也是一种学习，从其叙述中能感受到老年人的人生积淀与智慧处事，通常我们称其为非正式学习，即根植于个人日常生活中的学习活动，通常是没有计划、经验本位、附带性质的，但往往却是能够打动人且富有启示。人们处于不同的年龄阶段，尤其脱离机构教育的成年人会发现非正式学习对于自我影响的深刻性。人在学校、机构等的正规学习效果，固然可以量化和显现，但成人期的学习，更多的是以非正规学习和非正式学习形式完成。前者与后者的区别就是有无组织和计划，是否偶发，有组织计划的非正规学习常见于社区组织，而日常无计划偶发的基本属于非正式学习，刘阿姨通过自身学习不断克服困难，在这一进程中，自己的处世能力增强，豁达意识提高，参悟能力提升。而笔者作为一个研究者也是一个旁观者，就更能以相对客观的第三方角度分辨出非正式学习对形体舞带领人刘阿姨的身心其实产生了重要影响和作用。

---

①② 【D-LIU-20191018】：与形体舞带领人刘阿姨的访谈资料。

刘阿姨爱好广泛,乐于学习,之所以她能到老年阶段还保持良好的学习力,其触发点即她人生经历的关键事件。在当时宏大特定的历史背景下,刘阿姨是书写自我写意人生的微观个体。她退休后,格外珍惜学习机会,树立终身学习成长的意识,反复提到"学习就是我的福命根源""我说人最好的就是自己教育自己"……这些观点都与其经历的生命个体关键事件相联结。

(二)生命个体关键事件:跌宕起伏的人生

通过访谈,笔者发现刘阿姨在自我意识树立、亲子关系处理、形体舞老年学习团队运作诸方面都显现出其透彻通达,智慧睿智的特质。她扮演不同角色的过程就是清晰认识自我的过程。

"角色扮演是对其他人立场和观点的想象假定"。符号互动论的先驱者之一威廉·詹姆士把自我区分为主观我 I 和客观我 me,[①]即自我是一个往返过程(reflexive process)的动态结构,"主观我"是互动过程中"客观我"的个体意识反映;"客观我"是"主观我"在互动过程中达成的目标与对象,其间是自我对话和反思。刘阿姨非常看重自我教育,自我感悟,自我理解,社会学理论认为个体人格—社会互动—社会是一个连续体的过程。而对个体人格的清晰定位,是促进社会互动的基础,进而无数个体在潜在和显在的原则和条件下成为社会组成的一部分,形体舞带领人刘阿姨在经历当时历史特定事件后并未一味叹息埋怨,坐以待毙,而是用自我教育、追求上进来与命运抗争,从中她还经历了个人重要事件,如父母双亡、离婚回沪,独自抚养女儿成人等,即使不被命运优待,刘阿姨也始终迎难而上,让自己在生命历程中不断成熟成长,其人生态度给笔者留下深刻印象。笔者认为这是刘阿姨从年轻到老年一直保持可持续学习的内在主线,体现为内心平静,无惧衰老。

---

① 车文博主编:《当代西方心理学新词典》,吉林人民出版社 2001 年版,第 94 页。

(三) 角色意义: 好学反思、豁达智慧

刘阿姨认为,终身学习是自己老年生活幸福的源泉,笔者对其如此豁达以及对学习的认识之深刻而震撼。刘阿姨的带领人形象大大超出笔者的预判,她不是单纯地教老年人形体舞蹈,她感悟人生、善待过往的智慧人生态度在教舞中均有体现。戈夫曼认为,印象管理是人们通过行为表现给人的印象,主要包括不加控制的明显表达,被称为给予的(give)表演,另一部分则是个体控制的具有隐含意义的表达,戈夫曼强调的表演(performance)主要是指后者,以及控制表达的技巧。若给与的和被控制的表演两者出现矛盾,就以无意流露的意义为基准,意指与其相信给予的表达不如信赖无意流露的表达意义。

在刘阿姨家中这一相对舒适而放松的"后台"(刘阿姨带老年学习团队领舞和教舞视为"前台"),她说话的语气平缓,但说到学习时候的语气坚定和精神振奋出于感情的自然流露,或许她还想控制自己情绪不要太激动,以免让笔者感觉她"装腔作势",但笔者却能感受到她角色认同的强烈意愿,这就像库利"镜中之我"提出的形象概念,他人就是一面镜子,只有与他人的互动中,"我"才有了"我"的自我……"我"所想象的我、在别人面前的形象、别人对我的评价、两者引发的自我感觉……都是建立自我的途径。自我产生于互动,反映于个人的意识之中。[①] 于是,笔者对形体舞带领人刘阿姨角色认同被勾勒为:以个人关键事件为动因,贯穿其从青年到老年,从个体学习和组建团队学习两条主线出发形成的角色认知,积累的角色情感,协商的角色互动。从中总结刘阿姨具备的人格特质是好学、反思、感恩、乐观与智慧。当笔者让刘阿姨选择哪个人生阶段对她来说更有意义时,她很坚定地肯定了老年阶段。正如哈格韦斯特所言,"成人年代并非在平静的大海上一帆风顺的航程,人们从年少到年老并非平稳过渡,每个人生阶段都有问题矛盾和

[①] 郑杭生主编:《社会学概论新修》(第3版),中国人民大学出版社2003年版,第93页。

危机显现,每个人生阶段都具有无限发展可能"。①

二、角色情感:角色自尊与幸福感

刘阿姨组织团队学习活动,通过"工作"构建带领人的角色认同。刘阿姨在访谈中表现自信、好学、神采飞扬,在参与式观察中,令人印象深刻的是教习形体舞时对老年人提出的学习要旨:"学习会让人始终保持天真、好奇,只有学习才对得起自己,因为学习的时候最年轻,我们很开心,就像回到了童年②……心态归零,把你退休前的身份,厂长、书记等都抛掉,你就是来学形体的……"

刘阿姨不仅强调舞蹈技术,她更注重的是形体舞老年学习共同体中成员之间的身份平等,强调团员之间的感情交流。她对团队成员"姐妹"的称呼,以及推荐能者为师的格局都是相应的佐证。当个体扮演一种角色时,他便不言而喻地要求观察者认真对待在他们面前建立起来的印象,见其所见,形成社会赋予对象的品质印象,似乎对象也在上演满足角色期待的行为。如果说戏剧论中对日常人们的印象管理出于主观控制,笔者认为刘阿姨更为符合其老年教育者、智慧长者的角色特质。"表演"或"扮演"的词语具有中性色彩,并非刻意营造,如果是带以善的目的去充分扮演(performate)某个角色是一种社会履职与角色认同。正如"人"这个词,最初的含意是一种面具(mask),这也许并不是历史的偶然,而是对事实的供认:每一个人总是处处都或多或少地在扮演一种角色……正是在这些角色中,我们相互认识;正是在这些角色中,我们认识了我们自己。③

三、角色互动:与团队、家庭、社区互动

在与刘阿姨的访谈和接触中,笔者还深刻感受到刘阿姨与家庭成员的

---

① 转引自罗比·基德:《成人怎样学习》,蔺延梓译,上海第二教育学院编印,1985年。
② 【D-LIU-20191013】:与形体舞带领人刘阿姨的访谈资料。
③ 罗伯特·E. 帕克:《种族与文化》,自由出版社1922年版,第249页。

深厚感情。刘阿姨的丈夫也是舞蹈爱好者,共同的兴趣爱好密切了老年夫妻的关系,他们的互敬互爱又对刘阿姨的舞蹈学习和创作带来灵感,他们经常编舞表演,颇有高山流水、知音相遇之感。刘阿姨的子女也对老两口跳舞、学习及表演倾注关心和支持,正是基于和谐的家庭氛围,促动刘阿姨能够顺利实现角色认同。刘阿姨还积极参与社区居委的表演活动。居委会工作人员对刘阿姨的评价是擅长编舞跳舞,夫妻二人互敬互爱,经常在重阳节、端午节参加居委会组织的公益活动,居民也都感到她"爱跳舞,爱生活"。① 刘阿姨已经把跳舞学习与热爱生活并重,把乐于服务社区,给居民志愿表演助兴当作义举,这扩展了组建老年学习团队的场域半径,使其角色认同的深度与广度得以彰显。

综上所述,形体舞带领人刘阿姨的角色认同特质详见图4-3。

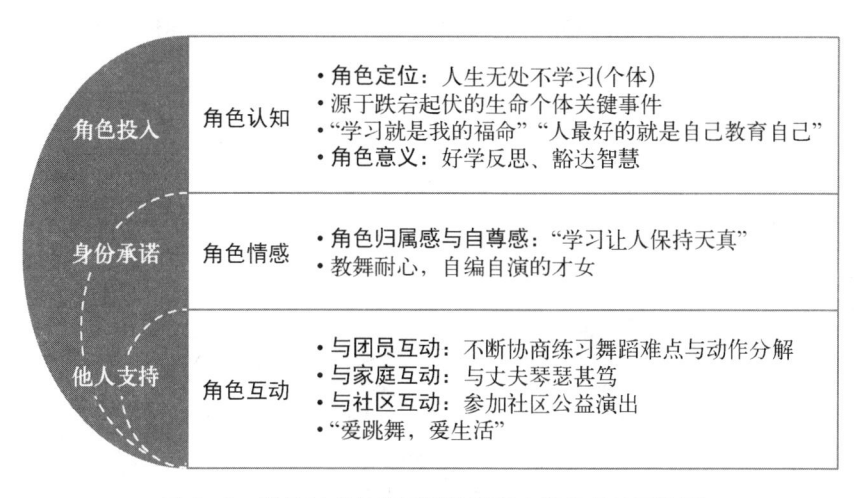

角色投入	角色认知	• 角色定位:人生无处不学习(个体) • 源于跌宕起伏的生命个体关键事件 • "学习就是我的福命""人最好的就是自己教育自己" • 角色意义:好学反思、豁达智慧
身份承诺	角色情感	• 角色归属感与自尊感:"学习让人保持天真" • 教舞耐心,自编自演的才女
他人支持	角色互动	• 与团员互动:不断协商练习舞蹈难点与动作分解 • 与家庭互动:与丈夫琴瑟甚笃 • 与社区互动:参加社区公益演出 • "爱跳舞,爱生活"

图4-3 形体舞老年学习团队带领人的角色认同特质

---

① 【D-LIU-F-20191025】:与形体舞带领人所在社区居委工作人员的访谈资料。

第五章
个案三：推进员带领人的角色认同图景

图 5-1 是终身学习推进员（简称推进员）老年学习团队带领人景伯伯角色认同的图景。作为终身学习推进员团队带领人，景伯伯自身对老年学习的见地深刻，他首先以身作则坚持自学，在他的带领下组建网上网下读书沙龙，成为终身学习推进员老年学习团队的带领人。第一节通过角色投入、身份承诺、内外奖赏维度描述其角色认同的图景，他人支持维度相对弱化，

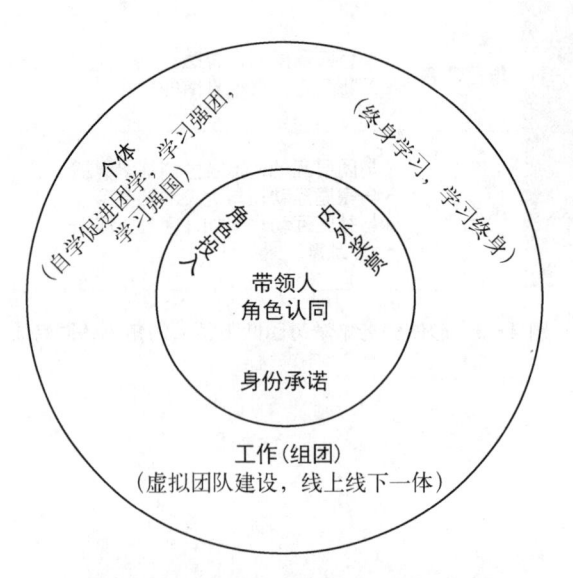

图 5-1　终身学习推进员老年学习团队带领人的角色认同图景

这与景伯伯更注重组织制度安排的强社会参与的角色认同特质有关，无论支持与否，他都会主动展现团队学习业绩和成果；第二节对其角色认同进行小结，景伯伯用实际行动践行自己及团队成员是终身学习，学习终身的终身学习推进理念的施行者、组织者、参与者。

终身学习推进员，是一支以构建学习型社区为己任的，由街道办事处牵头，致力于推进终身学习的志愿者队伍。这支队伍是由一批热衷终身学习与积极生活的社区市民组成，以退休老年人居多。终身学习推进员团队是一种自主、自治的组织。2010年底，终身学习推进员队伍建设在上海市P区全面推进，至今仍活跃在网上线下。作为引入终身学习推进员的区，也是笔者工作的区，对相关情况较为熟悉，据笔者调查，终身学习推进员制度推介多年，其骨干积极分子也是老年群体，他们在社区中宣传终身学习观，全力以赴地营造终身学习的氛围，扩展终身学习的知名度和影响力，且在工作中往往不以退休之身看待终身学习推进活动，以事业之心身体力行，从下而上普及终身学习的理念和实践。于是聚焦于该团体，笔者选择了P区的某街道的终身学习推进员带领人景伯伯作为访谈对象，这次笔者找的"守门员"是该区社区学校常务副校长，也是因平时工作关系比较熟稔。

终身学习推进员带领人——景伯伯

男，1953年生，活跃于线上线下的读书沙龙群。他身体力行，带领终身学习推进员走街串巷从事终身学习理念的推广、践行志愿者服务以及开展读书沙龙等学习活动。

第一节　做老年学习的宣传者

一、角色投入——个体学习：自我学习带动他人学习

与终身学习推进员带领人景伯伯相识并访谈得益于当地社区文化活动

中心管理者的举荐,在他看来,景伯伯能说会写,是居委会读书小组的活跃分子,是第一批终身学习推进员,后面又当选为推进员协会秘书长。"景伯伯从自身做起,时时学,处处学,带动终身学习推进员团队和社区街坊参与学习。"[1]在与景伯伯的交流中,他首先述说自己践行终身学习理念,接着对终身学习推进员的胜任素质很有自己的表达主张。他说:"我认为,作为终身学习推进员,你自身得有理想,或者说围绕'中国梦'来组织参与学习。比如我组织居民参加读书会,他们觉得'中国梦'很遥远,我就对他们说,退休老人在家里没事,那么出来参加读书会,就读和谈你们感兴趣的话题,像是养生保健知识,这跟中国梦也有关,因为你会快乐学习与生活就是健康中国的战略落实。还有以前学习就是读报纸,大家无聊打瞌睡,我给老年人说,我们现在读书会学习要即兴发言,不读报纸不读文件,直接说中国梦是什么?美国梦是什么?社区梦是什么?报纸要居民自己去读,社区有的老百姓其实不喜欢读报纸,我们终身学习推进员工作要与社区学习融会贯通才能有效,所谓贯通就是把学习与社区文艺表演相结合,不能只唱唱跳跳,立意不高,但仅仅读书读报又太单调,即学习团队和文艺团队相结合,寓教于乐……我认为团队活动有时候可以学习'感动中国'颁奖晚会的形式,让学习既不枯燥又气氛活泼。"[2]

终身学习推进员景伯伯对社区基层推进终身学习可能存在的问题、解决的方法与举措等都有独到而且接地气的认识,这与他自身爱读书看报看新闻有关,早在"学习强国"App还未推广之初,景伯伯会自发自觉学习习近平总书记深化改革的谈话,特别对习近平总书记提出说要走好人生的三座立交桥,第一座是学生时代学习立交桥,第二座是工作时期边工作边学习的立交桥,第三座是老年终身学习立交桥的发言尤为认同。景伯伯对党政理论及政策的敏锐觉悟力令人感佩。

---

[1] 【D-JING-F-20191025】:与终身学习推进员带领人所在社区文化活动中心管理者的访谈资料。
[2] 【T-JING-20191025】:与终身学习推进员带领人的谈话记录。

"我之前会先给推进员布置主题,比如管好自身健康和学习,追忆我入党的那一天等,读书会有社区居民参加,我们终身学习推进员必须引导,否则读书会很枯燥,在我们的带动下,居民参与积极性高,呼朋引伴,终身学习理念就能得以推广。" 20世纪70年代时任联合国教科文组织国际教育委员会主席的埃德加·富尔(Edgard Faure)及其同事倡导终身学习是新的教育精神,它使个人成为他自己文化进步的主人和创造者……因此"每一个人必须终身不断地学习"。①

景伯伯会和其他社区团队进行跨团队的合作学习,推广本团队的学习经验,让文艺与读书这样动静结合的读书阅读活动更加普及,他所创新的读书沙龙+文艺沙龙的灵活学习形式调动了该街道更多社区居民参与学习的热情,整体推进全街镇社区基层百姓的终身学习理念,得到了社区文化管理相关机构的肯定。

二、身份承诺——组团学习:组织运行虚拟网上学习团队

终身学习推进员团队除了活跃在社区,还以虚拟学习团队的形式在网上和移动终端进行交流学习,笔者关注到它是不同于传统的老年学习团队,主要是频繁在线上交流、开展网上活动,但正是由于网上虚拟互动的增进,才使得学习团队成员彼此认识,互助学习,熟悉和掌握新型的硬件操作和软件使用技术,并延伸到线下活动,使得虚拟和实体的老年学习团队互相补充,相得益彰。

电脑网上发帖互动踊跃体现社会参与的强意识。有研究者认为虚拟团队的失败率为20%—50%,②虚拟团队要展现线上远程学习活动便捷高效

---

① 联合国教科文组织:《学会生存——教育世界的今天和明天》,教育科学出版社1996年版,第201、203页。
② Cristina B. Gibson, Amy E. Randel, P. Christopher Earley. "Understanding Group Efficacy: An Empirical Test of Multiple Assessment Methods". *Group & Organization Management*. 2000.

等优势,需要关注团队成员学习需求,增进彼此信任,克服沟通和文化差异等,尤其是虚拟团队带领人更要重视虚拟领导力的生成与培养。

笔者通过对该社区网上120个虚拟老年学习团队进行跟踪和考察,根据其成员网上活跃程度,对虚拟老年学习团队进行详细实录和参与式观察、对团队带领人进行深度访谈等,发现上述虚拟老年学习团队是以老年成员为主,每个团队都有积极分子。图5-2(虚拟老年学习团队网页)为部分截图,在图中我们可以看到团队名称以老年人喜闻乐见的学习内容命名。如太极拳、网上读书、腰鼓队、摄影、PS照片处理等,借助于网络媒体的形式更加凸显社区居民终身学习的个性和丰富多样性。

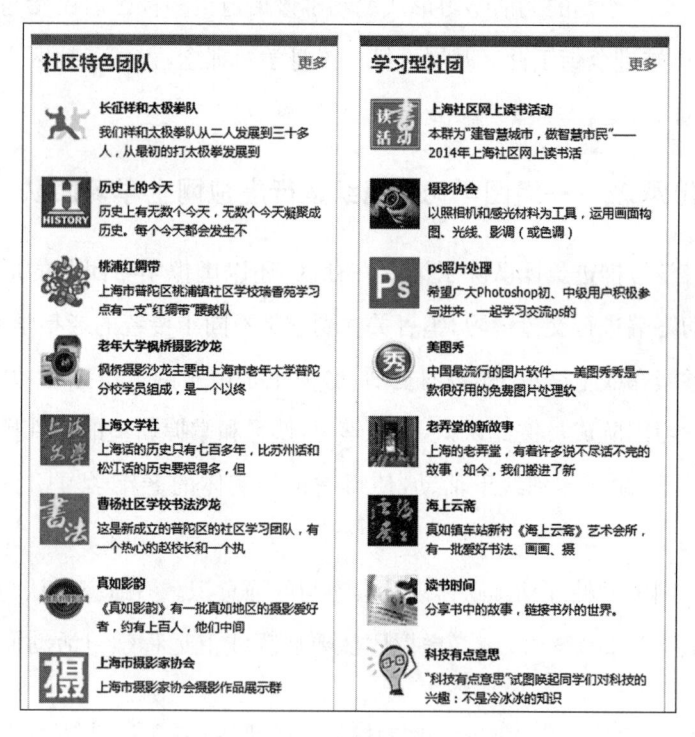

图5-2 虚拟老年学习团队网页[①]

---

① 【P-JING-20190705】:终身学习推进员带领人提供的虚拟老年学习团队网页。

如图 5-3(网上读书沙龙网页)所示,笔者观察到既有发帖达人,也有跟帖者,每天都发表自己的读书心得或者对网上读书团队的建议,并且能得到回应,尤其对于景伯伯带领的终身学习推进员的读书活动任务能够做到一呼百应,这些老年读书沙龙的成员虽然在网上活动学习,但组织意识较强,对区或市里的读书活动都表现主动,应者云集。

帖子	作者/时间	回复/查看	最后发表
[活动方案] 2014年普陀区网上读书活动方案	余江涛 2014-6-18	2 4911	桃浦姚鑫鑫 2014-9-6 21:34
[活动方案] 参与读书活动流程示意图	余江涛 2014-6-11	1 1613	黄丽姝 2014-8-6 16:02
[学习资源] <推动老龄事业全面协调可持续发展>摘录	曹杨刘家康 6天前	0 7	曹杨刘家康 6天前
[学习资源] 纪念孙中山先生诞辰150周年	曹杨刘家康 2016-10-12	0 3	曹杨刘家康 2016-10-12 17:20
[学习资源] 习总书记在学习时强调:如何推动好老龄事业全面发展。(摘录)	曹杨刘家康 2016-10-11	0 7	曹杨刘家康 2016-10-11 11:19
[学习资源] 京剧四大行当艺术档案展	曹杨刘家康 2016-10-10	0 8	曹杨刘家康 2016-10-10 17:18
[读后感] 殷切希望网站让我们再聚集一起	曹杨刘家康 2016-10-8	0 5	曹杨刘家康 2016-10-8 13:09
[读后感] 十月九日是重阳节	曹杨刘家康 2016-10-8	0 3	曹杨刘家康 2016-10-8 11:22
[读后感] 道一声你们辛苦了	曹杨刘家康 2016-6-4	2 8	曹杨刘家康 2016-10-6 15:55
[活动方案] "两学一做"专题讨论会	曹杨刘家康 2016-9-29	2 10	曹杨刘家康 2016-10-6 15:48
[活动方案] 众人之网众人助	曹杨刘家康 2016-10-2	0 0	曹杨刘家康 2016-10-2 09:18
[读后感] 网站搬家,敬请期待……	曹杨刘家康 2016-9-30	0 7	曹杨刘家康 2016-9-30 13:53

图 5-3 网上读书沙龙网页[①]

社会参与(social engagement)是与公民参与联系紧密的话题,是指互助、志愿行动和公民服务(civic service)等把个体和他人联系起来的活动。[②] 虽然我们看到的是老年人在网上读书互动行为,但从他们的读书目类和对活动的积极响应不难看出他们希望受到正式组织重视,以及帮助相关机构努力争取舆论支持,加强正能量的推广与普及。所以数据统计发现网上读书沙龙的人气较高,发帖 5 294 条,成员 2 414 人,平均每人每天发帖数是

---

① 【P-JING-20190705】:终身学习推进员带领人提供的虚拟老年学习团队网页。
② Wuthnow, Robert. *Acts Ocompassion: Caringo, Others and Helping Ourselves*. Princeton, 1991, p. 26 N. J.: Princeton University Press.

2.19条,作为基数较大的虚拟网络团队,说明活跃程度不低,因为在虚拟团队中没有正式条文和规则约束,尤其对于老年人来说,发帖或跟帖是兴趣使然,一方面说明他们仍然关心时事和社会;另一方面说明他们的社会参与意识较强,不肯输于学习落后。

老年终身学习推进员的团队微信群(W)融合了生活理念和终身学习的信念。笔者还关注了终身学习交流的微信群,并采用参与式观察的方式进入了终身学习推进员群,该群有成员 83 名,90%以上都是老年人,线下笔者访谈带领人景伯伯,他无论线下和线上都锐意进取。

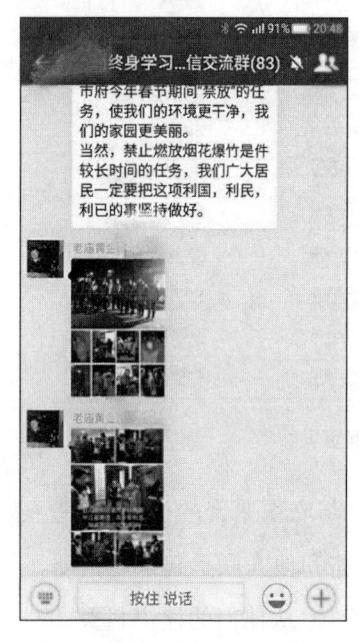

景伯伯认为终身学习推进员团队就是围绕终身学习理念,使得老年退休人员快乐生活的队伍。他发现社区老百姓退休后在家没事,就组织居民讨论感兴趣的话题,另外在学习形式上也丰富多样,有线上的微信群,如图 5-4(终身学习推进员老年志愿者活动微信群),还有线下的读书读报活动,参与者众多。

图 5-4　终身学习推进员老年志愿者活动微信群

团队带领人有自己的思考和部署,这对团队活力发展的意义举足轻重。另外,景伯伯愿意动脑筋想办法,使得相对枯燥的读书读报学习也变得饶有趣味。笔者统计过终身学习交流的微信群,发现每天从早上 6 点左右到晚上 12 点都有成员发帖,有读后感、心得,推荐阅读文章,有的分享学习精神,有的提示社区进行各种志愿活动,有的布置区级活动,有的自己编曲填词,文字、图片、视频不断,并且很多题材都出自老年学习团队成员真情实感的原创,他们深刻感受到互联网科技所搭建社交平台的意义,尽情徜徉在知识、常识、哲理相交汇的信息流中。

三、内外奖赏——内外力驱动团队持续发展

在评价该街镇的老年终身学习推进员团队现行运行和发展情况时,景伯伯认为无论是读书会、志愿者团队等在社区、网上、微信交流群里都能发挥终身学习推进的功能,但是他也指出团队面临的发展困境,"这几年上级组织不是很重视,终身学习推进员团队似乎无名无姓无行动,自发组织也需要行政领导支持"。①

景伯伯认为区里和街镇对终身学习推进工作的成绩有时会进行表扬,但更希望上级领导能够宣传造势,让基层百姓明白不读书不学习不行,而且"居民要学习,领导干部也要学习,既然都是做终身学习推进的工作,那就是人人学习"。②

景伯伯推进社区基层终身学习重视形式灵活,学习不枯燥不乏味,艺术团队、读书会都参与其中,定期开会,社区学校校长提倡让团队自行管理,自由发挥管理优势。根据景伯伯的介绍,他以前在厂里做宣传,负责黑板报、播音室广播,所以退休后从事终身学习推进员工作较为得心应手。老年人重建新角色认同有利于平稳过渡老年阶段,延缓退休后因角色空缺而带来的心理消极情绪。③ 景伯伯认为除了团队自身学习,外力支持也很重要,而且与社区学校、街道文化活动中心是一种退休后非工作的"工作"关系,"我们从承接任务到执行都不等校长布置,都是自觉自愿去做,是我要做,不是要我做,我们学习也是我要学,不是要我学……"④

终身学习推进员带领人景伯伯对自身学习、团队发展都十分关注,他虽然退休,但具有为社区承担社会事务的强社会参与意识,这与他退休前从事的宣传组织工作有关,某些情况下,退休前工作对退休后生活的影响是连续的,而且坚持参与终身学习活动会延年益寿,保健益智。例如推进员团队在

---

① ② ④ 【T-JING-20190705】:与终身学习推进员带领人的谈话记录。
③ 陈勃:《人口老龄化背景下城市老年人的社会适应问题研究》,《社会科学》2008年第6期。

年末表彰一位推进员常年学习和持续复健锻炼,最后从瘫痪状态到重新走路,说明毅力和坚持学习的意义。景伯伯对长期坚持学习的推进员之激赏,是对老年团队学习这种非正规学习形式的价值肯定。老年人通过学习在同辈群体中进行互动交流,思想碰撞,从而获得心理资本和社会支撑,这是同代人因为年龄相仿,经历的时代背景雷同而相互学习的文化(同喻文化)映照与相互感染。正如国外学者最早把成人学习称为小组学习,即聚集在一起,相互学习,相互支持,能者为师,学习成员之间互为学习、彼此之间成为心理支持的资源。①

在和终身学习推进员成员的交流中,大家也很肯定景伯伯作为带领人起到的引领作用,对参与终身学习推进团队深有感触:"我们推进员边学习边做社区服务……还有个推进员几年前就办了遗体捐赠的手续,他们都乐于奉献,热爱生活,有的还参加骑游会,支援贫困地区失学儿童,自费去老少边穷的地方资助孩子们。"②……"我们虽然退休了,对团队学习、志愿工作是很有事业心的,我们是把兴趣当作事业干!文教干部是事业当作工作干……"③

终身学习推进员带领人景伯伯希望得到政策支持,提议从区层面定期召开有关终身学习推进社区的相关会议,还建议应借鉴居委会的项目工作推进机制为终身学习推进活动提供基金支持,展现出老年学习团队管理者的素质与发展格局,并一再重申"人活的是精神充实,我们每个推进员都带动一部分老百姓参与终身学习,那就能推动更多人了解和重新认识学习的重要性"。④

同时,景伯伯也坦言其在虚拟团队学习和组织读书沙龙微信群中由于

---

① 达肯沃尔德、梅里安:《成人教育——实践的基础》,刘宪之等译,教育科学出版社1986年版,第158页。
② 【T-JING-L-20190711】:与终身学习推进员团队学习者的谈话记录。
③④ 【T-JING-20190711】:与终身学习推进员带领人的谈话记录。

视力较差也会给工作推进带来一定阻力,但家人还是支持他的退休"工作"与生活,因为人会因为精神丰富而生活充实。透过景伯伯的言辞,笔者可以感受到他对推进员团队的重视和倾心倾力,尤其他说把兴趣当作事业,折射出他重视团队运作和可持续发展,这对于一个已经退休的老年人而言难能可贵,因为景伯伯是从管理角度关注团队发展,他的学习与生活也是围绕此展开,虽然从生理衰退的角度来言,老年人必将陆续经历和体会功能退化,但从精神而言,学习令景伯伯仍然能够保持乐观向上的心态。

第二节 推进员带领人的角色认同

一、角色认知：个体层面

(一) 角色定位：自我学习与团队推进

景伯伯担任终身学习推进员带领人,与社区教育相关机构密切互动,旨在通过发动社区百姓的力量而普及终身学习理念,要做实这项工作,景伯伯始终要求自己勤于学习思考,"终身学习推进员得时时学,处处学,才能带动周边人参与学习"。[①]

景伯伯展开线上线下一体化的学习模式。每次准备读书会的主题和内容都需要他亲力亲为,线上主要通过电脑和手机微信群对参加读书会的现场情况进行信息实时发布、活动情况总结和报道,这有效促进了景伯伯对ICT技术的学习掌握。他还列举了网上摄影沙龙是一个以终身教育为目标的学习兴趣小组,将有摄影兴趣的学员聚集在一起,交流摄影知识和分享摄影作品,并通过数字化网络平台进一步普及摄影知识、学习摄影理论和探讨摄影技巧。团队的成员都是摄影老痴迷,喜欢生活,酷爱摄影,互相取长补

---

① 【T-JING-20190718】：与终身学习推进员带领人的谈话记录。

短,探讨拍摄人物、景致、动态等的技巧,更重要的是看着自己的作品在网上平台被其他朋友点赞和夸奖的时候,成员都很自豪,在促进老年学习生活饶有趣味的同时,也提升了团队成员的摄影水平,增进彼此间情感的和谐交融。

(二)角色意义:管理实效、思路开阔

在与景伯伯的访谈中,令笔者印象深刻的是他对组织管理终身学习推进员老年学习团队有着清晰的定位,在设计和构建读书会活动时,认为仅仅学习读书又太单调,即学习团队和文艺团队相结合,寓教于乐,吸引更多社区老百姓参与读书会。笔者对景伯伯讲述的人生立交桥说法,尤其讲到第三座是老年终身学习立交桥的提法很有共鸣。景伯伯在团队发展方面也有自己的见解,譬如提到区里、街镇等各级相关机构应当重视社区基层推进终身学习活动的实施与贯彻,虽然他现在退休,但他对团队学习、志愿工作是很有事业心的,是把兴趣当作事业干。景伯伯从基层角度承担社区教育机构的工作任务,坦诚希冀领导重视该项工作,推进志愿服务,为建设学习型社区贡献力量,充分展现了带领人的思想觉悟和角色意义。

二、角色情感:工作使命感与责任感

景伯伯主要对街镇的终身学习推进员进行组织学习,通过访谈,笔者发现他很重视运营和管理团队,因为该团队受命于社区教育机构,所承担的任务是推进终身学习理念、推进学习入户入社区。这支老年学习团队具有强烈的社区治理和参与意识,内外因素驱使景伯伯须具备运营和组建虚拟老年学习团队的相应质素。

如图5-5(虚拟老年学习团队带领人质素构成)所示,团队带领人是活跃于虚拟团队中的首席,因此他既不同于传统意义上手握"权柄"的"领导者",又因老年学习的特质而具备天然的民主、公平的管理特性。同时由于不仅是带领人本身具备核心能力,还须团队成员具有社群精神。具体而言,对于团队带领人个体而言,其领导气质定位于"平等中的首席",解析意涵即具有"健康生活的理念,终身学习的信念",这都源于我们对虚拟学习团队的深度访谈和近距离的参与式观察所得,而且个人学习成就感较强,动机明显,传递"老有所学、老有所乐、老有所为"的终身学习理念意识强烈。团队带领人的社群荣誉感强,回馈社会的志愿意识强,认为不是仅仅要参与学习,还应反哺社会,力所能及地进行志愿服务。

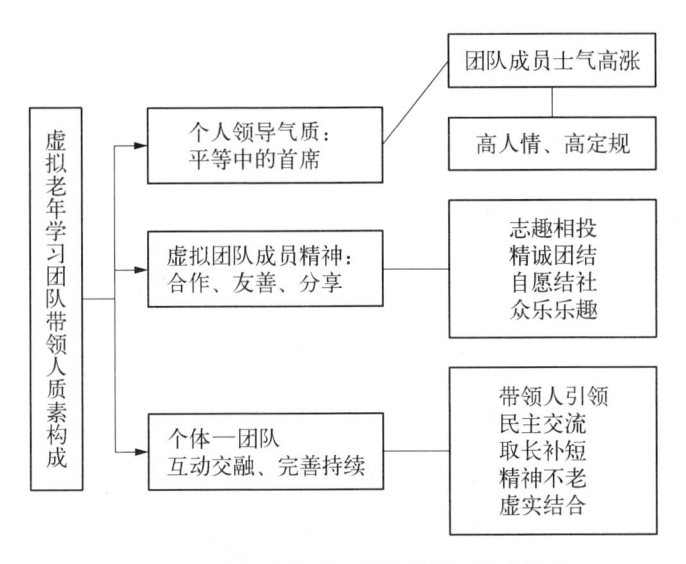

图 5-5 虚拟老年学习团队带领人质素构成

网上老年学习团队的活动地点放于广阔的网络空间,虽然虚拟,但通过交流和学习,笔者发现即使虚拟团队,成员精神是领导力建设的重要组成部分。成员具备相同的爱好志趣,爱好是最好的导师,会引导团队成员学习并交流;同时需要成员之间精诚团结,享受众乐乐趣,而非独享学习,诚然,对于团队成员中太过抬高自身、贬低他人的成员是无法获得社交信赖与支持的,对于虚拟的学习团队更显重要,因为团队都是自愿结社,非外力强制,如此会过滤一部分不具有团队精神的人,而持续跟进团队的成员都是乐群爱学的同辈群体。在带领人的引领下,团队民主交流,取长补短,形成个体与团队之间互动交融、可持续发展的良好态势,体现老年人退而不休的积极老龄化精神。

三、角色互动:与团队、机构互动

景伯伯的个体学习与组建团队发展是互动交融的关系,即带领人是"车头",他要带领团队成员驾驶团队快车行驶在平稳而前进的道路上,而团队成员在带领人引领下进行线上线下一体化互助学习、民主交流、参与活动,从而达到互通有无、相得益彰之效。景伯伯是通过线上、线下两条线与团队成员互动,线上是通过运作网上读书沙龙和终身学习推进员工作微信群进行工作布置、学习分享等形式开展;线下主要是通过社区读书与文艺团队相结合,以跨团队交流为手段开展多元学习活动,景伯伯这种把兴趣当作事业的做法彰显的是退休者的不老精神,对促进社会和谐,团队可持续发展,吸引更多老年人参与终身学习,实现角色认同,达成积极老龄化都意义显著。

综上,终身学习推进员带领人景伯伯的角色认同特质如图 5-6 所示。

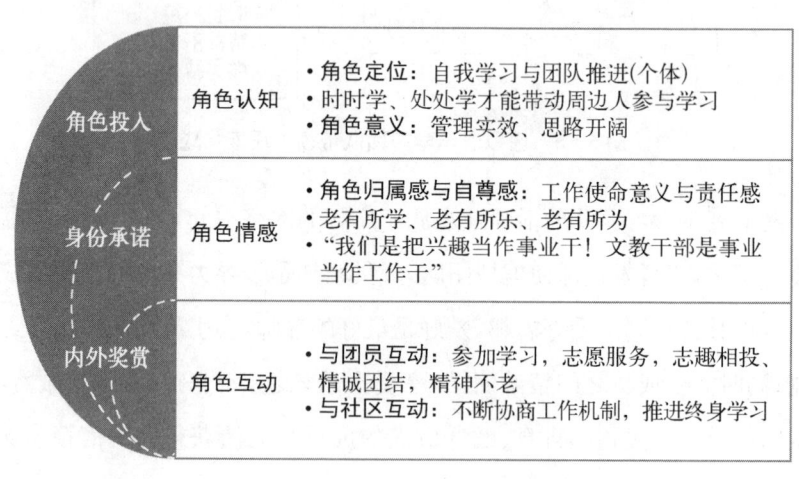

角色投入	角色认知	·角色定位:自我学习与团队推进(个体) ·时时学、处处学才能带动周边人参与学习 ·角色意义:管理实效、思路开阔
身份承诺	角色情感	·角色归属感与自尊感:工作使命意义与责任感 ·老有所学、老有所乐、老有所为 ·"我们是把兴趣当作事业干!文教干部是事业当作工作干"
内外奖赏	角色互动	·与团员互动:参加学习,志愿服务,志趣相投、精诚团结,精神不老 ·与社区互动:不断协商工作机制,推进终身学习

图 5-6 终身学习推进员老年学习团队带领人的角色认同特质

第六章
个案四：编织团队带领人的
角色认同图景

  图6-1是编织老年学习团队带领人张阿姨的角色认同图景。张阿姨爱好编织，虽然退休前担任护士长职务，但都未能因工作繁忙而停滞自己的编织兴趣，退休后汇入老年学习洪流中，但也因应自己的爱好和积累的处世技能让张阿姨在团队中树立带领人组织与业务的"权威"，通过角色投入、身份承诺、他人支持维度来叙事其角色认同图景，由于编织老年学习团队带领

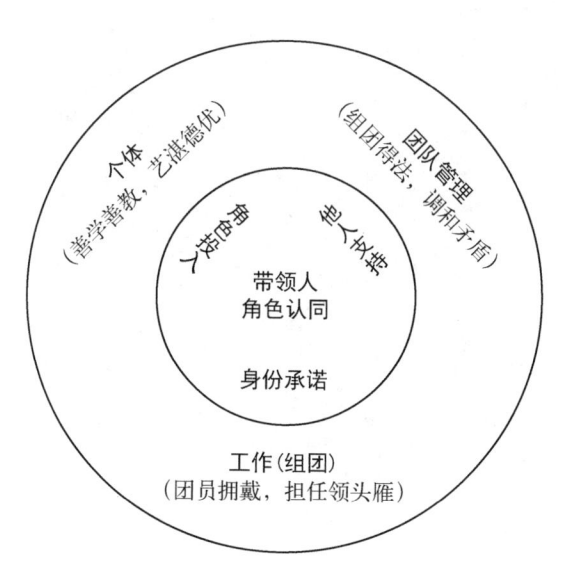

图6-1 编织老年学习团队带领人的角色认同图景

人张阿姨强调兴趣爱好和志趣相投,内外奖赏的维度相对弱化。此外还对张阿姨形成角色认同的过程做了总结,即个体善学善教,组团受拥戴,日常平衡家庭与团队学习,使得学习持续。

结识这位编织团队带领人张阿姨,缘于笔者组织参与的一次重阳节助老公益志愿者活动。当时,笔者负责帮助该团队布展,于是,与张阿姨及其团队有了研究合作关系的基础,后面再经过"守门员"——一名专门负责老年学习团队管理的同事引荐,张阿姨同意访谈。

我们约在编织团队活动的教室,根据约定时间,笔者早早到了,首先看到编织老年学习团队的各种毛衣、毛裤、披肩都在楼道橱窗陈列(见图6-2编织老年学习团队成果展示),作品无论花式还是配色都很得当……编织老年学习团队带领人张阿姨给笔者的印象是年过六旬,眉眼精致,服饰得体,她向笔者介绍编织团队陈列展示的作品,无不做工细致,编织精美。

图6-2 编织老年学习团队成果展示[①]

---

① 【P-ZHANG-20191023】:编织老年学习团队带领人提供的实物资料。

编织团队带领人——张阿姨

女,退休前是某医院护士长,1953 年生。退休后活跃在编织毛衣、钩织各种织品等的老年学习团队中,由于她细心、耐心、认真、编织技术高超,被团员公投推选,从一位普通成员成长为编织老年学习团队带领人。

第一节 编织退休的学习生活

一、角色投入——个体学习:爱好是最好的老师

(一)心灵手巧,兴趣引领

编织老年学习团队带领人张阿姨从小就喜欢动手,最先是跟妈妈学编织毛衣,后来自学。虽然是业余爱好,但她是个善于自我挑战的人,经常琢磨编织花色,还买书学编织,所以技艺精湛。张阿姨还主动提到自己退休前是医院护士长,平日工作强度高,只要有空,她都会抽时间编织,还跟朋友专门自费参加裁剪、挖袖等制衣技能培训,提升编织的技艺水平。张阿姨退休后以编织兴趣为乐,参加了社区编织的老年学习团队,"我是 2009 年在家附近学跳广场舞,但觉得舞蹈太累,2011 年我参加某老师的编织团队",[①]在访谈张阿姨的记录中,她表示对原来教编织的老师非常倾慕,因为她除了教团队成员编织以外,还组织团队唱歌、诗朗诵,大家相处非常融洽,正是这种其乐融融的团队学习氛围,使得张阿姨一直坚持参加编织的老年学习团队。尽管笔者访谈的是编织老年学习团队带领人张阿姨,但从她叙述中不难看出,重要他人——编织团队前带领人所缔造的老年学习团队氛围对现任团队带领人张阿姨具有深刻影响力,正如"物以类聚,人以群分",投射出张阿姨也是自强不息、乐观向上、身体力行的老年人,体现了老年人退休后仍然创

[①] 【D-ZHANG-20191023】:编织带领人的访谈观察资料。

建不断成长的有意义的个人生活的退休精神。①

(二) 自我学习,刻苦钻研

根据张阿姨叙述,后面由于教编织的老师身体原因不再担任编织老年学习团队带领人工作,张阿姨因为自我学习能力强,又善于钻研编织新花式,所以在编织老年学习团队中很有声望,"我就是喜欢学习新花样,也喜欢自己买书钻研"②。当老人们都推举张阿姨做编织老年学习团队带领人的时候,她却婉言谢绝了,并且主动让贤推举了另一位团队成员担任带领人,因为张阿姨发现这个老年人很喜欢当带领人,而且技术水准也好。张阿姨既淡泊名利又技术过人,比如她在访谈中随意端详了下我穿的毛衣,说到:"这是菠萝针,编织起来比较简单,如果单片编织的话,第一行单螺纹,就是一针正一针反。第二行反过来,一针反,一针正。从单面看,两行一样。第三行与之前的编织反过来,第四行保持与第三行一致。菠萝针的针法简单说,就是单螺纹两行后,花纹错位一下。"③

我讶异于张阿姨一连串的编织术语,她能通过外观他人毛衣穿着,就详细说出编织的步骤与花色,说明张阿姨的编织工艺水平精深……再问及其编织学习历程时,张阿姨坦言:"退休前虽然工作很忙,但我还是挤出时间来给家人、朋友编织毛衣、裁剪衣服,他们都喜欢穿我做(编织)的衣服,只要同事、朋友看上我穿的(编织衣物),我都会洗洗给他们穿。"④张阿姨对自己编织成果得到家人、朋友肯定和喜爱满溢幸福表情(开心愉悦状),她是一个热爱退休学习与生活,用经纬编织退休人生的人。

---

① [美]詹姆斯·奥特里(James A. Autry):《退休精神》,曹文丽译,生活·读书·新知三联书店2010年版,封首。
② 【T-ZHANG-20191023】:与编织带领人的谈话记录。
③ 【D-ZHANG-20191104】:编织带领人的观察资料。
④ 【T-ZHANG-20191104】:与编织带领人的谈话记录。

二、身份承诺——组建团队：团员拥戴，担任领头雁

（一）受命于危机之时

张阿姨说到如何组建编织老年学习团队并成为新任带领人，异常感慨地讲述了一段故事。前任带领人因病无法再担任团队带领人，由张阿姨推荐的团队成员由于协调管理能力不高而引发团队危机，"她商业头脑太强，在团队编织学习时，不好好带领大家学习，而是对来请教的成员有附加要求，比如要买她的毛线或者毛衣才肯教人家……大家反响很不好，都跟我反映，也跟管理老年学习团队的老师反映，大家都说让我来当团队带领人，我推辞了几次，我觉得不能让这个技术不错的成员太丢面子……"[①]于是张阿姨又给了这位团员继续承担团队带领人的机会，但是令人遗憾的是该团员有负众望，再次因为其他团员普遍反映她教编织"留一手"（有所保留）而支持率很低，而且还对新来的编织老年学习团队的老年人恶语相向，嫌弃老人笨手笨脚，直接被新成员投诉到社区老年学习团队的管理机构。当笔者与社区管理者访谈时，他也证实确有此事，"当时张阿姨推荐的人对待老年学习者态度恶劣，有些团员跟我反映问题并希望我们出面解决此事……我跟张阿姨沟通，她直接保证自己团队事情自己会处理好……张阿姨最后做了带领人，她很会带团，在她的带领下，我们社区编织老年学习团队经常参加比赛并获奖。"[②]

和张阿姨及社区管理者的访谈，使得我对张阿姨的为人处世和管理团队方面有了生动而深刻的印象，她既能顾及他人自尊，又能在团队可能因焦点事件而面临解散的危机中沉着应对，从而化解了团队危机，也赢得了编织团队的信赖。正如布迪厄指出的，个体是在场域中权力斗争而建构的认同。[③]

---

① 【T-ZHANG-20191104】：与编织带领人的谈话记录。
② 【T-ZHANG-F-20191116】：与编织带领人所在社区管理者的谈话记录。
③ 转引自杨善华、谢立中：《西方社会学理论》（下卷），北京大学出版社2006年版，第175—180页。

张阿姨协调人际关系得益于退休前担任的医院护士长工作,"护士长的位置很特殊,上面有医生,下面有护士、家属、病人,要处理方方面面的关系,不学习、不锻炼怎么做工作?所以遇到这次纠纷,我处理起来不怎么费力"。[①]

编织老年学习团队带领人张阿姨除了擅长编织技艺,还需要处理好团队中成员关系,尤其是老年人在团队学习中的功利问题、学习快慢的矛盾等,举措得当才能增强带领人的角色认知,形成角色归属感,执行角色行为。

(二) 艺湛德优

这次笔者来到编织老年学习团队活动教室时已经有几位阿姨坐在里面开始编织。她们带了毛线、环形针、钩针等编织工具,近距离观察,有菊花图案的蝙蝠衫、几何图案的毛衣等,她们都称赞张阿姨"脑子可聪明了,手也巧,还耐心教导,平时我们看到好的花色图案放到(编织)微信群里,张老师就会帮我们分析编织方法、花色和步骤"。[②]

笔者留意到编织团队成员正在钩织的是一件针织衫,上面已经有了牡丹花的轮廓,这些老年学习者都在认真勾线,花子均匀,线条流畅……编织带领人张阿姨今天带来了一件圆领套头毛衣,陪衬部分为双鹰和几何图案,张阿姨在黑板上画了花样设计图并指出应采用左右袖垄并针,讲完要领,张阿姨就开始让团员们一一操练,并不断指点团员的针法、设计或花色等,由于她耐心讲解且切中要害,笔者看到许多团员都频频点头,按照张阿姨的指点重新改了针法……

三、他人支持——组团得法,调和矛盾

鉴于编织老年学习团队的前任带领人风波,张阿姨向我讲述了她的处理之道,当她了解到发生矛盾的这位团员来自外地,以经营毛线店为营生,女儿在上海成家,她还要帮忙带外孙,所以就顺水推舟劝她先把家里料理好

---

① 【T-ZHANG-20191116】:与编织带领人的谈话记录。
② 【T-ZHANG-L-20191116】:与编织老年团队学习者的谈话记录。

再过来学习编织,这其实就是找个理由掩饰编织团队对她的"集体弹劾",这位团员也明白自己有错在先,随后也表现比较低调,张阿姨顺利转化了编织老年学习团队的一次危机,从此担任编织团队带领人,大家都由衷拥戴与欢迎,张阿姨也继续投入地教老年人编织技巧,展示编织作品,越来越对自己的老年教育者角色产生强烈认同。角色认同是主体在实践共同体中参与和协商的学习经历。①

编织老年学习团队带领人张阿姨在面对如何处理非功利化的学习与物质利益之间的矛盾时首先把自己定位为"老年教育者"的角色身份,运用她丰富的阅历处理团队问题。成人教育家诺尔斯认为成人经验更丰富,学习内驱力更强,趋于自我导向式学习。戴奇沃特(Dychtwald)和弗劳尔(Flower)提出"第三年龄"(The Third Age),即60岁以后的那段生命期,"人的智力、记忆力、想象力以及情绪成熟度和精神认同感等心理水平会进一步得到发展"。② 美国实用主义教育家杜威认为"所有真正的教育都是通过经验发生的",③ 而且触发学习的经验表现出连续和交互性,意即迭代更新的经验具有质量。对于老年人来讲,经验与阅历相对最丰富,有益经验的沉淀和终身学习使得老年人的"流体智力(fluid intelligence)"和"晶体智力(crystallized intelligence)"④都有可能延续和发展。

"我很注意团队和谐,自己就很注重为人处世。以前做护士长,身体不好,我给院长提出不做护士长,因为这个工作我做得太累,早上很早到,而且以前人家都看不起这个职业,因为护士都给病人端屎端尿的,但我很喜欢护士职业,既然做了就要做好……"⑤张阿姨虽然退休了,但她退休后对待毫无

---

① Wenger, E. *Communities of Practice: Learning, Meaning, and Identiy*. 1998, New York: Cambridge University Press.
②③ 转引自[美]雪伦·B. 梅里安等:《成人学习的综合研究与实践指导》(第2版),黄健等译,中国人民大学出版社2011年版,第149页。
④ 流体智力是察觉复杂关系、参与短时记忆、形成概念,以及进行推理和抽象的能力;晶体智力通常具有文化和社会情景性,比如语言理解、词汇和评价等。
⑤ 【T-ZHANG-20191116】:与编织带领人的谈话记录。

酬劳的带领人工作依然如故,既然担任编织老年学习团队带领人,就要用心教团员,志愿服务,做到更好,体现出张阿姨不断成长的退休精神风貌。

第二节　编织团队带领人的角色认同

一、角色认知：个体层面

(一) 角色定位：善学善教

在访谈张阿姨时,笔者发现她的动手与总结能力很强,看到谁穿的毛衣款式,用手摸摸,翻看几下就基本能说出什么花色、怎么编织。这跟她自幼喜欢动手,在职业余时间都花费在实践和研习编织技巧方面有关。在指导团队成员编织时,也手把手地教,彰显了退休前张阿姨对待工作的耐心、认真品质。在观摩编织团队学习中,笔者近距离凑过去,发现有位团员织毛衣行动迟钝,不够熟练,反复打结,但送针后又反复放针……张阿姨在一旁虽然也眉头紧锁,但还是不断地手把手进行示范与讲解,一边调整节奏,分解编织花色的动作,一边鼓励这位团员:"要仔细认真,留心在每两片的中间留出4针,在这4针的左右放针,每隔一圈左右各放1针……"但当这位团员自己尝试时,手里的编织衣物似乎很不听话,又乱作一团,于是张阿姨又不厌其烦地给她继续演示一遍,再递给她,如此循环往复,令团员不好意思(面露愧色),张阿姨看到马上安慰道:"你操练少,再好好琢磨一下,看看她们(其他团员)怎么织。"张阿姨自己动手能力强,又善解人意,关照团员的个人自尊心,这是老年学习团队带领人应具备的耐心细致,也与上任"被投诉"的编织团队带领人的生性急躁,"功利主义教育"形成鲜明对比。

(二) 角色意义：耐心平和、协调有道

从访谈中,笔者发现张阿姨善于自我学习,心思细巧,勤于动手操练,只要看到图纸或摸摸毛衣花样,就能基本判断出织物的针法,所以技艺卓群,令老年编织团队成员服气;在组织学习中,张阿姨为人平和,指导耐心,遇到团队成员社交和感情不睦时总能设法协调沟通,故而也深得人心。而当我问张阿姨参加老年学习的障碍时,她颇为无奈地说:"我上面有婆婆公公要照应,儿子结婚几年了,后面要带孙辈的话,我可能就不能按时来参加老年编织学习团队了……管理团队的老师还说让我做班主任,我都没敢答应,我的情况变数太大呀!"[①]张阿姨是一个使命感和责任感兼备的人,退休之后还有照顾老人和晚辈的任务,但是她尽力平衡老年学习生活,争取做到两不耽误,相得益彰。张阿姨认为组建和发展编织老年学习团队获益良多,能够让自己以前内向的性格渐渐转为外向,在编织团队中与团员交流互动,亦师亦友,尤其认为老年人要管控自我情绪,调整好心态,与个体积极老龄化中提出的自我情绪控制、自我效能意识等指标相一致。

二、角色情感:角色归属感与自信感

张阿姨发现团队成员学习编织存在水平不均的现象,就提出分组搭配的建议,实质是调动成员自学与互学互助的积极性,"姐妹们,我有个提议,也想听听大家意见,我们编织老年学习团队的成员有新的也有老的,有学得快的也有比较慢的,有悟性高的也有相对不敏感的,为了便于大家学习也是图个学习愉快,我想把我们团队分成若干学习小组,快慢搭配,新老交替",[②]许多团队成员表示赞成,但也有成员揶揄会拖团队整体学习编织技艺的后腿,有趣的是,团队成员彼此"交换条件"自行解决了问题,比如让学习慢的老人带给团队好吃的食品当作"学费"化解团队中学习的快慢矛盾。编织老年学习团队成员之间的这种玩笑时常在他们边学习边聊天交流的过程中出现,从中折射出张阿姨带领的老年团队学习氛围轻松又不失凝聚力。张阿姨对编织团队成员既有合乎分寸的要求,又照顾到了团队成员的差异

---

①② 【T - ZHANG - 20191116】:与编织带领人的谈话记录。

与个性,松紧结合,张弛有度。编织学习是属于手工技艺类学习,因此动手很重要,但鉴于编织团队成员学习水平不同,接受程度各异,张阿姨悉心组织,让成员按照学习快慢搭配,调动团队成员自我学习和自我管理的意识,而自己则承担教练职责,发挥督促和监管团队学习的作用。

三、角色互动:与团员、家庭、机构互动

编织老年学习团队带领人张阿姨从普通团队成员成长到团队骨干,再到举荐前任带领人以及有效处理团队矛盾,都体现了与团员不断协商、不断建构的互动过程。符号互动论认为角色认同是人和社会结构互动的产物,社会结构形塑认同,布鲁姆强调在即时的互动情境中行动者自我和认同的持续建构。[1]

平衡学习与家庭关系。当张阿姨说到参加编织老年学习团队会影响照顾家庭的问题时,她表示由于年轻时候工作繁忙,公婆帮她照顾家小,如今要反过来照顾公婆是理所当然,她与老公分工合作,照顾公婆饮食起居,同时也和家人商量合力聘请家政服务人员分担照顾老人的任务,由此尽量平衡自己的老年学习生活与家庭责任无法兼顾的矛盾,从而保证各相关利益方之间权利和义务关系的对等。

积极带团参展参赛。多年来,街道文化活动中心经常选送编织老年学习团队的作品进行展示和参加比赛,多次斩获各种奖项。编织老年学习团队还把自己的展品进行拍卖,所获善款用于捐助山东沂蒙老区的中小学生……这位退休的护士长,从退休前异常忙碌的护士长职位,到参加编织老年学习团队,再到承担带领人职责,通过访谈与观察,笔者发现其退休前护理工作与成功扮演带领人角色有关联,即细致周到、注重人际关系协调,有效应对与斡旋团队矛盾都源于张阿姨护士长工作的历练,说明退休前职业

---

[1] 转引自奚从清:《角色论》,浙江大学出版社2010年版,第13页。

身份对其担任带领人的角色具有积极影响,这是老年连续性理论的印证,即人在中年期的个性和生活方式等会持续到老年期。

综上所述,编织老年学习团队带领人张阿姨的角色认同特质详见图 6-3。

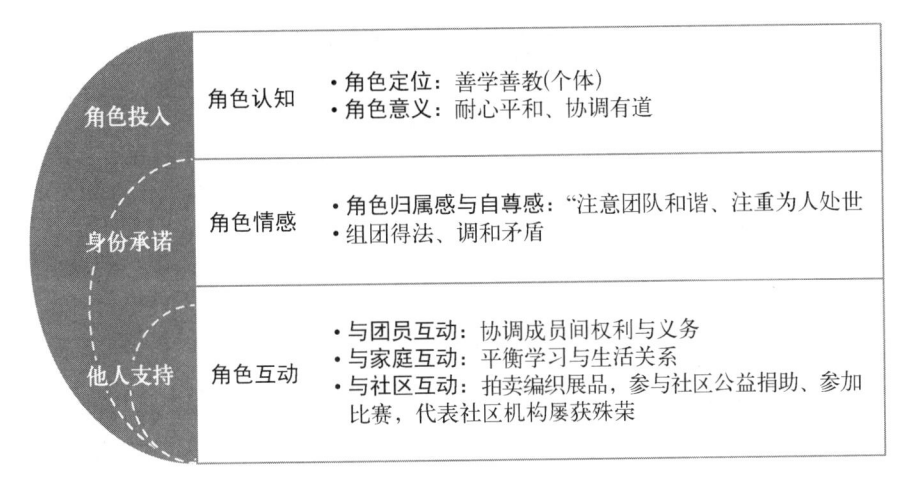

角色投入	角色认知	• 角色定位:善学善教(个体) • 角色意义:耐心平和、协调有道
身份承诺	角色情感	• 角色归属感与自尊感:"注意团队和谐、注重为人处世 • 组团得法、调和矛盾
他人支持	角色互动	• 与团员互动:协调成员间权利与义务 • 与家庭互动:平衡学习与生活关系 • 与社区互动:拍卖编织展品,参与社区公益捐助、参加比赛,代表社区机构屡获殊荣

图 6-3 编织老年学习团队带领人的角色认同特质

第七章
个案五：山水画带领人的角色认同图景

图 7-1 是山水画①老年学习团队带领人王阿姨的角色认同图景。王阿姨自幼喜好书法而无缘学习，退休后不仅写书还习画，尤其对山水画刻苦学习，长达数十年，并管理团队有道，为团队无私奉献，其学习得到家人支持。

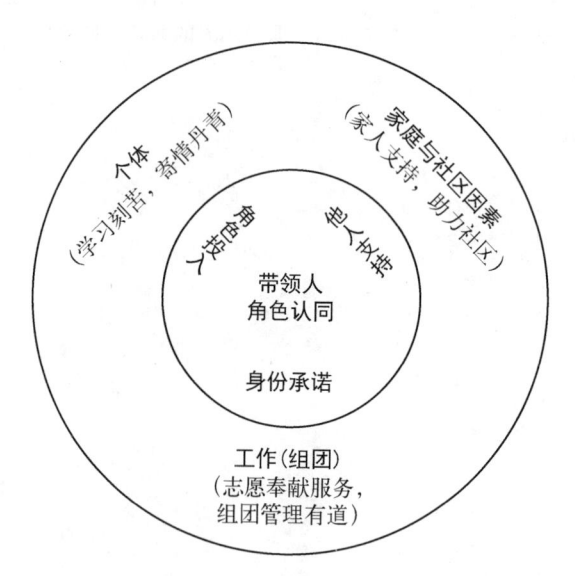

图 7-1　山水画老年学习团队带领人的角色认同图景

---

① 之所以老年学习团队的学习课程名称命名是为了指代明确，因为老年人学习国画有很多分支，譬如人物画、山水画、花鸟画等。

王阿姨还回馈社区,义务为居民书写对联。第一节通过角色投入、身份承诺、他人支持维度叙述其角色认同图景,山水画老年学习团队带领人王阿姨由于重视团队成员情感凝聚,主动志愿服务团队而令其对待奖励较为超然和内化,由此内外奖赏的维度相对弱化;第二节对其角色认同特质进行总结。

与山水画带领人王阿姨相识于笔者负责的一个校际画展,当时需要山水画老年学习团队上交作品,其团队王阿姨非常积极地向团队成员进行宣传动员,直至最后画作充裕、筛选、装裱、展出环环相扣,画展顺利。就此,笔者与这位山水画带领人王阿姨成为忘年交。笔者直接向王阿姨展示了有关研究目的的访谈说明书,她也欣然同意接受访谈。

山水画带领人——王阿姨

女,1942年生,已经坚持习画16年,退休前在某企业从事办公室主任工作。退休后活跃于山水画老年学习团队,由于她热心、乐于助人以及坚持参与山水国画老年学习团队多年,而被公认为带领人。

笔者和山水画带领人王阿姨比较熟悉,她选择了空闲的一天来到了笔者单位,笔者带她到一个安静的教室坐了下来,笔者帮她沏了一杯茶,大家寒暄着开始进入访谈。王阿姨正好背靠窗户坐在椅子上,午后的光辉照在她周边,形成了一圈光晕,笔者这时发现王阿姨一边抿着茶,一边缓缓叙述显得慈祥宁静,或许这跟长期习作中国山水画有关,给人一种道风仙骨之感。

第一节 丹青妙笔绘人生

一、角色投入——个体学习:自我坚持学习书画

(一)从小受家庭熏陶——好书法

山水画老年学习团队带领人王阿姨虽然年近八旬,但神采奕奕。她

1998年从事老年书法学习,此前未接触国画山水画,其书法学习的兴趣爱好是自幼培植,曾在私塾读书,就被要求写好大字,再加上王阿姨父亲也喜好书法,所以一直跟着练习书法,视书法为特长,无论是在学生时代的团委还是工作以后担任办公室主任,都没有放下过书法。王阿姨述说学习山水画的经历时先从书法讲起,一方面是因为书画同源,①另一方面,她想袒露心迹的是自己在"文化大革命"期间就是因为书法好让写过大字报②……但不成想自己被抄家,致使她当时都对自己写大字报的行为产生了复杂而极度难过的情绪……(说到情动处,王阿姨的眼眶湿润了。③)这是特定的情境下叙述者真情实感的表露,就如前面访谈的带领人刘阿姨一样……团队带领人陈述的生活经历具有情境性和连续性,只有把它们看做是连续的整体,放置于过去、现在、未来的三维度中才可能诠释完整。杜威主张经验的一个标准是连续性(continuity),无论一个人处在连续体的哪一个点上——现在、过去或将来——每一个点都有过去的经验基础,都会导致经验性的未来(experience future),叙述的整体性给我们提供了一个能够更详细、更广博地思考个人生活中连续性建构的一般方法。对我们来说,连续性成为打开思想观念和各种可能性闸门的叙述建构。④笔者用短暂的沉默表示对王阿姨这段特殊经历的理解和共情。根据王阿姨讲述,她后来供职于一所技校,"文化大革命"期间没有学生可教,单位让她负责工会宣传,也使得她的书法老本行有了用武之处,但"退休后我突然空闲了,生活也挺空虚,就在老年大学学习书法……后面同学说书画一家,由于绘画班很紧俏,我等了两个学期,有人不学了我才进去的,就这样成了山水画学习团队一员"。⑤

---

① 书画同源是中国书画术语,意为中国绘画和中国书法关系密切,两者的产生和发展相辅相成。
② 张贴于墙壁的大字书写的墙报,是 20 世纪 50 年代至 70 年代末 80 年代初流行于中国的舆论发表形式。
③⑤ 【D-WANG-20190923】:与山水画带领人的田野资料。
④ [加] D. 简·克兰迪宁、迈克尔·康纳利:《叙事探究:质的研究中的经验和故事》,陈向明审校,张园译,北京大学出版社 2008 年版,第 65 页。

当时王阿姨由于没有接触过中国山水画,她坚持克服心理弱势,从学习最基础的运笔、染色开始,从一直看老师画,看学员画,到自己画,不停请教他人,最终坚持学习山水画有十六载春秋。王阿姨虽然是半路出家,但由于学习毅力过人,从山水画老年学习团队的边缘位置[①]不断接近,已经成长为团队的领袖,步入团队的中坚核心位置,这也说明老年人仍然可以不断成长、不断突破自我。

(二) 退休后研习山水画——日益精进

王阿姨谈及组建山水画老年学习团队的因缘主要是老年大学面对老学员不毕业、新学员进不来的情况而实施的一种变通手段。由于王阿姨跟学时间长,而且做事比较认真,所以请她担任山水画老年学习团队带领人。王阿姨的叙述体现了当今城市老年教育一个不容忽视的问题,那就是老年人口比例增长,老年教育资源供给紧张,无法完全满足老年人精神文化需要的瓶颈。伴随上海的深度老龄化,越来越多的老年人有继续学习的需求,老年大学作为组织机构类型的正规教育,无论是从规模数量还是从授课形式等方面很难应对数量剧增的老年人多样各异的学习要求,因此老年学习团队这种非正规教育形式愈来愈在社区中受到老年人青睐。王阿姨从不会山水画到熟谙绘画技艺是一个漫长而持之以恒的过程,"我开始学得慢,后来我每天都画,家里书房就是我的画室,每次画完,我都不敢挂起来而是卷起来"。[②]但在一次上课时,指导老师鼓励山水画团队成员把上节课的画挂起来,要一一点评,当时有同学鼓励王阿姨挂自己的画,不成想老师对其作品褒奖一番,给予了王阿姨学习山水画的莫大勇气。"从此以后我在家里画好,都挂起来,家人也欣赏,我的学习劲头愈来愈足。"[③]再加上王阿姨每次来

---

① 琼·莱夫、艾蒂安·温格:《情景学习:合法的边缘性参与》,王文静译,华东师范大学出版社2004年版,第38页。
② 【D-WANG-20190923】:参与式观察山水画带领人的田野资料。
③ 【I-WANG-20190923】:与山水画带领人的访谈资料。

学画都是很早到,帮指导老师拿墨,帮其他同学挂画,配合学校进行画展等,所以大家对王阿姨做团队带领人都很肯定。

老年学习团队带领人的类型各异,但共性在于承担既教又学的角色,而且倚重于教,虽然有的团队带领人出于自谦,总强调身份平等,但从技艺高于一等的角度来看,他们更多的是从优于他人的技艺或素养来区别于普通团队成员。山水画团队王阿姨是从自身技艺弱势到不断学习努力成为技艺较强的骨干成员,同时还热心服务团队成员、乐于奉献……综合素质过硬而被拥戴为山水画老年学习团队带领人。

二、身份承诺——组建团队:无私奉献,服务团队

王阿姨在访谈中还淡化团队带领人身份,而强调志愿者角色,"我也就是为大家服务,每次活动前我是最早到的,要拿墨,放好宣纸,等其他团员来了,帮忙把画作挂到教室里,做好学习活动前所有准备,这样大家就方便多啦"。① 王阿姨还会为因病不能到课参加绘画活动的团员记笔记,抄录拍照指导老师的绘画要领、绘画作品等给生病的团员,从而做好团员学习内容的衔接,"若团队有通知,我会给团队成员一个一个打电话联系"。② 王阿姨讲到自己曾经为师生书画展策展,由于作品众多,还包括外区老年学员作品参展,于是,王阿姨还负责了组织后勤工作,需收画、布展、参展最后出画册、归还作品等步骤,所有对外联络、对内沟通都由王阿姨亲力亲为,她之所以能够把书画展工作安排得有条有理,一方面是王阿姨具有志愿服务和团队协作的精神;另一方面,跟她退休前在单位担任办公室主任一职所淬炼的协调能力有关,"我以前(退休前)接触很多人,举办联合画展这还难不倒我。首先让各区成立个工作小组,就让小组负责收画、还画;为了保证作品不遗失,

---

① 【I-WANG-20190923】:与山水画带领人的访谈资料。
② 【T-WANG-20190928】:与山水画带领人的谈话记录。

每个小组来交画都要写明区县、姓名、画作名称,还要个人签字"。① 她还补充说明老年人的画作须保管得当,因为老年人非常看重自己的参赛参展作品。画展后出画册需要个人缴费得事先说明,反对强买强卖,造成不必要的纠纷,老年人绘画不是为了赚钱,而是为了老有所学,老有所乐。王阿姨考虑周全,组织活动流程化是成功策展的保障。

王阿姨学习山水画的经历是一个从不会到会,从基本到娴熟,从羞于见画到参加展示的过程,而且王阿姨的团队组织力强,跨区成功策划书画展,且乐于奉献,甘于为团队服务等行为都体现了山水画带领人的角色认同特质。

三、他人支持——分组学习,书画协调共进步

山水画老年学习团队带领人王阿姨对山水画团队的管理与协调说明她角色认同的程度比较充分。她认为山水画老年学习团队的成员都跟团学习多年,技法和画作水平都不低,但因专长各异,有擅画,有擅写,各有千秋,所以新进团员会一时半会儿跟不上山水画团队的学习进度和深度,同时也是为了书画全面提升,王阿姨锐意创新,让善画的成员提升书法水平,善写的成员则提高绘画水平,最后达到的是绘画书法同步发展,也就是在团队学习实践中渗透"书画同源"的理念,同时团队成员互相帮助,整体水平必然提升。王阿姨也不认为新来团员就一定不能跟学,"只要多看,多学,多练,一样能画好,我就是现身说法呀"。② 另外王阿姨还认为山水画老年学习团队还不仅仅是绘画,有些成员还会出于关心自我和老年人身心健康的需求,自费复印有关养老、保健保养等知识资料,在大家课间休息之余进行学习,比如练习做保健操,也使得团队关系融洽,团员成员之间互助友爱。她还叙述

---

① 【D-WANG-20190928】:与山水画带领人的访谈日志。
② 【I-WANG-201901011】:与山水画带领人的访谈记录资料。

了山水画老年学习团队成员举办个人画展的故事,该团员虽然曾罹患癌症,年过八旬,但她坚持学习,举办画展体现了老年人一种自强不息的精神。在与该团员访谈时,她非常感谢山水画老年学习团队为她提供的学习机会,感谢王阿姨对她画作的鼓励与支持,同时褒奖"王老师的山水画很有意境,用笔讲求中锋圆稳,勾勒岩石很有气势"。[①] 正是王阿姨的谦虚低调,使笔者先前对她的绘画水准估量保守,现在看来,她不仅甘于服务团队,还在山水画习作中很有造诣功底,这也使得王阿姨的角色认同程度更加充分。

第二节　山水画带领人的角色认同

一、角色认知:个体层面

(一) 修身养性,寄情丹青

王阿姨长期坚持习画和组建团队学画,昭示其身心康健,具有长者风范。她寄情丹青,把山水画学习作为实现积极老龄化的重要手段和渠道。她认为自己学习终有所获,而且饶有趣味,山水画学习是"老有所学,老有所为"。她直言不讳自己神采奕奕与参加多年绘画学习相关,虽然王阿姨已经年近八旬,她还"骑自行车来参加团队学习,几乎不请假,因为学习山水画让我精神矍铄,也经常课余旅游,把自己领略的祖国大好河山再通过水墨丹青表现在宣纸之上。"[②]每当假期去旅游,王阿姨都是肩负临摹的"学习使命",摄影摄像祖国各地美景,回家后把它画成国画,再跟山水画老年学习团队的成员们互相点评,相互指教,学画、品画都很有心得。

即使遇到过学习的瓶颈,王阿姨也不躲闪,畅谈自己在学习中遇到的问题,从中体现了其自我学习和自我成长的意识,"最开始,我学画遇到的最大

---

① 【D-WANG-L-20191011】:与山水画老年学习团队学习者的田野笔记。
② 【I-WANG-20191011】:与山水画带领人的访谈记录。

难题就是不自信,团员们说的调色术语,我都不懂,自己一调就失败,于是我向我们团队作画水平比较高的团员讨教,和指导老师交流,他们都能切中要害,帮我提升绘画水平,让我掌握山水画中勾、皴、点、染的笔墨技法……"①社区文化中心的管理者也非常肯定王阿姨的技艺,认为王阿姨的山水国画,用笔、墨、色讲究构成与气势,还经常代表街镇参加画展比赛,她带领的团队也总是获奖。

(二)角色意义:奉献志愿、热心谦和

与王阿姨的交流、访谈,让我对她服务团队、乐于奉献的品质留下了深刻印象,她几十年如一日,每次都是早到山水画学习的教室,提前做好一系列准备工作,目的就是方便团队成员学画,方便指导教师讲授。笔者还发现她只要说到画法、画技、鉴赏画作方面很健谈,甚至笔者这样的外行,对她滔滔不绝总结的不少山水画的绘画要诀都听得饶有趣味,充分说明她的绘画造诣功力深厚,然而她却为人低调、谦和、性情敦厚,在追求技艺方面更是精益求精。王阿姨的自学、组团、管理山水画老年学习团队的历程也是她抵制衰老,不断成功老龄化②的过程,刚退休她也是因为适应不良出现晚上失眠的情况,但学习山水画以后,坦言心态平和,精神良好。

王阿姨个人学画,坚持不懈;组建团队,乐于奉献。无论她是从学画本身,还是她担任志愿者角色,都使得王阿姨更加从容与大度,她虽然退休但强社会参与的亲社会态度、终身持久学习等特征也表明自身角色认同与带领山水画老年学习团队群体积极老龄化的程度较高。在王阿姨担任带领人的过程中,突出体现的是其志愿者和智慧长者的角色认同。特洛布里奇(Trowbridge,2007)认为老龄化社会俨然形成,老年人要妥善应对离职、退休、空巢等问题需要智慧解决,而智慧正是阅历丰富、历经人生沧桑风雨的长寿老年人的品质体现,所以我们往往把老年人称为智慧长者,也是对老年

---

① 【I-WANG-20191011】:与山水画带领人的访谈记录。
② 1990年WHO提出成功老化,即指个人在老化过程中,能够使生理功能的丧失达到最小。

人潜能和作用的肯定与尊重。"智慧是一整套优于普通方式的,使我们生存、生活在这个世界中,并面对各种问题的各种方式",①智慧常常被看作成人思维水平的顶峰或标志。王阿姨通过自学和组建老年学习团队来领衔学画、教画工作,不但顺利适应了退休生活,而且对自己扮演角色的认同水平较高。

二、角色情感:角色归属感与自尊感

山水画老年学习团队带领人王阿姨善于组织和团结成员,她重视老年学习团队成员之间的情感凝聚,对自己担任的带领人身份主要是通过志愿者角色认同来实现,虽然她初期是团队的"边缘学习者",但由于她勤奋有加,更重要的是为人诚恳,乐于助人,志愿服务团队深得团队成员和社区文化机构的信任与肯定,使得王阿姨的团队带领人角色投入水平较高,角色参与意识较为强烈,在角色扮演过程中产生角色归属感、自尊感、自信感,其学习动机与情感驱动有关,"在角色认同与自尊、胜任力、幸福感模型中有价值的角色认同对自尊有更强的影响,并获得扮演这种角色的胜任力"。② 老年学习团队成员之间注重彼此交流与情感交汇,容易形成沟通对话的平等气氛。带领人"教"与"学"的角色被日渐淡化,团队成员中某个人可能会擅长他人所不擅长的,这些都可以通过老年学习团队的平台进行展示,比如山水画成员中还有善于摄影的也向其他成员讲授自己的摄影心得和技艺,其目的都是为了促进团队活动丰富完善,成员和睦共处。还有罹患癌症的山水画老年学习团队成员也是通过学习绘画转化自己对待病症的态度,发生质变学习。博伊特的质变学习经验认为不是理性因素而是情感或知觉因素是

---

① [美]雪伦·B. 梅里安等:《成人学习的综合研究与实践指导》(第2版),黄健等译,中国人民大学出版社2011年版,第146页。
② Ana F. Abraido-Lanza. "Lantina with: Effects of Illness, Role Identity, and Compete Psychological Well-Being". *Amecian Journal of Community Psychology*,1997(25):5.

催化剂。质变学习或称为转化学习是一种基于人生经验的学习,学习者视经验为学习资源,在此基础上理解经验,建构新意义和观点,从而拓展视域,更新观念。[1]

三、角色互动:与团员、家庭、社区互动

山水画老年学习团队带领人王阿姨关心团员,并且身体力行帮助团员做好每次学习活动前的物品准备工作,帮助未能到场的团员做好笔记和拍照工作,正是王阿姨的热心助人、关心体贴让更多老年人的感情凝聚在山水画老年学习团队当中。办画展的团员由衷感谢王阿姨的支持,并且对她的画作也赞赏有加,更加促进了王阿姨团队带领人、老年教育者、志愿服务者的角色认同,其角色参与水平也愈来愈高。另外,家人支持平添幸福。与团队王阿姨的访谈中,她也流露出对家人支持她作画的欣然和满足,并肯定学画润滑了家庭成员关系。"学画之后,家人都很支持,家庭成员关系也更和谐。我老伴退休前是高校教师,他也挺欣赏我的画。"[2]王阿姨的女儿远在日本定居,也很欣赏她的山水画作品,每次回国都会把王阿姨的画装裱,拿到日本,展示中国国画的独有魅力,也赢得不少日本友人的夸赞……正是家庭支持使得王阿姨对作画平添了更多兴致,并义务书法和绘画回馈社区。她坚持为社区服务,在春节前年年都会为社区老百姓写春联,写"福""寿"字,社区文化机构还请王阿姨参加重阳节志愿者公益服务,她都欣然前往。虽然在互动中也有各种问题出现,比如山水画老年学习团队成员会因为画作品鉴的角度不同意见各异,家庭成员也会因王阿姨忙于老年学习团队或公益工作而疏于家庭事务而颇有微词,作为山水画老年学习团队带领人的王阿姨持续不断与团队、家庭、社区机构协商和意义重构,从绘画"边缘"到带

---

[1] 转引自[美]雪伦·B. 梅里安等:《成人学习的综合研究与实践指导》(第2版),黄健等译,中国人民大学出版社2011年版,第298页。

[2] 【I-WANG-20191011】:与山水画带领人的访谈记录。

领人"中心",从学到教,都是王阿姨不断成长、带动更多老年人参与山水画学习而深入参与角色构建、角色认同的过程。综上所述,山水画带领人王阿姨的角色认同特质见图 7-2。

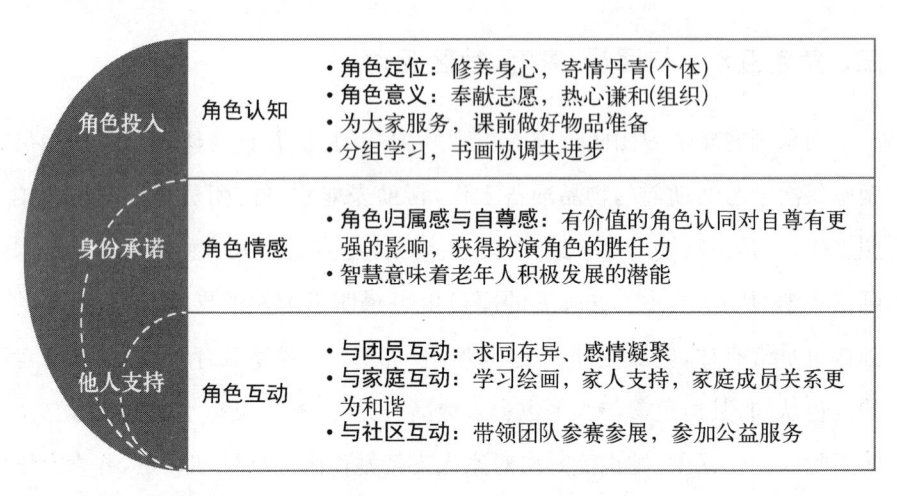

	角色认知	・**角色定位**:修养身心,寄情丹青(个体) ・**角色意义**:奉献志愿,热心谦和(组织) ・为大家服务,课前做好物品准备 ・分组学习,书画协调共进步
角色投入		
身份承诺	角色情感	・**角色归属感与自尊感**:有价值的角色认同对自尊有更强的影响,获得扮演角色的胜任力 ・智慧意味着老年人积极发展的潜能
他人支持	角色互动	・**与团员互动**:求同存异、感情凝聚 ・**与家庭互动**:学习绘画,家人支持,家庭成员关系更为和谐 ・**与社区互动**:带领团队参赛参展,参加公益服务

图 7-2　山水画老年学习团队带领人的角色认同特质

第八章
个案六：老年男声合唱团带领人的角色认同图景

图 8-1 是老年男声合唱团带领人黄伯伯的角色认同图景。老年男声合唱团是招募各地人员组建而成，构成复杂，管理较难，该团队属于社会运营性质，因此带领人黄伯伯非常注重团队演出或表演成绩，以此作为交换外力支持或赞助的筹码，保证合唱团有指挥、钢琴伴奏等的基础条件支撑，从而确保团队可持续发展，所以黄伯伯的老年学习技艺不

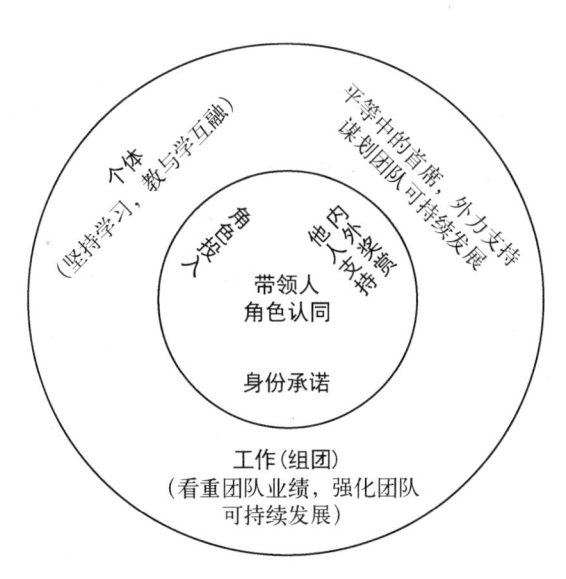

图 8-1 老年男声合唱团带领人的角色认同图景

仅包括合唱技能的学习,还包括运营团队的管理方略。第一节通过角色投入、身份承诺、他人支持、内外奖赏维度叙述其角色认同图景,黄伯伯对于内外奖赏和他人支持维度都比较看重,缘于他看重合唱团的实力打造,以老年男声合唱团的业绩带动团队发展的角色认同特质,由于老年男生合唱团缘于社会招募,其活动场地、团队指挥及钢琴伴奏都来自外界支援,由此,带领人角色认同的内外奖赏和他人支持维度也关涉紧密。第二节则是对老年男声合唱团带领人黄伯伯的角色认同特质作一小结。

老年男声合唱团带领人黄伯伯是经过"守门员"(老年学习团队管理者)介绍,笔者才得以访谈,之所以选择该团队黄伯伯有两个原因,首先,这是一个只有老年男性组成的团队,年龄都在 60—70 岁,根据调查,男性老年人群主动参与机构或团队学习的人群比例低于老年女性群体,所以选择老年男声合唱团具有较为鲜明的特征;另一个原因是该团队成员属于社会招募而来,不完全像上述某些老年学习团队具有老年大学或街镇文化活动中心的背景。基于此,笔者事先约定了老年男声合唱团带领人黄伯伯在合唱室旁的教室进行访谈。

老年男声合唱团带领人——黄伯伯

男,生于 1954 年,退休前曾做过语文老师,后又在企业工会工作。退休后积极参加老年男声合唱团,全体团队成员皆为老年男性。他积极从事团队内多项志愿服务工作,并经常组织团员练声发音及各种学习、展演活动,被推选为带领人。

笔者为黄伯伯泡了一杯茶,请他落座,向他出示了访谈说明书,并简单讲述了研究目的,就此展开访谈。

第一节　合唱团的起伏全记录

一、角色投入——一波三折，坚持学习

(一) 落选合唱团

老年男声合唱团的特色是男性老年人合唱，也就是说合唱团低、中、高声部都是男性老人，当时组建该合唱团也是经过一番周折，它是吸纳了全区各个街镇喜好唱美声的男性老年人，一方面突出特性；另一方面也是出于希冀带领更多男性老年人从事老年学习活动的目的。因为从实际情况来看，老年人参加有组织的社区文化学习活动的性别比例是男少女多，男性老年人更多选择个体参与学习活动，如图书馆、阅览室的男性老年人居多。[1] 带领人黄伯伯从个人对文艺的兴趣爱好发展到参加社区男女混音合唱团，再到竞聘区老年男声合唱团，都在不断挑战自己，不断追求更高的声乐造诣水平，同时也是成为区老年男声合唱团带领人，提升组织管理水平的过程，"根据我的印象，我是2012年参加我们街道的合唱团，后来经过选拔和招募进入男声合唱团，最早我自己在街道的无伴奏老年男声合唱团，后来全区招募，我又进入了现在的合唱团，但由于我们的指挥、指导教师都比较轻敌，有次参加比赛，我们合唱团没有进入名次，指挥引咎辞职，合唱团处于不稳定状态，一度解散了，我就到别的社区合唱团唱，那是男女混唱团。再到后来，管理团队的领导又重新聘请指挥，招兵买马重建男声合唱团，当时我也是被叫去参加考核的一员……"[2]黄伯伯滔滔不绝道出了退休这些年来参加合唱团的曲折过程，而且他本来自信参加区老年男声合唱团十拿九稳，但当天面试因为发挥失常而不幸落选，"我原来在团里的声线都是定为二高，当天面

---

[1] 参阅上海市老年学习团队中心相关资料。
[2] 【I-HUANG-20190623】：与老年男声合唱团带领人的访谈记录。

试让我唱高音,发挥不大好,被淘汰了(黄伯伯面露愧色)"。① 原来这次招募区老年男声合唱团是严格把控数量和质量的一次竞争,原本参加合唱团的有 70 人,被淘汰了 2/3,黄伯伯的表情提示当时没有入围对他打击不小,后来由于老年男声合唱团队员流失严重,再加上黄伯伯多年参加老年合唱团,所以又被选入区老年男声合唱团。被选入团队的首要任务就是再补充招募团员,黄伯伯就动用自己的人脉,一个一个电话打给他认识的合唱团成员,再加上新招募的成员,有 40 人左右,"合唱团要有一定的规模,否则合唱的气势就锐减"。②

从黄伯伯的描述中,笔者发现社会招募的老年学习团队与其他有老年学校或社区文化活动中心背景的老年学习团队相比,组团相对不稳定,团队成员易流失。

(二) 担任带领人

在问及黄伯伯为何能一而再帮助老年男声合唱团建团发展时,黄伯伯坦言,"主要是热爱合唱,还有对合唱团有感情,我应该是我们老年男声合唱团的铁杆粉丝吧,我希望合唱团越办越好,越来越兴旺,能够出去参加更多高水平的比赛,争得荣誉吧。"③黄伯伯的回答开始令笔者颇感意外,在笔者访谈老年学习团队带领人时,团队业绩"功利"意识都没有老年男声合唱团如此明显,更多带领人都看重的是老年学习的精神内涵,经过访谈,笔者才明白,主要是老年男声合唱团的发展路径不同,因此黄伯伯的带领人角色定位相异,"我们老年男声合唱团是区里社会招募,团员都算是各街镇精挑细选而来,大家都想做出点儿成绩,当然区里招募我们这个团队也是走特色,你看都是清一色的老头儿"(大笑)④黄伯伯因为负责认真,还对团队发展十分关心,就被推选为老年男声合唱团的带领人。在访谈和观察日志里记录他对合唱作品的理解较快,感受较深,黄伯伯认为通过学习合唱,可以提升听觉艺术的感知力,懂得音质与音色之美。他还经常有意识地带领合唱团

---

①② 【I-HUANG-20190623】:与老年男声合唱团带领人的访谈记录。
③④ 【T-HUANG-20190628】:与老年男声合唱团带领人的访谈记录。

进行声音、音准、节奏、和声训练,因为这些都是达到音色和谐美极重要的条件,另外黄伯伯认为团队管理和协调团员关系对于老年男声合唱团的存续和发展都非常重要,"我觉得参加老年男声合唱团,还重在协调团队成员关系,让大家和睦相处。现在每次团队学习,都是我带领大家进行合唱训练,也是我沟通团员和指挥的意见,我们团队成员也客气,都叫我老师,怪不好意思的"。① 黄伯伯对老年男声合唱团的可持续发展尤为关注,令他最担忧的就是指挥和钢琴伴奏的外聘问题,因为上述条件保障都需要支付报酬,而作为社会招募的自主型老年合唱团,筹措经费的渠道就非常重要。所以他说:"合唱团发展需要经费呀! 只有我们团队做出成绩(参赛获奖),有作为才能赢得相关机构的资金支持……"②

二、身份承诺——教学齐鸣

再次跟黄伯伯约好访谈的地点是合唱室,这次老年男声合唱团练声合唱的活动就是笔者的研究观察情境。看到团队成员分几列站好,黄伯伯站在最前,面向大家带领团队进行发声练习,"和谐是合唱表演艺术的美学原则,合唱需要由多人以相似的音色发出声响,所以必须尽量求同存异。我们的声音训练与和谐训练要同步进行。现在进行循环呼吸,合唱时要注意不减音量,口形不变,续气时要轻,连绵不断"。③ 接着黄伯伯在黑板上写了五线谱音符"1"(do)并要求全体成员一个声部一个声部,一个一个人依此进行训练。

在团队成员 yiya 练声之际,一位穿黑衣服的妇女带着一位年轻的姑娘来到训练场地,男声合唱团成员纷纷向她们打招呼,原来穿黑衣服的妇女是指挥,那位年轻的姑娘是钢琴伴奏。她们来给老年男声合唱团上课,指挥在黑板上写了"母音转换"几个字,还画了五线谱及若干个音符。然后就开始

---

① 【D-HUANG-20190628】:老年男声合唱团带领人黄伯伯的观察日志。
② 【I-HUANG-20190628】:与老年男声合唱团带领人黄伯伯的访谈记录。
③ 【D-HUANG-20190720】:老年男声合唱团带领人黄伯伯的观察日志。

讲解该音乐术语,我看到包括黄伯伯在内的很多合唱团成员都开始拿着笔记本做笔记……待指挥让大家休息停顿之际,笔者跟其中一位团员访谈,他对黄伯的带领人工作非常认可,"我们平时练声都是黄老师带着,你看这个指挥和钢琴伴奏都是黄老师和社区学校协商给我们聘请的,不容易请来的,我们要好好练习,后面代表区里参加比赛……"①在与黄伯伯的访谈中,他也再次印证了这位团员的话,老年男声合唱团平时练习需要专业的钢琴伴奏和指挥,而这两样都需要资金投入,合唱团之所以处于"风雨飘摇"②中,就是社区相关机构会视合唱团的成绩优劣进行经费支持,客观上社区管理机构要出这笔经费须"师出有名",③由此需要陈伯伯动用自身资源、提高团队内部管理和外部协调的能力。黄伯伯还表示经费矛盾最尖锐的时候就是老年男声合唱团要参加市、区、协会比赛时期,因为参赛在即,需要加强声乐合唱练习,虽然合唱团成员能够确保增加集中练声的次数,但是钢琴伴奏和指挥的老师要频繁来指导练声就会有困难,一方面是这些指导老师都从上音(上海音乐学院)或专业机构聘请,他们时间很宝贵,难以抽出很多时间来指导;另一方面,他们来指导就需要更多经费支持,而合唱团在还没有参赛、结果未明的情况下向管理机构申请经费确有困难,黄伯伯只有"打着拍子带领这帮老头儿(老年男声合唱团)开练(练声或各声部练音、合奏等)……"④黄伯伯俨然成了合唱团成员口中的"黄老师",他承担的是老年教育者的身份,教与学的角色合一。

三、他人支持与内外奖赏——合唱业绩推动团队持续发展

黄伯伯认为老年男声合唱团的可持续发展需要合唱团参加比赛或活动取得业绩来助力,所以他作为带领人,主张合唱团应参加高水平的比赛,总结经

---

①④【I-HUANG-L-20190720】:与老年男声合唱团学习者的访谈记录。
②【D-HUANG-L-20190720】:比喻老年男声合唱团的可持续发展瓶颈问题,黄伯伯的观察日志。
③【D-HUANG-L-20190720】:比喻社区相关机构支出老年男声合唱团活动经费的因由,黄伯伯的观察日志。

验,汲取教训,从而保证团队稳定存续。他回顾了这些年来老年男声合唱团的发展历程,有两次都是指挥"撂挑子(不再指导合唱),有些团队成员的心也不是很热了……现在的指挥和钢伴也很忙,来的时间和机会也不是很多,都是我在团员中做劝慰工作,大家要相互体谅"。[①] 在说到老年男声合唱团在现任指挥的指导下取得了全市的老年合唱队奖项时,黄伯伯按捺不住激动的神色,又对合唱团发展充满期许与信心,"只要团队刻苦练习,管理机构批下我们的钢琴伴奏和指挥费用,即使有再多困难也会克服的"。[②] 黄伯伯为了增强合唱的舞台效果,还向管理机构提出统一表演服装的申请,但由于预算超支,未能成行,他就动用自己的人脉关系,向认识的朋友一个一个打电话,一套一套地借过来,完成了全体团员统一着装的艰巨任务。在黄伯伯的得力组织和协调管理之下,老年男声合唱团在表演中发挥从容,气息稳定,声音和谐,展示出了老年人飒爽英姿的合唱风貌。黄伯伯对老年男声合唱团的发展持乐观积极态度,"我还是相信我们团队有凝聚力的,大家只有抱团取暖才能共同面对困难嘛"。[③] 其实合唱训练本身就是培养团员们听、和、合的能力,挖掘合唱团的整体潜力才能真正提升学习水平。黄伯伯作为老年男声合唱团带领人对此心领神会,对自己的老年教育者、志愿服务者、智慧长者的角色认同水平也比较深入。

第二节 老年男声合唱团带领人的角色认同

一、角色认知:个体层面

(一)角色定位:必备显性合唱技艺与隐性团队管理技能

老年男声合唱团带领人黄伯伯加强了两方面的学习:一方是通过参加

[①]【I-HUANG-L-20190720】:与老年男声合唱团学习者的访谈记录。
[②][③]【I-HUANG-L-20190720】:与老年男声合唱团带领人黄伯伯的访谈记录。

老年男声合唱团队学习提升了合唱的技能技巧——显性内容的学习,另一方面,通过对男声合唱团运营与各种横纵向关系协调,学习与提升了团队管理能力——隐性内容的学习,即管理团队的实践知识。这也是团队带领人比之其他团员,其角色认同的程度会更强,积极老龄化的程度会更深。黄伯伯从最初的落选合唱团,到成为合唱团普通成员,再到核心骨干成员,以及现在的带领人,正是从边缘地位到中心地位的过程,这是情境学习的过程。情境学习须强调的因素即"合法的边缘性参与"(Legitimate Peripheral Participation),边缘性意味着多元化、多样性,不同渠道、不同方法及不同程度地参与其中,与边缘性参与相对应的即充分参与,边缘性参与是一个新手逐渐通过实践不断靠近、渗透共同体内部,直至成为核心骨干成员的重要过程。黄伯伯从显性的合唱技艺学习到组织合唱团掌握隐形的管理实践技能都得益于成为合唱团管理者的角色认同,也正是基于此又强化了黄伯伯的个体学习意识,加速角色认知和角色定位。

(二)角色意义:组织协调、服务奉献

与黄伯伯访谈下来,笔者发现他发散性思维见长,健谈且谈话易偏离主题,侧面说明他精力过人,所以能够参与多项学习活动,同时也为了支持老年男声合唱团发展,一直在做上情下达和下情上达的沟通协调工作,即使在初次合唱团招募时落选,他仍然热情投入组建与壮大老年男声合唱团的工作中,映射出黄伯伯对合唱团的感情深厚,以及乐于服务团队的持久奉献精神。黄伯伯对歌唱的要旨深有感悟,认为学习让他的生活充实,生活又让他更加喜欢歌唱,无论是他出外旅游还是领略江山多娇,都会兴起歌唱,他的这种热爱合唱、礼赞生活的激情也感染着家人和团队。黄伯伯对歌唱的挚爱,对合唱团的深厚感情,对生活的热情都表明他能够较好掌控个体学习和组织合唱队的学习活动,正是他对自身进行角色定位,产生角色意义,建立角色认知,才能更进一步产生角色感情,执行角色行为,尤其老年学习团队带领人的学习与生活相互渗透与平衡,形成角色认同的水平较高,效能意识更强。

二、角色情感：角色使命与责任感

在观摩老年男声合唱团的学习活动情境中，笔者记录了合唱团学习的情境。团队成员都非常认真倾听指挥的讲解，有的已经做笔记录，有的领首称是，有的则开始按照指挥的要求轻声仿效悄声试唱，成员对指挥的专业性指导都是持肯定与积极态度。指挥指导团队在钢琴伴奏下，分声部歌唱再齐唱……随后匆匆离去。老年男声合唱团成员锐意进取的昂扬学习状态，因指挥的离去似乎有些许受挫表现，但紧接着带领人黄伯伯出列，带领团队继续练声……缓解了成员的暂时失落与怅然。这幕场景映射出黄伯伯对合唱团可持续发展的忧虑，即合唱团需要指挥与钢琴伴奏（简称"钢伴"），只有让老年男声合唱团刻苦训练取得业绩，才能获得团队管理方（即老年学校、文化活动中心等）的支持。通过合唱团努力，管理方在一段时间内为团队提供活动场地，给付指挥与钢伴费用，但仍然无法杜绝指挥、钢伴等因费用较低产生不告而别的问题，这也始终是萦绕在老年男声合唱团带领人黄伯伯心间的忧虑，是团队存续的魔咒。"我们现在请的指挥费用是老年学习团队的管理老师申请项目支付的，但是力度有限呀，虽然说老年学习是公益的，但指挥和钢琴伴奏总不能一直是低廉费用支付报酬吧？这几年男声合唱团之所以学习活动中断，基本都是找不到合适的指挥导致的。"[1]黄伯伯如此苦心孤诣自运营管理团队的背后承载着团队存续的负担和压力，也突出体现了黄伯伯的角色使命感和责任感。

三、角色互动：与机构互动及意义协商

强调出演成绩博得外力支持。老年男声合唱团带领人黄伯伯通过组织团队积极参加出演的方式争取外界资源支持。老年学习团队是否要强调它

---

[1] 【I-HUANG-L-20190720】：与老年男声合唱团学习者的访谈记录。

的竞技性才能体现价值？这对于现行老年男声合唱团而言，答案是肯定的。老年学习团队既要彰显团队和个体价值，就需要不断通过展演赢得外界支持与肯定。带领人黄伯伯促动团队成员在各种比赛中崭露头角，从而促使各方给予合唱团资源配给和经费投入，否则就会面临解散团队的危险。老年男声合唱团的外聘社会招募的性质决定了带领人更看重团队比赛业绩，以比赛成绩为资本，成为与管理方谈判的筹码，从而解决团队发展的资源、资金匮乏的窘境。带领人黄伯伯强调老年男声合唱团的出外比赛成绩，注重管理运营的特质使其角色认同的过程偏重于"工作"的业绩成效，而相对降低了对团员间感情凝聚的考量。

综上所述，老年男声合唱团带领人黄伯伯的角色认同特质见图8-2。

角色投入	角色认知	• 角色定位：显性合唱技艺与隐性团队管理技能 • 角色意义：组织协调、服务奉献
身份承诺	角色情感	• 角色使命与责任感 • 苦心孤诣自运营管理团队 • "有作为才有地位"
他人支持	角色互动	• 与团员互动："大家只有抱团取暖才能共同面对困难" • 与机构互动与意义协商：强调出演成绩博得外力支持 • 指挥与钢琴伴奏的经费支持不易是合唱团存续的魔咒

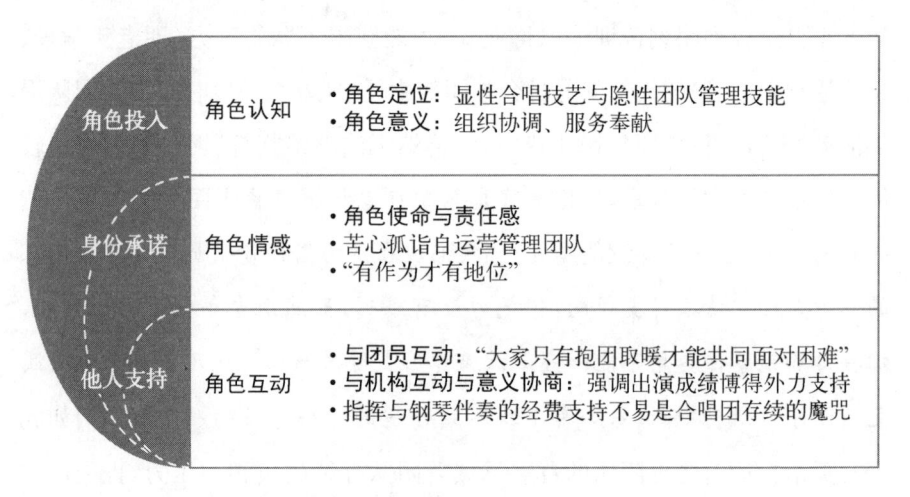

图8-2 老年男声合唱团带领人的角色认同特质

第九章
跨个案分析带领人角色
认同的建构过程

　　第三章至第八章主要是基于对6位带领人进行角色认同的图景描述，这些带领人样本出自研究多样性的考虑。其囊括了静态和动态的老年学习样态，包括艺术舞美、手工制作、丹青描绘、线上线下阅读及美声合唱等在老年人群中常见的学习活动，还涵盖了或社会招募自发组织或老年大学班级变体或街镇老年学校等类型，笔者剔除了重复种类团队，比较了带领人的访谈态度和效果，综合选择了瓷刻、形体舞、终身学习推进员、编织、山水画、男声合唱等6支老年学习团队，以期能够透过对带领人的访谈来解析其角色认同的过程。

　　无论是手工艺品制作学习还是舞美合唱，抑或是绘画阅读等团队带领人及成员都具有身为老者却精神不老的气质，正如《美国人的退休精神》一书所指出的：在这个日益老龄化的时代，老年人俨然成为主流的时候，关注他们学习和生活是使其保持良好精神形象的重要途径。"退休精神"也是以往任何时代没有列为主流的议题，然而带领人退而不休的精神亦向社会表明，老年人因个体差异会有诸多不同，他们中大多数低中龄老年人仍然可以参与终身学习，而领衔老年人参与学习的老年学习团队带领人更是积极面对老龄化的中坚力量，带领老年学习团队开展学习活动的进程也是在不断进行角色定位、角色认知、角色情感、角色行为、角色环境、角色互动与意协商中构建角色认同的过程。

　　古代记载晋平公与师旷的对话,少而好学,如日出之阳;壮而好学,如日中之光;老而好学,如炳烛之明,炳烛之明,孰与昧行乎？国君晋平公因为自己年过七旬想学习,而担心垂垂暮年,不堪学习,就问臣下师旷的意见,师旷说,小时候好学就像旭日初升,成年之后学习就如正午的太阳,老年好学就像蜡烛点燃一样明亮,蜡烛点亮和黑暗中摸索前行哪个更好呢？晋平公夸师旷言之有理,绝妙！积极应对老龄化古已有之,现今与老年学习团队带领人的退休精神相映照。

　　为了对6位带领人的角色认同特征与状态做一交叉对比,笔者以年龄、性别、退休前职业、团队带领人角色定位、角色意义、角色参与、角色执行瓶颈、角色投入、角色互动、角色行为、显著性角色认同、角色认同特征、角色认同类型等维度做表,简要概括出6位带领人角色认同图景的要点交汇,如表9-1(6位老年学习团队带领人角色认同的交汇表)所示,需特别说明的是,表中主要以笔者的概括和访谈6位老年学习团队带领人的本土话语作为数据资料的呈现,从而直观上保证叙事客观,解析到位。

　　通过访谈与参与式观察,笔者发现6位老年学习团队带领人承担的工作任务包括"教他""管团""自学",具体表现为教育教学、管理团队、组织活动、终身学习、志愿服务、智慧处事等,实然形成的是以老年教育者为显著性角色认同,兼团队管理者、组织活动者、终身学习者、志愿服务者、智慧长者等为一体的综合角色身份,基于上一章带领人角色认同的图景叙事,本章跨个例诠释带领人角色认同的建构过程,主要概括为个体角色认知、"工作"角色情感、角色互动与角色认同三个层面,其中个体成因又分为学习力、性别、退休前职业;"工作"成因分为领导力、管理风格、管理力;角色互动成因包括家庭即夫妻关系、代际关系支持力;社区即社区参与黏合力、社区认同度(如图9-1跨个案分析角色认同的建构过程)。

表 9-1 六位老年学习团队带领人角色认同的交汇表

研究对象	年龄	性别	团队性质	退休前职业	角色定位与角色意义	角色参与和角色执行瓶颈	角色投入	角色互动与角色行为	显著性角色认同	角色认同特征
瓷刻带领人陈伯伯	66	男	优秀+特色型	厂电工	个人爱好兴趣为主"我能出佳作的关键在于纯粹之心。"	电脑设计能力薄弱"毛笔字我都在学、在练、在教，但是我在网络电脑的应用方面还不行……"	传承文化，保护非物质遗产"我组建学习团队不是为了赚钱，主要是为了传承瓷刻技艺。"	成员技艺水平参差不齐，反对物质利益化"大家水平良莠不齐，开展团队学习时很难……"团队有些老年人学习瓷刻的态度不是很好，只是来学问，其实学问学习不要，还是要多交流、多见、多钻研……""我又不是教你们赚钱的，老了不能太在乎钱。"	老年教育者瓷刻传承人智慧长者	强技艺专业特色的带领人角色认同风格

(续表)

研究对象	年龄	性别	团队性质	退休前职业	角色定位与角色意义	角色参与和角色执行瓶颈	角色投入	角色互动与角色行为	显著性角色认同	角色认同特征
形体舞带领人刘阿姨	71	女	一般型	纺织厂女工	爱好广泛，乐于学习，生活经历触发学习；人生阅历，家庭支持。"学习就是我的福祉根源……我说人最好的就是自己教育自己……当然支持，我老公跟我一样，都是因为我们也是因为有共同的志向才在一起学习。"	业余期待向专业提升。"我到处找可以提高的机会学习，我觉得我虽然老了，但学习的毅力和决心还是亚于你们年青人……我学习的目的不是教舞蹈，目的是让自己开心，到这个年龄的我开心，我已经实现了儿时的梦想。"	心灵舞者，个人成就感，感情融通。"团队姐妹们挺肯定我的，但学习的记得太晚了，她们也说我年轻，想通过跳舞焕发青春……学习让人始终保持天真、好奇，只有学习才对得起自己，因为学习的时候我很开心，就像回到童年。"	水平参差不齐，反复教习。"虽然教老年人跳舞的时候很苦，但是到姐妹们编的倭我开心。刘老师给我们编的操跳舞得过很多奖呢，但是我年龄大了，同学们人年龄大了，动作不能复杂，要循序渐进，还要注意不能打击她们的积极性，另外不能打击她们的一遍一遍教……"	老年教育者，终身学习者，智慧长者	强兴趣共同爱好的带领型角色认同风格

148　中国老年人的退休精神

(续表)

研究对象	年龄	性别	团队性质	退休前职业	角色定位与角色意义	角色参与和角色执行瓶颈	角色投入	角色互动与角色行为	显著性角色认同	角色认同特征
终身学习推进员带领人景伯伯	66	男	一般型	工会干部	自我学习管理运营团队发展"终身学习推进员得时时学,处处学才能带动周边人参与终身学习……""我们虽然退休了,对团队学习、志愿工作是加入我们的兴趣当做事业干。"	视力不好	实体+虚拟相结合读书+文艺相融人"推进员团队现在还是发挥作用的,无论是读书会、志愿者团队在社区还是群网上和微信支流都能发挥功能,仅学习的功能,仅学习、学习团队和文艺团队相结合,寓教于乐。"	内驱力,领导支持不足 "但是我看上级组织不是很重视我们。"	老年教育者 终身学习者 志愿服务者	强运营 重视制度安排 领型的带领人角色认同风格

(续表)

研究对象	年龄	性别	团队性质	退休前职业	角色定位与角色意义	角色参与和角色执行瓶颈	角色投入	角色互动与角色行为	显著性角色认同	角色认同特征
编织团队带领人张阿姨	66	女	一般型	护士长	心灵手巧，喜欢钻研 "我就是喜欢学习新花样，也喜欢自己买书钻研。"	家务分身（老人、子女、孙辈照顾等） "上面有我的婆婆公公要照应，后面要带孙儿子结婚了，辈的话可能就不能按时来参加编织团队了。"	平等待人，社交感情 "姐妹们听到我要带大家学习编织都说我来她们的脑子也聪明了，手也巧，还动心教导。"	学习快慢不等，悟性高低不均，物质利益化的干预 "我们编织老年学习团队的成员有新的也有老的，有学的快的也有比较慢的，有悟性高的也有相对不敏感的……但是她商业大脑很好、大家反响不好，都跟我反映。老了但要自我调节，调整好心态，不能怨天尤人，我要保持好的心情。"	老年教育者智慧长者	兴趣强共同爱好带领型角色认同风格

(续表)

研究对象	年龄	性别	团队性质	退休前职业	角色定位与角色意义	角色参与和角色执行瓶颈	角色投入	角色互动与角色行为	显著性角色认同	角色认同特征
山水画带领人王阿姨	77	女	一般型	办公室主任	个人兴趣，家庭熏陶 "我父亲喜好书法，我也跟着开始写大字，从小到大都发挥这个特长。"	突破自我，提升绘画技能技巧 "我总想突破自我，也苦于找不到出路，于是我向我们团队作画水平比较高的团员讨教，和指导老师切磋交流，他们都能帮我提升绘画水平。"	分组搭配学习、乐于奉献、低调学习、高调服务 "都是我组织大家收画、布展，最后还出画册、还(huan)画的，所有对内沟通都是我来做的。"	书画各有所长，疏于取长补短 "我征求大家意见，分为善画画的小组、书画同源喜写字的小组全面提升水平，所以善好书法、喜写字要提高绘画水平，这样我们团队整体水平就提升了。"	老年教育者志愿服务者智慧长者	强兴趣共同爱好型带领人角色认同风格

（续表）

研究对象	年龄	性别	团队性质	退休前职业	角色定位与角色意义	角色参与和角色执行瓶颈	角色投入	角色互动与角色行为	显著性角色认同	角色认同特征
老年男声合唱团队带领人黄伯伯	65	男	起步型	工会干部	爱好广泛，能唱会说 "我这个人爱好广泛，以前做过语文老师，后来在企业里做工会工作，'文化大革命'时我还吹过碎屑，总之，我总是保持年轻的心态。"	提高自身水准（经历过合唱落选风波） "当天考评老师让我唱一高，我原来在团里的声线都定为一高的，我高音发挥不太好，被淘汰了。"	合唱的灵魂是和谐，合唱技术与团队精神齐进 "'和谐'是合唱表演艺术的美学原则。"	团队学习和提升的内外支持力度不足 "合唱团人手不足，很多成员都流失了，他们让我再把以前团队实力量，另一方面是凝聚起来。 但是我们合唱团发展需要经费支持！"	老年教育者 志愿服务者	强运营 重视制度安排 带领人角色认同风格

注：所有带波浪线的语句都是笔者现场的访谈记录，用楷体+波浪线注明，以示与笔者的总结语词相区分。另外，在团队性质一栏主要依据是上海市老年学习团队中心的分类标准进行的归类。

第九章 跨个案分析带领人角色认同的建构过程

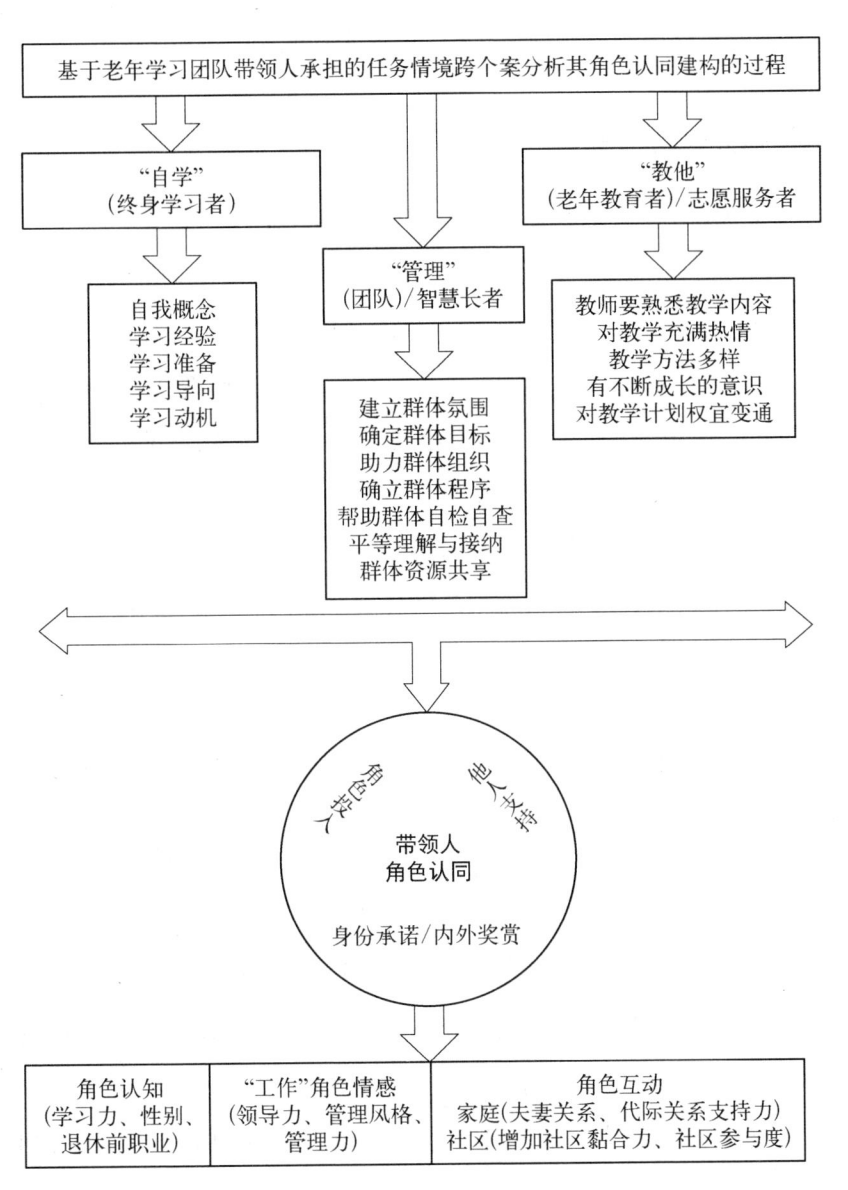

```
基于老年学习团队带领人承担的任务情境跨个案分析其角色认同建构的过程
         │
   ┌─────┼─────┐
   ↓     ↓     ↓
 "自学"        "教他"
(终身学习者)   (老年教育者)/志愿服务者
   │     ↓     │
   │   "管理"   │
   │  (团队)/智慧长者
   │     │     │
   ↓     ↓     ↓
 自我概念           教师要熟悉教学内容
 学习经验           对教学充满热情
 学习准备   建立群体氛围   教学方法多样
 学习导向   确定群体目标   有不断成长的意识
 学习动机   助力群体组织   对教学计划权宜变通
           确立群体程序
           帮助群体自检自查
           平等理解与接纳
           群体资源共享
```

```
         个人效能    他人支持
              ╲    ╱
              带领人
              角色认同
              身份承诺/内外奖赏
```

角色认知   "工作"角色情感   角色互动
(学习力、性别、   (领导力、管理风格、   家庭(夫妻关系、代际关系支持力)
退休前职业)   管理力)   社区(增加社区黏合力、社区参与度)

图 9-1 跨个例分析带领人角色认同的建构过程

第一节　带领人角色认知

一、带领人学习力分析

（一）驱动学习动力各异：兴趣导向—任务导向

学习力即学习动机、学习能力、学习支持、学习意志的统一集成。具有学习力的个人具备主动学习与接受新事物、新技艺、新专长的能力。基于诺尔斯成人学习理论，成人是自我导向的学习者，其理论假设是成人具有自我概念（the learners' self-concept）、学习经验（the learners' experience）、学习准备（readiness to learn）、学习导向（orientation to learn）、学习动机（motivation to learn）。[①] 通过参与式观察和访谈6位老年学习团队带领人的日常学习与团队管理情况，发现其终身学习验证了诺尔斯的成人教育学有关自我导向学习者的假设，每位带领人都有认可而明确的学习目标、学生需要学习、亲和非正式的学习氛围、学习与经验相联系、明了学习过程等。[②] 但因每位带领人个体学习动因不同，其角色认同的表现各异，瓷刻带领人陈伯伯个体参与终身学习除了爱好，还有个人禀赋的主因，这是他坚持了40多年，不分退休前后的学习源动力，因此瓷刻带领人陈伯伯的角色认同出于精研专业的学习热忱，并呈现出长期恒久的人生兴趣与终身学习行为。形体舞带领人刘阿姨因自身经历的坎坷，更加看重学习本身所带来的精神满足与人生完善。终身学习推进员带领人景伯伯则是因其团队直接与街道的社区教育文化工作有直接关系，而促使他对团队运营管理方法和手段形成隐形学习的知识与技能。与之相似的是老年男声合唱团队带领人黄伯伯，

[①] Knowles, M. S. *The Adult Learner: A Neglected Species*. 1984, pp. 181–182, Houston, TX: Gulf Publishing.

[②] M. S. knowles. *Informal Adult Education*. 1950, p. 36, New York: Association Press.

老年男声合唱团是社会招募的团队,黄伯伯更关心的是团队的存续,着眼于团队管理和发展。形体舞、编织、山水画带领人基本属于兴趣导向型的学习驱动;终身学习推进员、老年男声合唱团的带领人基本属于任务导向型的学习驱动。概言之,兴趣与任务导向在带领人中都有,但比例有一定差异和倚重。

(二)面对学习瓶颈不同:生理—心理机制、客观—主观成因

老年学习团队带领人共同之处是兴趣广泛,自主学习意识强。但不同带领人的个人学习困境有异同,瓷刻带领人陈伯伯的学习瓶颈是电脑设计操作不熟;形体舞带领人刘阿姨、山水画带领人王阿姨的问题都是需要提升学习水准;终身学习推进员带领人景伯伯和编织团队张阿姨的学习困难都在于自身或自己家庭,景伯伯是视力不好,这对于他负责的网上读书沙龙、老年学习交流平台的工作形成一定的障碍;张阿姨则由于承担的家务活动较多会影响后期参与编织团队的学习。上述主客观原因都会影响带领团队成员的学习效果。在组织老年团队学习的动机维度中,6位团队带领人都肯定了老年团队学习中的情感归属和社交功能的动机,其中最突出表现的是形体舞带领人刘阿姨和编织团队带领人张阿姨,说明女性团队带领人相对更关注老年人参与团队学习的情感体验;而学习内容又与学习者性别有直接关系,形体舞和编织学习的参与者以女性群体为主,在女性集中的群体中更适于营造情感特征明显的团队学习文化,具体见表9-2(带领人个体学习动机与障碍比较)。

表9-2 带领人个体学习动机与障碍比较

带领人个体学习动机与障碍比较		
学习动机	兴趣驱动	情感归属
	任务驱动	社交体验
学习障碍	生理原因	主观原因
	心理原因	客观原因

通过考察带领人的学习力,可以发现带领人的学习力提升直接促进了其角色认同的提高,同时促进积极老龄化的毕生发展。巴尔特斯(Baltes)提出的毕生发展观认为,只要生命不息就有发展的可能。最新出台的国家"健康中国 2030"战略的可持续发展议程也特别指出,"健康"是包括促成各年龄段所有人的福祉,促成其内在能力和功能发挥,促成个人内在能力与环境互动,从而充分实现个体价值。

首先,带领人学习是促进自身角色认同的内在动力,是与外在环境互动交叠的结果。成功老龄化是积极老龄化的构成之一,指个体在老化过程中生理功能丧失最小,推迟老化,避免次级老化发生。对于健康老年人而言,活力和主动精神恒常终身。带领人倾向于自主自愿学习型风格,形体舞带领人刘阿姨通过学习获得了社会体育指导员一级证书,瓷刻带领人陈伯伯通过自学被工艺美院外聘为教师授课……带领人普遍具有开放的学习态度和系统地向日常经验学习的精神。索尔·阿林斯基通过培训社区组织者得出一个结论,经历的事件经过反思概括后会成为学习经验,弗吉尼亚·格里芬认为,仔细验证过的个人经验加以总结定义就形成了有学习价值的准则。[①]

老年终身学习推进员团队带领人景伯伯经常通过阅读和读书沙龙,提出团队发展需要组织多样多元的活动建议。老年男声合唱团带领人黄伯伯通过多次与团队管理方交流、与团员沟通、协商对团队习得资源配给与政策支持的敏感性,这些例证源于带领人组织日常学习的团队活动情境……看似随机和非正式的学习使得带领人的学习能力与社会适应保持一致。有学者将 productive aging 翻译为"有生产性的老年",并定义为:应对人口老龄化,透过不同类型的社会参与,提高个人的生活质量与自立,产生有形与无形的报酬;同时对社会与经济发展产生贡献与效益,促成个人与社会整体的

[①] 转引自[美]罗伯特·M. 史密斯:《学会如何学习——成人的应用理论》,朱丽华、翁德寿译,中国劳动出版社 1991 年版,第 12 页。

双赢局面。带领人组建团队引领老年人参与学习活动即促进成员积极老龄化,实质上是与社会形成良好互动。我国老年政策中的"老有所学、老有所乐、老有所为"是角色认同的政策映照与实践落实。

另外,带领人角色认同体现了老年人终身社会化成长的意识。角色认同的本质体现了带领人的组织角色同一性,也是老年人终身社会化成长的重要标识之一。有关社会化的命题在心理学、社会学界讨论甚广,就社会化人格发展来言,米德提出主我、客我的分离与统一,客我是指导社会化的个人行为;弗洛伊德提出秉持快乐原则的本我、现实原则的自我、至善原则的超我;埃里克森心理社会发展理论认为从幼儿阶段到老年期,个体在环境互动的前提下,社会化成长具有连续性,前期的信任、自主、勤奋、进取、角色统合等正向发展会使得成年期拥有友爱亲密、精力充沛的状态,直至老年完美无缺阶段,但若早期存在负面消极影响则会直接导致老年期的颓废迟滞和悲观失望。

本研究对所有被访谈团队带领人的幼时、青年成长生活期有所关注,这虽然不能直接得出角色认同的结论,但足以对人们角色认同的前期如幼年、成年期给予启示:面对现实的学习与教育,在青少年期起着举足轻重作用的正规教育(如学校教育)、非正规教育(如校外机构培训)、家庭教育等只有较为完善,才得以在老年期顺利实现继续社会化成长。对带领人角色认同的探究发现,即使人到老年仍然可以通过学习令自我成功实现角色认同,期待人生完满落幕。笔者在访谈中涉及带领人的人生经历回溯,此种生活回顾对人的精神发展和获得智慧(实践智慧、生活智慧、社会化成长智慧)息息相关,它展现出人的高级精神功能,包括对生命本身的探索、思维元认知、情绪智力、批判性反思等。

二、带领人性别分析

笔者在选择访谈对象时,有意在带领人中选择了男女各半比例,旨在考察性别角度关涉下不同带领人的个体学习、组织团队学习的角色认同过程中呈现的多维度性状。有调查显示：尤其值得关注的是在中国大陆参加老年学习的性别是以女性为主。[1] 这与女性寿命较长，退休较早，普遍关注个体身心健康等因素有关，也跟其个体特点有关。笔者对3位男性和3位女性团队带领人进行了访谈，根据文本分析，发现3位男性团队带领人都强调管理协调，体现了男性即使退休后，在组织老年团队学习活动中，仍然注重权威的角色性别意识。

（一）男性老年学习团队带领人的特点：强管理协调

帕森斯在性别角色分化的结构功能主义理论中认为人类群体履行两种类型活动，分别是"工具性"活动和"表达性"活动。前者主要聚焦于任务或工作的执行，后者看重情感表达及和谐关系的形成。[2] 老年终身学习推进员团队景伯伯认为——"首先，从区层面应该定期开会，要借鉴效仿居委会，面向居民有好的项目可以申请活动基金的做法，取之于民，用之于民。另外街道之间缺乏推进员群体的活动交流，大家应该取长补短"。[3]

男性在思考问题时往往关注的是解决对策，比如景伯伯建议管理部门对团队进行管理和支持应具有操作可行性，而非只是一味感性地对团队经费支持和物资保障的呼吁等。对于带领人这一角色，虽然褪去的是退休前的职业生活角色，但作为男性团队带领人总在日常学习与生活中表露出其男子气概（manliness）。

老年男声合唱团黄伯伯在处理团队成员纷争的时候，也是从带领人角色强管理意识的支配下果断而老练地平息了突发矛盾。这里引用符号互动论之戈夫曼角色表演论做一解析，即用教育学的视角考察拟剧论在老年团

---

[1] 岳瑛等：《关于老年大学学员学习需求情况的调查》，《天津市教科院学报》2003年第12期。
[2] 转引自[澳]马尔科姆·沃特斯：《现代社会学理论》（第2版），杨善华等译，华夏出版社2000年版，第272—273页。
[3] 【I‑JING‑20190711】：与终身学习推进员老年学习团队带领人景伯伯的谈话记录。

队学习中的表演者、观众等角色,从而勾勒出带领人的身份角色意识。以特定的表演作为参照点,一般分为表演者、接受者和两者都未涉及的局外人。老年男声合唱团黄伯伯曾经带领合唱团参加活动,笔者是介于局内和局外的边缘局内人,当时笔者既了解老年男声合唱团的参赛情况,也因和团队管理者较为熟悉,在后台对合唱团当日的表现耳闻目睹。简言之,老年男声合唱团参加比赛是扮演表演者角色,有诸多来自各个区的啦啦队是接受者角色,局外人应该是与表演不相干的人等。从区域角度进行区隔的话,黄伯伯的老年男声合唱会出现在前台和后台区域,在后台的工作人员、保障该比赛顺利实施的维持秩序的后勤人员并不观演,属于局外人,还有更泛指的路人,观众观看表演,在观众席直接看到前台表演。

笔者作为边缘局内人,游走在前台和后台,既观察和参与了老年男生合唱团在后台的参赛前准备工作,又观摩到合唱团的合唱。观察印象控制最有趣的时机之一,是表演者离开后台区域进入观众场所或者从该场所折回后台区域的那一时刻。由此人们能看到表演者戴上或去掉角色面具的真实行为。① 当时笔者对后台的印象是忙乱但还有一定秩序,尤其是黄伯伯既要给团队打气,鼓舞团员不要紧张,要保持振奋饱满的精神状态,又要招呼大家一一化妆,确定位置便于上场。但是就在准备演出之际,团队中发生了小骚乱,起因是团员们在练习合唱时,有几个团员认为另外声部的几名团员声音太突出,合唱不够和谐,其中一名说:"我们现在虽然是练习,等会儿在台上合唱,你们高声部太尖锐,不利于合唱的统一声音。"②"什么?各个声部都要发声,你是第一次唱中声部吗?"③"高声、中声、低声部都要发挥作用才是合唱,你以为是独唱吗?"④"有本事你也独唱呀!"⑤ 正当团队成员你一言我一语,彼此口角之际,黄伯伯及时劝阻,他一副痛心疾首的样子,声音也几乎发颤:"各位战友,你们不能在展演出场前如此不团结呀!合唱唱的就是和

---

① [美]欧文·戈夫曼:《日常生活中的自我呈现》,冯钢译,北京大学出版社2008年版,第116页。
②③④⑤ 【D-HUANG-L-20190628】:老年男声合唱团的观察日志资料,团员对话。

谐团结,大家要以大局为重,我们合唱团的特色是什么?"①争吵的双方有些羞惭,耷拉着脑袋,旁边团员回应道:"清一色一帮老头儿唱歌!"黄伯伯马上补充道:"对,我们是清一色的老头儿,人家都是混音合唱,就我们一枝独秀,所以不能婆婆妈妈,即将上场,每个声部,每个团员都要尽量发挥最好水平,我们平时怎么练习的,今天就怎么唱!来,大家跟我一起低声唱'团结就是力量'一二,起……""团结就是力量!这力量是钢,这力量是铁……"②笔者目睹老年男声合唱团后台这一小插曲,发现矛盾的制造者就像拟剧论中的不协调角色。然而在真正进行台上合唱之时,这种不协调和叛逆就对团队合作非常不利,尤其是对30多人的合唱团来说,那不啻为重重一击,故而合唱团带领人黄伯伯当机立断,马上以其团队带领人的角色进行斡旋,调和矛盾,在调解过程中可能会不可避免地让局外人发现团队成员的某些不合作行为,但黄伯伯已经无暇顾此,他的注意力就在于这个唯一关键事件——保证合唱团此次比赛顺利。当时笔者作为"目击者",虽然在现场亲见亲闻,但笔者事后没有再去访谈深究,黄伯伯也没有再向我多做解释……双方之间达成一种默契。客观上带领人黄伯伯忙于准备出演,主观方面笔者为了不至于场面尴尬而选择视而不见、听而不闻……正如戈夫曼拟剧论中对不同角色者为维持表演顺利成章而进行的一种圆通(tact)。

又如瓷刻带领人陈伯伯在访谈中时常认为有些老年团员学习技艺的态度不端正,会说:"不要认为自己会做东西(瓷刻制品)就可以了,还要再学习和提升,更不能就拿着自己的瓷刻去销售赚钱啦!艺术不是都拿钱衡量的……"③

陈伯伯组建瓷刻老年学习团队,其宗旨在于成员愉悦身心、陶冶情操。陈伯伯对技艺学习和艺术修养非常倚重,所以在访谈中更是立场坚定,正本

---

① 【D-HUANG-20190628】:老年男声合唱团带领人黄伯伯的观察日志资料。
② 【D-HUANG-L-20190628】:老年男声合唱团的观察日志资料,团员对话。
③ 【D-CHENG-20190920】:瓷刻老年学习团队带领人陈伯伯的观察日志资料。

清源,力使团队成员杜绝买卖瓷刻作品的商业性不良行为。诚然,作为老年人发现自己的瓷刻作品在市场上有一定的经济价值,个人成就感可以肯定,但是不能舍本逐末,以商业价值为要则有违老年学习的初衷。瓷刻带领人陈伯伯认为有些团员会以此不再提高和精深学习瓷刻工艺,所以作为团队带领人,他不去纠正这种思想偏差就是渎职,故而表现比较激愤。男性团队带领人组织管理团队学习活动的实例凸显了性别特点,即强调权威与管理协调。

(二)女性老年学习团队带领人的特点:强情感沟通

正如上述帕森斯提出的性别角色分化,通过情感性或感情的表达,来维持团结的"表达性"活动多见于女性。笔者接触的3位女性带领人都在组建团队学习活动中体现了对团队内部感情的倚重。

比如编织团队带领人张阿姨在教一位老年人编织毛衣时,反复多遍,还亲手帮她打毛衣底子,虽然笔者能看到张阿姨的眉头又紧锁(动作暗示内心不耐烦),但她语言依然得体,语气仍是自然:"不要着急,慢慢学,平时操练少。"[①]个体的表达(因而连同他给人造成印象的能力)包括两种根本不同的标记活动"他给出的表达和流露出来的表达"。[②] 笔者以次推论,再参照平时积累的经验,张阿姨也会失去耐心,但她由于自身的带领人角色,以及处于团队成员全部在场的情境中,或许还有笔者的旁观"作祟",她不能也不愿意流露出不耐烦的神态,然而眉头紧锁的微表情,或许可以诠释她的实际心情。从角色表演角度来言,她还是较为顺利地扮演好了编织老年学习团队带领人的角色。对于很多老年人而言,学习有各方面障碍,如生理功能衰退,前学后忘;学习动力不足,受家庭、朋辈影响因素较多……这对带领人组织成员学习活动提出了挑战。带领人既要帮助团队成员进行学习,还要顾及团队成员的情绪情感,这就需要带领人在学习效果和感情社交方面进行

---

① 【D-ZHANG-20190711】:编织老年学习团队带领人张阿姨的观察日志资料。
② 古斯塔夫·伊克梅译:《人际关系中的误解》,《美国社会学杂志》1949年第55卷增刊。

权衡与取舍。从 6 个学习团队的访谈中,笔者发现女性带领人更多回避学习效果的彰显,舍而求其次的是团队成员融合氛围和感情的表达。按照管理方格理论,这是俱乐部式的领导风格。老年学习团队因成员的特殊性,较为符合沙龙或者俱乐部式的管理模式,这似乎也成了裹挟老年团队学习效果和注重成员情感和谐的问题,即如果带领人看重学习效果可能会无法顾及成员感情,而倚重团队感情又会折损学习业绩,很多时候带领人都是摇摆于两者之间,求取基本折中的平衡。

譬如在访谈山水画带领人王阿姨时,说到团队成员在大厅开设个人画展,王阿姨意识到自己作为团队带领人还未开设画展,但这可能跟个人绘画水平无关,跟个人开设画展的意愿、条件等有关,所以她回应道:"这位开画展的学员精神可嘉,她曾经得过癌症,年过八旬,她是要证明给所有人看自己抗病的勇气。"[①]在王阿姨的回应中,我们发现她对开设画展团队成员的画作水平或能力并未做评价,只是从开设画展的精神方面予以肯定。这是王阿姨作为团队带领人虽未开画展的解释,又是对开画展的成员并非一定是绘画水平上乘的意义理解。再结合笔者当时在访谈中的速记和印象,王阿姨并非吝惜评价。又如在说到其他成员的绘画和书法水平的时候,会高度评价:"这位老先生的书法很大气,十分了得,"[②]而被称赞的老先生之前也并未在大厅开过画展,对比之下,我们就可以解读出王阿姨的语言意义,她不直接指明开画展的团员一定绘画造诣浑厚,但又肯定了另一团员虽然没有开设书法绘画展,然书法绘画都遒劲有力,功力十足……说明王阿姨的团队带领人角色促使她在团队中必须维持自己的宽厚、积极、大度等特质,同时注意团队成员彼此团结友爱、合作互助。这一形象生成就是拟剧论中的"印象控制"。

正如桑塔耶那所言,社会化过程不仅是理想化,而且也是固定化:我们

[①②]【D-WANG-201901104】:山水画老年学习团队带领人王阿姨的观察日志资料。

怂恿自己动人的表现自己,或虔诚或轻蔑或粗心或严肃;我们在想象的观众面前独白。[①] 带领人角色认同是通过组建团队参与各种学习活动体现的退休精神,而退休精神又渗透于其组团、参团的学习活动情境中。

(三)男性—女性

1. 男女性带领人性别角色意识各异

性别分为生理性别和社会性别,而生理性别是人的既定事实,是先天的性别角色;社会性别则是因特定文化和习俗影响下形成,所以社会性别属于后天形成。社会性别是约定俗成的文化对男女差异的理解判断以及镌刻有社会文化烙印的男女不同的群体特征。[②] 社会性别理论包括社会性别差异、社会性别角色塑造和社会性别制度等,宗旨是解构传统性别理念和性别话语,指向性别平等。笔者访谈的带领人男女性别不同,这跟不同老年人参与学习的内容、兴趣有关,从团队带领人的角色承担着眼,具有一定的差异性。男性的带领人更加认同自己的男性性别角色,无论是以艺术造诣见长,严格要求团员的瓷刻带领人陈伯伯,还是关注团队持续发展,希望相关机构和组织给予资金和资源支持的老年男声合唱团黄伯伯,以及老年终身学习推进员带领人景伯伯,都自然流露出对团队成员的业绩要求或对团队管理方的建议等。而老年编织团队张阿姨和老年舞蹈团队刘阿姨则在团队中与成员以"姐妹"相称,刘阿姨还肯定"能者为师"的观点,山水画带领人王阿姨也总以团队成员感情为重,尽可能润滑彼此关系。在实际运作中,传统的男女性别角色意识利弊参半,这主要表现在是重视成员学习业绩还是注重成员彼此情感,其间矛盾和平衡是带领人发挥个人智慧的体现。

2. 男女性需要协同性别角色

男性带领人会因为传统对男性的社会角色期待,在日常团队管理中过多表现为对团队要求严格,且关注维持和促进团队可持续发展的物质、资金

---

① 乔治·桑塔耶那:《在英国的独白以及后来的独白》,斯科利伯纳公司1922年版,第133—134页。
② 谭兢常等:《英汉妇女与法律词汇释义》,北京对外翻译出版公司1995年版,第32页。

保障等条件。然若把握失衡，就会带来一定的负面效应，引起老年学习团队成员的逆反心理或因不断需要物质激励和支持致使相关上级团队管理部门不堪其扰等问题。在访谈后续中，笔者也探寻到瓷刻、老年男声合唱团、终身学习推进员几个老年学习团队存在上述发展瓶颈的困扰；而编织、形体舞、山水画的女性团队带领人又会因为过分关注成员感情，难以平衡老年团员学习效果与成员感情的矛盾而令带领人平添不少无奈与苦恼……被访谈的带领人皆认为有些老年成员存在学习中不肯钻研、浅尝辄止等通病。据此，笔者从社会性别角度建议带领人应注重男、女两性的社会角色塑造和平等相处，若能够适当突破社会对传统两性的角色期待，譬如男性带领人关注团队成员的情感需求，女性带领人对成员在一定程度上注重学习的业绩目标要求，将更加有利于实现老年学习团队带领人的角色同一性。

三、带领人退休前职业分析

（一）退休前干部身份：组织管理经验沉淀

6位带领人年龄在60—75岁，退休前职业集中于企业，另有一位是从事医院护士长工作，但从职业分工来看，主要集中于退休前的工人和干部两种职业身份，且干部出身的带领人比例高于工人，一方面表明退休前从事干部管理工作的老年人，因受退休前职业管理工作的熏染，掌握一定的管理实践智慧，从而更可能胜任带领人的工作；另一方面，也说明老年人退休后社会舞台的角色扮演与退休前的工作能力积淀有一定的连续和相关性。

被访谈的带领人退休前有2/3是干部，在其所属的企事业单位担任科级中层领导，但也有特别情况。以时间、空间、具体情境综合的视域角度进行分析，会发现瓷刻带领人陈伯伯和形体舞带领人刘阿姨退休前都是职业工人，但他们退休后仍然保持旺盛的学习力，投入巨大的热情组建老年学习团队，表明兴趣爱好与退休前职业生活的影响不大。瓷刻带领人陈伯伯毕生都喜好瓷刻艺术，他无论个人职业生涯前后，始终把瓷刻融入自己生命当中,退休前后的时间段内,因职业生活影响其瓷刻学习的兴趣热情不明显;形体舞带领人刘阿姨则是因个人受当时特殊时代背景及自身生活经历的影响,而对退休后的舞蹈爱好产生极大的学习热情,说明退休前职业生活对退休后兴趣爱好、带领人角色也并非有直接必然关系。另外,笔者发现所有老年学习团队带领人都在退休前工作敬业,属于退休后"闲不住"的一批老年人,由此表明,退休前职业身份虽然对团队带领人身份角色的塑造无必然和直接关系,但敬业乐群却是老年学习团队带领人共有的素质。

(二)退休前工人身份:自我发展历程的特化

瓷刻带领人陈伯伯回顾和叙述退休前后生活时,讲述了"蜿蜒"的成长过程,"从小喜欢绘画,高中时候打算报考美术学院,我可能太调皮了,不是团员,那个时候政治素质不高吧,后来'文化大革命'不让考大学了,那我就进工厂,让我做电工,后面自己考从业证书,工作期间喜欢瓷刻,又在从业间考取了上海大学美术系"。[①] 瓷刻带领人陈伯伯在退休前的工人身份并未对其喜好瓷刻技艺产生影响。按照老年连续性理论,退休前的个性、热衷的喜好不会因退休后而彻底改变。笔者认为,陈伯伯退休前的工人职业身份,跟其退休后的团队带领人身份不延续,但陈伯伯的平生兴趣爱好和志愿热心却是延续一生,更会驱动其成为瓷刻老年学习团队的带领人。

老年形体舞团队刘阿姨虽然退休前也是工人身份,但从她个人在特定的"文化大革命"这一宏大的历史背景下,考察其人生发展主线,就会发现刘阿姨经历了诸多命运考验,即使退休前在工厂基层,仍然能够凭借自我努力,获得"三八"红旗手的光荣称号,即她自律性强,心态积极,重视个体自我教育、自我管理,退休前后都能主动成长。因此刘阿姨退休前工人身份与退休后团队带领人角色相关性不甚明显,其角色认同的驱动力主要来自内在效能感及主动创建个人成长的意识。

---

① 【D-CHEN-2019090】:瓷刻老年学习团队带领人陈伯伯的观察日志资料。

(三) 干部—工人：带领人角色与退休前职业不完全相关

基于访谈带领人退休前后是干部亦或工人出身的分析，我们发现大部分老年学习团队带领人都在退休前从事干部工作，这在一定程度上积累了人际交往、组织管理的经验，客观而言，对组建团队学习活动有益；工人出身的团队带领人由于自身的技艺优势、学习优势及个人魅力亦可赢得老年学习团队成员的支持和拥戴。另外，老年学习团队是一种以情感交汇为纽带的非正式组织，是一种学习实践共同体，退休前干部和工人出身，并不能成为阻隔带领人个体学习和组建团队的屏障，而是带领人角色认同呈现各自特性的说明，选取异质性带领人样本也符合研究对象具有多元各异的职业背景和学习个性特化的要求。

依据上述带领人个体学习力、性别、退休前职业异同与角色认同的关系列出图9-2(带领人个体角色认知异同与角色认同)，带领人角色认同是与个体的学习力即学习动机与学习障碍互动，学习动机包括兴趣、任务、情感、社交等，学习障碍包括生理、心理、主观、客观所致，学习力提升就是促进学习动机而消弭障碍的过程，角色认同相应提高；带领人角色认同与个体性别

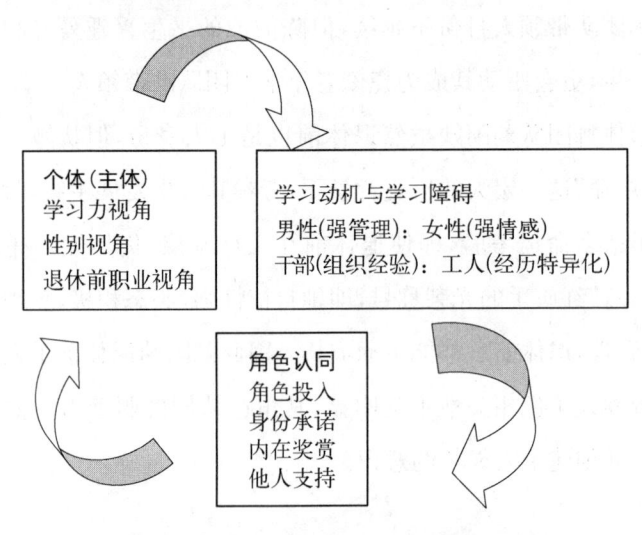

```
个体(主体)          学习动机与学习障碍
学习力视角          男性(强管理)；女性(强情感)
性别视角            干部(组织经验)；工人(经历特异化)
退休前职业视角

                   角色认同
                   角色投入
                   身份承诺
                   内在奖赏
                   他人支持
```

图9-2　带领人个体角色认知异同与角色认同

有关,男性带领人强调权威管理意识,女性带领人强调情感和谐意识,都会促进角色认同提高;带领人退休前职业也对角色认同产生作用,具有组织管理经验的职业经历有助于形成角色认同意识,但也有工作经历特化的非管理经验的带领人因个体学习动机强烈而形成深刻的角色认同感。

第二节　带领人"工作"角色情感

一、带领人"工作领导力"分析

"工作领导力"之所以带引号称谓是因本书所访谈和论述的老年学习团队带领人的领导属性并非以权威或物质酬劳为主的性质,而是带领人角色认同的一种参与方式,是退休精神体现的路径之一。带领人有效管理团队与其强社会参与意识相关,其社会参与的主要形式就是组建老年团队参与学习活动。诺尔斯认为成人教育的非正规教育形式是以群体(团队)为中心的领导方式,要遵循领导力是非个人的群体功能,主要包括建立群体氛围;确定群体目标;助力群体组织;确立群体程序;帮助群体自检自查;平等理解与接纳;群体资源共享等。[1] 在访谈与参与式观察老年学习团队带领人管理团队学习过程中会发现带领人注重团队的亲和氛围,对团队成员平等接纳,团队领导者实际担当的是成人教育工作者的角色,其特征包括热情、友善、谦逊、创造性思维、意愿以及对人的理解和宽容的态度。[2]

(一)带领人"工作领导力"体现为角色认同

带领人的社会适应力不仅仅表现为适应社会,更重要地展现为带领人在领导团队情境中的角色认同。譬如:山水画带领人王阿姨由于最早是从书法学习转到绘画学习,所以开始学画起步晚,自信心不强,但经过自己的

---

[1][2] M. S. Knowles. *Informal Adult Education*. 1950, pp. 97-105, New York: Association Press.

观察、效仿、学习和体悟，逐渐融入团队，在接下来的画笔不辍、坚持不懈学画的16年中，乐于奉献与服务团队，深得成员好评，其角色从普通成员转变为团队带领人。王阿姨在担任带领人后，一方面提升精进绘画水平；另一方面组织山水画团队得法，提出将团队互助分组的建议，即将擅长书法和绘画的组员分别搭配，成员之间取长补短，相得益彰。老年男声合唱团黄伯伯初始被招募淘汰，后又回归团队，他不计前嫌，积极主动投身于组团、建团和不断协调团队内外关系的工作中，不但注重个体学习，而且带领团队成员在指挥未到情况下合唱练声、发音；在参赛前夕，面对成员突发性矛盾进行有效干预……从日常学习活动中，各位被访谈者构建了与老年学习团队带领人相一致的角色同一性，而角色认同又是实现自身全面而自由发展的路径之一。马克思认为人类获得自由时间的多寡决定了自由发展的可能，老年阶段恰恰是人一生中自由时间相对富裕的时期，带领人自由支配时间，从事内心所愿的学习活动，得以实现自我角色认同、组织角色认同、社会角色认同。

（二）带领人管理团队体现为角色社会化成长

跟角色社会化成长相对的是衰退，我们发现带领人在个体学习和组织管理团队学习中都表现为性格开朗、富有爱心，这是促使缓慢衰老的因素之一，另外团队带领人的人际协调能力与心理调适能力都见长，即免受习惯性反应约束的能力、对变化保持开放态度、能够接受新事物和欢迎未来的不确定性等。在对带领人的访谈中，发现他们的自我心理调适能力都较强，形体舞带领人刘阿姨从生活起伏中寻找退休后组团学习的充实和完善；老年终身学习推进员带领人景伯伯虽然眼睛不好，仍然持续组织和参与读书沙龙、推进虚拟网上团队的信息沟通与交流；编织团队带领人张阿姨既要照顾公婆又要给儿子媳妇做饭，仍然能抽空组建团队，并耐心传授编织经验；老年男声合唱团黄伯伯经常寄情山水、歌唱岁月美好……心理调适对于带领人阻抗衰老，合理支配自我时间和资源有裨益。表9-3（加速和延缓衰老的因素）虽然不能穷尽所有加速或延缓衰老的因素，但规律学习与生活和从事积极休闲的活动,充实业余时间等关键因素与对带领人的访谈和分析呈现的结论相契合;相反,心情抑郁,发脾气及无法掌控自我和他人等都会加速衰老。延缓衰老的背后就是角色认同,作为带领人因自身承担"工作"的使命与责任,更加延缓衰老,促成可持续的角色社会化成长。

表9-3 加速和延缓衰老的因素

加速衰老的因素	延缓衰老的因素
忧郁成疾	与人长处关系中的幸福
自控与他控力较差	个人满足
生活无序	生活学习节律性强
爱抱怨,性情难处	生活愉悦,悦纳自我及他人
个人财务危机	个人经济稳定有保障

(三) 带领人关注团队学习不平衡性

所有老年学习团队带领人都在访谈中认为团队成员学习能力、学习速度、接受程度不同步,使得老年团队学习更加个性鲜明。譬如形体舞带领人刘阿姨在老年团队学习中融入了心灵舞者的"舞德"熏陶意识;编织团队带领人张阿姨强调平等待人;瓷刻带领人陈伯伯注重传承文化、保护非物质文化遗产;终身学习景伯伯的团队学习理念是沿着线上线下两条线同步开展老年学习活动;山水画带领人王阿姨认为团队成员要取长补短、和谐发展;老年男声合唱团带领人黄伯伯则认为合唱本身就是集体和谐精神的塑造。除了终身学习推进员老年学习团队带领人景伯伯和老年男声合唱团带领人黄伯伯认为团队内驱力和外部资源支持、条件保障需并进,其余老年学习团队带领人都认为团队成员水平参差不齐,教和学的尺度不等是困扰团队可持续发展的通病。老年学习团队中广泛存在学员学习水平不等,难以施行同步教与学的现实，带领人若处理矛盾不畅，会大大折损部分老年人参与老年团队学习的积极性。老年学习团队带领人的人格魅力、团队管理风格以及成员之间的情感凝聚力成为促成团队发展的重要因素，而带领人在处理矛盾与挑战中，强化了解决复杂问题的能力，与老年学习团队成员相较，深化了带领人角色认同的强度。这是"工作"因素助推带领人实现角色认同的要义。

（四）带领人领导角色侧重不同

情感导向—业绩导向是不同老年学习团队带领人领导和管理团队的不同方向。尽管带领人在访谈中都提到老年人参与团队学习要注重情感协调，但也提到较难把握与平衡团员学习效果与情感凝聚的矛盾。例如：形体舞和编织老年学习团队的带领人虽然对团员很有耐心，但对老年人"前学后忘"的特点只能不厌其烦地指导……对于瓷刻团队带领人陈伯伯来说，就更看重团员的匠心精神和瓷刻艺术操守；老年男声合唱团黄伯伯也因为团队存续发展需要更多资源而倚重合唱队的参赛成绩；老年终身学习推进员带领人景伯伯也看重团队成员的工作业绩……然而，若太关注老年人的学习效果，会造成团队带领人与团队成员及成员之间的不和睦，可见业绩—感情是一对互斥的因素，这对带领人自组织和管理团队的水平提出了挑战。带领人须通过组织管理经验和人生阅历，权衡关系，发挥管理智慧。带领人处理适当，则从微观角度也印证了实现角色认同应具备的情绪和效能控制指标。

此外，团队带领人不同的生活经历造就了对学习和生活的不同感悟，这是个性和特异化的因素。但由于带领人年龄相仿，放于同一时间维度考察，发现同样时代背景下，不同人的观点和感受不同；不同空间场域下，每位带领人又有不同的选择和立场。比如：瓷刻带领人陈伯伯深刻感悟到瓷刻学习本身就是生活的意义，所以他是用纯粹的"匠心"在潜心研习，由此的学习生活启示是技艺的提升和生活智慧的凝结，瓷刻带领人陈伯伯的自我角色是通过与团队成员的语言符号互动体现出来的,印象最突出的他对老年学习团队某些成员售卖瓷刻作品的商业行为较为反感和厌恶,他不惜与瓷刻团队成员造成感情裂痕也要表达和体现对艺人艺品的精神追求……终身学习推进员老年学习团队,主要以网上网下活动为主,包括读书+文艺+志愿服务等,其中线上交流是线下活动的基础,从而引发团队成员学习、思考和分享。带领人在组建团队学习进程中关注团队情感或业绩的角度与侧重各异,据此列出图 9-3(带领人领导力异同与角色认同)。

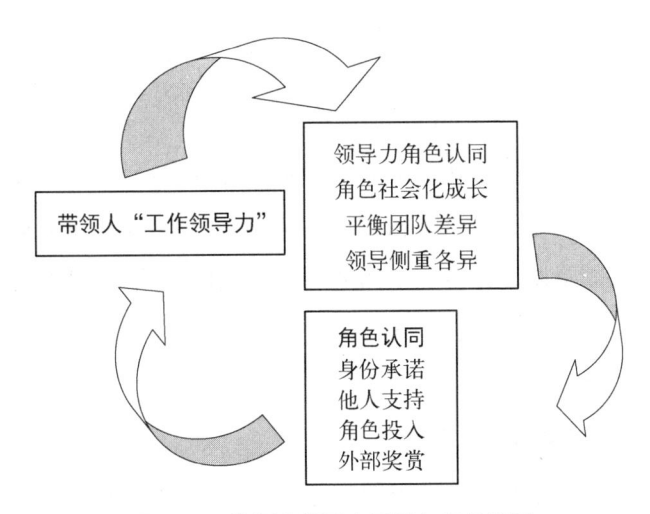

图 9-3 带领人领导力异同与角色认同

二、带领人领导力管理风格分析

管理风格(management style)是管理者受其组织文化及管理哲学影响所表现出来的行为模式,一般认为,管理风格因团队带领人的个性不同而各异。在被访谈的带领人中,笔者发现他们因对自身学习和团队学习的重视而在管理团队中有共性,同时亦因不同的学习内容、不同个性会呈现不同的管理风格。

（一）具有共通的角色认同风格

共通的角色认同风格具体体现在带领人组建团队学习所发挥的功能。美国学者莱克奇对社区团队负责人在社区团队中发挥的功能进行了研究，认为系统完整的领导功能包括：(1) 对团队各项活动进行组织协调；(2) 制订出适合团队需求发展的规划与举措；(3) 为实现团队发展目标而集中的方法手段；(4) 为保证团队可持续发展成为团队外联者、精神支柱、模范者等。[①]

在借鉴上述莱克奇的社区团队负责人发挥的功能，并根据笔者对带领人的访谈和观察，发现带领人在管理中共通之处有如下几点：

1. 协调团队成员关系，注重情感交流

带领人在管理团队中达成的共识：通过自身沟通和协调，维系团队成员内部关系。对于老年学习团队这样的非正式组织，实际上要强制执行明文规定的显性规章制度并不利于团队和谐氛围的生成，平衡与延展团队成员的学习兴趣则显得更为必要，因此，促成团队成员平等对话交流是带领人必须学习和秉持的管理共性。

2. 乐于奉献，具有志愿精神

带领人从某种意义上说承担的是志愿者角色，因为负责组建老年学习团队，进行组织教学活动，争取政策支持和人脉资源都是出于带领人的无私奉献，当然他们也是乐在其中，这与团队带领人的阅历修为有关，也关涉他们的心态和志愿精神。他们花费了大量时间、精力、物力、财力等为老年学习者提供无偿援助，是志愿服务行为，且任劳任怨，不图回报，力使社区和老年人直接受益。[②] 志愿精神中最重要的是奉献，恭敬地交付、呈现，奉献精神是高尚的，是志愿服务精神的精髓。[③]

[①] 转引自崔丽娟、才源源：《社会心理学》，华东师范大学出版社2008年版，第236页。
[②] 唐忠新：《迈向和谐社会的社区服务》，中国社会出版社2005年版，第186—187页。
[③] 《中华现代汉语词典》，中国大百科全书出版社2007年版，第249页。

3. 上情下达，成为沟通桥梁

带领人身负组建团队学习的"工作"任务，因此会对团队活动场地、活动主题等进行统筹规划，团队带领人经常在团队管理方与团队成员之间进行上情下达，发挥沟通、协调、指挥、控制等功能，架设了老年学习团队通向与往返外界各个利益相关方之间的桥梁。

4. 技艺见长，成长为老年教育者

带领人往往是因为个人爱好及自我学习兴趣浓厚来组建团队，他们在老年学习团队中都是学习的中坚力量，虽然在有些老年学习团队中体现不明显，但根据笔者研究观察，老年学习团队带领人普遍具有很强的学习力，再加上自身谦恭，从而从边缘走向中心是一个逐渐成长为团队带领人，承担老年教育者、团队管理者、志愿服务者的角色认同过程。

5. 处事见强，形成智慧积淀

为人处事能力是带领人的关键质素之一，他们往往能敏锐感受到成员人际关系的不妥之处，随即进行积极干预和协调，从团队团结和整体发展着眼，尽量以团队和谐为主，保证团队内生发展无碍，在此过程中则酝酿、沉淀、生成了智慧，它外显于为人处事、对待得失的超然态度，内修于涵泳道德、润泽文明的内心平静。

(二) 带领人角色认同的管理风格各异

1. 强技艺专业特色型的带领人角色认同风格

被访谈的瓷刻带领人陈伯伯在管理团队时注重技艺，强调瓷刻专长特色。他由于个人爱好瓷刻，时间跨度和延展长达四十年之久，后又被工艺美院发掘任教，身为瓷刻传承人，因此在组织瓷刻老年学习团队活动的过程中经常强调学习精湛技艺的态度，要求成员有持之以恒的精进水平。带领人陈伯伯非常看重瓷刻艺术的匠人精神，视其为纯粹艺术，对团队中某些老年人学习瓷刻只图商业赚钱的物质利益行径非常不认同，这类专业特色型的团队带领人在管理老年学习团队过程中的优势在于自我专业扎实，艺高德馨,但往往也会因为倚重专业学习而轻视或忽略老年人参与瓷刻学习的多样化情感需求,笔者认为应该对强技艺的专业特色型团队带领人进行方向引领,使其通过造就培养更多瓷刻爱好者再扩展到社区、老年学习机构或团队等方式,更大程度上发挥其专业优势的辐射力。

2. 强兴趣共同爱好型的带领人角色认同风格

兴趣是最好的老师,被访谈的形体舞带领人刘阿姨、编织团队带领人张阿姨、山水画带领人王阿姨都以共同志趣爱好为动力源头,组织老年学习团队活动,因而她们无论在带领团队学习、处理成员内部矛盾还是服务团员方面都比较看重团员之间的情感凝聚,说明老年学习团队很大程度上是因志趣爱好而组成的共同体,尽享积极休闲的学习文化氛围。强兴趣的老年学习团队在现实中占很大比例,这符合老年人参与学习以内驱力为主的特征,也是老年人参加团队学习的主要动力。正如诺尔斯所言,自我导向学习是老年人自如习惯的良好学习方式,即在他人支持帮助或无人协助下,根据个人爱好主动诊断自我学习需求,施行适当的学习方法,并评价学习成果进行学习反馈。笔者认为,对强兴趣的老年学习团队应给予扶持和有效管理,从而保证老年学习团队成员的学习可持续性,不单单是以个人和团队兴趣的随意性情感而导致团队可能存在过于松散的潜在危机。

3. 强运营重视制度安排型的角色认同风格

笔者在访谈中发现,终身学习推进员老年学习团队带领人景伯伯和老年男声合唱团黄伯伯都在团队管理中非常重视相关组织与管理机构的政策支持、经费给予等。虽然两个团队带领人的出发动机不同,其中景伯伯的老年终身学习推进员团队学习活动因与街道行政组织的学习型社区创建的工作完全吻合,自然地把街道行政工作事务纳入老年终身学习团队可持续发展、运营与项目管理中;而黄伯伯因团队成员都属于社会招募而来,团队运作完全依仗相关社区组织机构提供软硬件设备设施,如场地、团队指挥和钢琴伴奏、演出经费支持等,也有必要关注团队管理机构的工作任务。这些老年学习团队带领人深知只有促成团队绩效才能争取到管理机构的政策和经费支持……笔者认为,强运营的重视制度安排型的老年学习团队主动与团队管理的相关机构建立联结,因此管理方要合理进行资源配置,尽量不打消老年学习团队希图进一步发展的积极性,同时也要制定相应规则进行过滤,通过必要的业绩考核对团队进行优胜劣汰,做到既为团队提供一定的支持,又要根据团队的具体发展情况进行投资或减持,从而激发老年学习团队自组织和自运营的发展活力。

三、带领人团队管理力分析

美国心理学家克瑞奇(D. Krech)等人认为,士气高涨的社区团队成员应主动团结协作,凝聚力之强来自团队内在,而非外界压力,带领人受到成员发自内心的拥戴。① 笔者在选用老年学习团队进行研究时对 16 支团队考察和甄别,最终选择了其中 6 支进行重点访谈和观察,无一例外发现,被访谈的老年学习团队成员之间的凝聚力较强,拥护团队带领人,接着以带领人为主要研究对象来考察团队,也发现他们都对团队成员满腔热情,无私奉献,从而也印证了老年学习团队得以发展,带领人是关键的质朴道理。

(一) 不同发展阶段的团队考验带领人的质素

管理力即本书所指的团队带领人具有管控团队、运营团队发展的能力,包括管理动机、管理水平、管理动力、管理支持、管理可持续性等。以下我们从团队发展的维度分析老年学习团队带领人所具备的管理力。

形成期,老年学习团队发展的第一个阶段,该阶段的团队没有真正形成内聚力,成员之间维持着生分的客气与礼节,但彼此之间还较为陌生,处于疏离与亲密关系的过渡阶段。② 在访谈带领人和部分团员时,笔者发现老年学习团队都是经历过一定波折,譬如老年男声合唱团从指挥离开数次,团队

---

① 转引自姚裕群主编:《团队建设与管理》,首都经济贸易大学出版社 2006 年版,第 44 页。
② [英]艾莉森·哈丁厄姆:《团队合作》,周光凡译,上海人民出版社 2006 年版,第 8 页。

成员经历考核被淘汰到再组合,老年男声合唱团黄伯伯个人也曾经遭受过被淘汰的打击,数位团员的学习自信心备受挫折……后面请黄伯伯重新回归合唱团,在他的努力联络和积极行动后,合唱团形成初步规模,成员对黄伯伯所做的一切予以尊重,包括称黄伯伯为"黄老师"。在随后参加演出前虽有争执,但在黄伯伯的斡旋下也能相互理解,相互尊重,最终还是较为圆满地完成了合唱表演……凡此种种都说明老年男声合唱团还属于初创形成期,也正由于此,黄伯伯非常关心团队日后的发展,总是希望有更多的资源配给和人脉供给,也更为重视标志老年男声合唱团业绩的对外竞赛,以此成为壮大团队可持续发展的凭据,赢得团队管理方的青睐和支持。由此,团队形成期,带领人应具备调动资源支持,密切团队成员关系的能力。

动荡期,属于团队成员情绪比较紧绷和无序状态,该阶段有的老年学习团队成员开始认可自己所在的团队,有的团队成员可能退出团队。因此,这一阶段关乎团队的存亡。① 老年学习团队发展的动荡期也是团队发展过程中的不稳定时期,此时团队成员关系会因为某些矛盾或突出事件出现裂痕,对于老年人而言很容易触动或动摇他们参与学习的信心和热情。编织老年学习团队就曾经历过动荡期,当时带领人张阿姨还主动让贤,但推出的团队带领人却不尽如人意,并非能尽职尽责,无意诚恳地帮助老年团员学习编织技术,虽然此人自身脑子活络,悟性好,但是单纯编织技术好并不能胜任团队带领人的工作,缘于她个人私心较重,对于向她请教的老年团员要么前设买她(经营商店)毛线的条件,要么就留一手担心其他老年团员学艺后跟她竞争,而且还教学极无耐心,对待接受反映能力较慢的老年成员态度恶劣……令编织老年学习团队成员深感学习无趣,出现陆续不再参加活动慢慢流失的惨淡景象,这让张阿姨尤为痛心,于是张阿姨主动出面和各方沟通交流,提出自己担任团队带领人,原来流失的编织团队成员又逐渐聚集,才

---

① [美]约翰·伊万切维奇等:《组织行为与管理》,邵冲等译,机械工业出版社 2006 年版,第 264 页。

恢复了往日亲切和谐的老年学习团队氛围。由此说明在团队动荡期,带领人应具备和谐人际关系,倾力服务团队成员的能力。

成熟期,老年学习团队活动开展有序,成员之间因为共同度过动荡期而产生团队归属感,团队氛围呈现出平等友好、团结协作的良好局面,成员普遍自信并关心团队存续与发展,团队凝聚人心,成员之间关系亲密友爱。[①] 成熟期标志着老年学习团队经历了前期的形成与动荡期后,随着成员关系的磨合,带领人的持续影响力在团队中开始潜移默化,团队成员在相当程度上认为老年学习团队是自己的心灵家园,期盼学习活动的心态自然生发,同时团队成员在学习活动内外结成友谊,学习内驱力增强。形体舞、山水画、终身学习推进员等老年学习团队都已经步入团队成熟期的正轨,这个时期的带领人还是应具备协调内部成员关系,沟通内外,上情下达,圆融贯通的能力。

在老年学习团队运作发展过程中,我们希冀尽量延展团队的成熟成长期,带领人通过组建团队学习助推了其角色认同,并带领老年学习团队持续发展,从而具有一定的社会吸引力,不断吸纳更多有志于参与学习的老年人尽量降低和避免次级老化,增强社会角色的适应力,于己于社会而言皆是共赢互利。

(二) 不同类型的老年学习团队考验带领人质素

老年学习团队发展进程中不但有阶段之分,还有类型之别,以上海市老年学习团队中心划分标准为据,其依循的是"草根""自为"到"收编""组织"的不同形态。2012—2015 年,上海市一般团队和优秀团队达到 6 000 个,2016—2020 年达到万个,涉及的种类也较为丰富,其中体育类 20.34%;舞蹈类 14.35%;保健类 13.09%;唱歌与音乐类 12.51%;戏曲 9.41%;时政类 8.4%;电脑类 0.96%。[②] 主要类型有草根型,即在居民小区或居民教学点中

---

① [美]约翰·伊万切维奇等:《组织行为与管理》,邵冲等译,机械工业出版社 2006 年版,第 265 页。
② 上海市老年学习团队指导中心资料和数据(2017 年内部资料)。

由居民自发组织的"学习圈"(小组)之类的组织,特征是凭居民兴趣爱好且以自娱自乐为主;团队起步型:团队开始获得活动场地、器材或资金支持,被街道文化中心或社区学校及村居委学习点推荐,列入培育学习团队的计划;一般型学习团队:经过机构组织培育,把具备章程、活动计划、活动场地、活动规范的社区学习团队进行审核,通过者被认证为一般型学习团队;优秀型学习团队:条件成熟,综合能力强并取得重要学习成果的团队,经申报审核被列为优秀型学习团队;特色型学习团队:是以"工作室"形式发挥优质社区教育资源作用,又是优秀辐射型团队。由此,按照上海市老年学习团队管理中心的分法,老年学习团队有5种类型,分别是草根型、起步型、一般型、优秀型、特色型。在本研究中,除了草根型老年学习团队,其他四种类型都在研究对象之列。之所以过滤了草根型,是因为此类型基本处于"散养"状态,难以观察与捕捉,而针对另外四种类型都在研究之列,这也是依据上海市老年学习团队中心的分类依据而进行的遴选。

其中被访谈的瓷刻老年学习团队属于优秀+特色型团队,形体舞、终身学习推进员、编织、山水画4个老年学习团队基本属于一般型团队,男声老年合唱队属于起步型,但从笔者访谈的综合情况来言,从团队带领人的责任认识、自我和角色认同方面,不是完全根据上海市老年学习团队评介标准而定,缘为官方组织的标准定位在硬件设施、制度规则方面,而笔者主要从个体微观角度考察带领人的角色认同建构情况。

1. 起步(草根)—组织(一般、优秀、特色)

瓷刻老年学习团队之所以成为优秀和特色型团队,主要跟瓷刻技艺属于非物质文化遗产的特质相关,上海市老年学习团队中心考核的优秀团队须具备各方面条件,比如设施齐备、场所规模、学习成果明显等,笔者在访谈瓷刻带领人陈伯伯的时候,他对团队参展作品进行过详细介绍:"我们在世博会期间,团队亮相于世博园内的公众参与馆——'秀·空间'舞台,展演了13场,共接待观众十余万人,被评为'世博会公众参与馆优秀展演团队',在街道等关心支持下,我们瓷刻技术被列为区非物质文化遗产项目名录,市非物质文化遗产代表性项目扩展名录,我们团队也在周边四所学校开设瓷刻课程,培育'小小瓷刻传承人'"。①

另外,瓷刻团队还是特色型学习团队,这主要得益于瓷刻带领人陈伯伯在瓷刻领域的不懈躬耕,殊荣不断。由于陈伯伯精湛的瓷刻技艺,在他的引领下,开设了"工作室"形式的老年学习团队,因此他对老年团队成员技艺学习要求颇高。形体舞、终身学习推进员、山水画、编织团队是一般型老年学习团队,这是从活动场所、设施水平、学习成果展示方面进行的区分,老年男声合唱队则是起步阶段的老年学习团队,它的成立一波三折,正如黄伯伯所言:"合唱团人手不足,很多成员都流失了,他们让我来一方面是充实力量,另一方面是让我再把以前团队成员凝聚起来。"②包括黄伯伯自己也是曾经因落选合唱团而成为的流失者之一,但当他承担团队带领人工作时,就非常关注团队的物质保障和资源补给:"我也在动员身边资源,物色更多的指挥和钢伴来支持我们合唱团。只要能调动一切可能保住老年男声合唱团……"③

2. 各异性质的老年学习团队对带领人质素要求不同

老年学习团队是非正式组织,一般而言,社会角色似乎都是与正式组织相对应,然而事实上,社会角色是组织成员在组织中的基本定位,只要组织存在,就会有不同社会角色的定位,笔者是从广义上去考量社会角色,作为带领人,是引领老年学习团队成员参与终身学习的领头羊,通过对6位老年学习团队带领人工作、学习、生活故事的访谈,从中透析了其在团队中的社会角色定位,而以团队成员为参考点,以团队组织为参考域更进一步印证了学习团队带领人在团队中的角色认同。

---

① 【D-CHEN-201901008】:瓷刻老年学习团队带领人陈伯伯的观察日志资料。
② 【T-HUANG-201900628】:老年男声合唱团带领人黄伯伯的谈话记录。
③ 【D-HUANG-201900720】:老年男声合唱团带领人黄伯伯的谈话记录。

无论是起步阶段还是处于成长成熟的优秀特色型老年学习团队，带领人在团队中演绎的角色皆体现为责任担当。社会角色必须符合社会期望，而责任和义务首当其冲。对于社会正式组织而言，社会角色是与其对组织发挥的功能及承担的责任对等，同理，带领人的社会角色定位也不是其个人的自诩，必将以团队集体利益为重才能在老年学习团队中得到角色身份的认可。带领人不同于其他社会组织的角色定位之处在于带领人自行组建团队，往往带领人角色定位不仅以其学有所成为唯一衡量尺度，还包括组织教学、团队管理、服务奉献、智慧处事、勇于承担团队责任等维度。

起步阶段的团队带领人更凸显解决问题的能力。老年学习是老年人的自发行为，引用中国台湾地区相关部门对老年学习团队的定义，我们会发现中国台湾地区的教育机构非常强调老年学习团队的自主学习特性，包括依老年人自我需求的自我规范与运作、团体成员理念与行为一致、具有强劲的凝聚力、愿担负责任、拥有相互支持和关怀网络、彼此共享学习情境与问题、共同发展解决问题的对策等。

在我们所访谈的老年学习团队中，终身学习推进员老年学习团队和老年男声合唱团都非常注重团队可持续发展，从带领人个体、组织管理团队学习的"工作"因素来考察两位带领人，就会发现他们与其他团队带领人不同。终身学习推进员老年学习团队带领人景伯伯是授命于街道社区学校，虽然他也是自组织团队的负责人，但也兼有"行政使命"，即使不是正式组织的负责人，不至于有行政任务和指标的压力，但景伯伯仍然希望能得到街道推进终身学习工作的行政重视与政策支持，因此他对团队创优业绩较为倚重。在访谈中，景伯伯不止一次强调团队应被领导重视，给予经费支持，加强对团队成员的管理……景伯伯活跃的团队微信工作群俨然成为街道社区教育文化行政工作的日常延伸，由此可以诠释景伯伯注重自我"政治形象"的理由，再从他负责的线下读书沙龙中的主题如"中国梦""追忆入党第一天"等都与老年终身学习推进员团队的行政使命、居民基层社区治理等宗旨息息相关。我们通过对景伯伯的观察、访谈以及和其他带领人的对比,发现他作为带领人是有些许"官方"意味,老年终身学习推进员团队履行了社区基层治理的职责,对社区基层民主意识培养,激发社区居民治理权益等具有助力作用。景伯伯对自身和团队的学习也是倾注满腔热忱,是实现继续社会化角色认同,强社会参与的重要途径。在访谈景伯伯时,他提到解决团队活动经费问题的方法:"我们团队学习活动可以仿效居委会的项目管理,申报项目,批复后获得经费支持……终身学习推进员有上百名,带动的就是千千万万的老百姓参与学习。"[1]

老年男声合唱团的黄伯伯在访谈中多次主动谈及对团队规模、指挥匮乏、资金缺少等的忧虑,但同时也对自身和成员进行团队学习提出要求……老年男声合唱团不同于其他老年学习团队,它的团员主要靠社会招募而来,而其他老年学习团队与老年大学、社区学校、街、镇文化馆(中心)等都有着一定的联系,所以是相对具有"依仗"的老年学习团队,而老年男声合唱团却略显"孤立无援",正是这种现实问题考量着团队发展,也使得黄伯伯对合唱团的学习活动可持续性、指挥与钢伴的聘请、团队外援等有着迫切的解决意向,在访谈中发现黄伯伯平时注意累积人脉和资源,希望提升管理能力。这是不同于合唱训练的显性学习,而是交织在带领人组织学习活动,促动团队成长的内隐知识的学习。管理和健全老年学习团队所需要的并非仅限于显性的知识技能,还包括在带领人不断解决问题、开拓组织的过程中创造生成的隐形管理能力、组织教学力、志愿服务力等。

老年男声合唱团属于起步型团队,因此黄伯伯在访谈中反复提出管理方应予以财物保障,高度重视合唱团出外比赛成绩等,这些都是出于延续团队发展的动机。同样,老年终身学习推进员团队虽然有一定的组织后援,但

---

[1] 【T-JING-201900711】:终身学习推进员老年学习团队带领人景伯伯的谈话记录。

是团队有受命组织任务的导向,故而也注重团队可持续发展和上级行政组织的首肯。其余三支(形体舞、编织、山水画)老年学习团队都属于一般型老年学习团队,但其成立较久,团员集中,正在步入成长成熟期,初具未来优秀老年学习团队的雏形;瓷刻老年学习团队因应带领人是非遗传承人,技艺见长,故而脱颖而出,成为相关组织机构着力打造的特色和优秀型团队。相对起步型老年学习团队,其他有组织依靠的团队带领人更关注团队成员内部的学习,对团队外援支持和发展的关心相对弱化,但这会导致各个团队带领人的个体角色社会化认同的深度和广度不同。起步和任务导向型的团队带领人景伯伯和黄伯伯,其社会参与意识更强烈,角色社会化程度更深,更需要应用他们退休前积累的管理经验。由此,列出图9-4(老年学习团队性质异同与角色认同)。通过跨个例分析,强技艺的老年学习团队,如瓷刻老年学习团队注重认知归属,带领人着眼艺术造诣的角色认同模式;强情感的老年学习团队,如编织老年学习团队注重志趣爱好的情感认同,带领人更为看重营造和谐的团队氛围;强运营的老年学习团队注重团队业绩,以此争取更多外界资源供给,看重业界口碑,对团队形成积极评价。内外奖赏则渗透弥散于不同类型带领人角色认同的特质中。

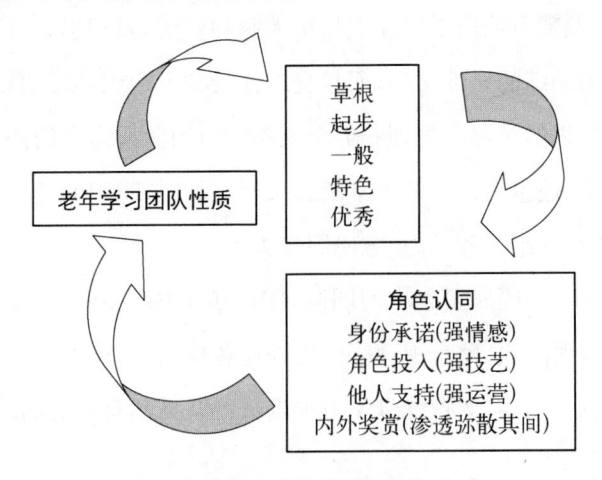

图9-4 老年学习团队性质异同与角色认同

第三节　带领人角色互动

　　带领人的家庭生活角色更为和谐。带领人在组织老年学习团队活动时体现了与其带领人身份相一致的角色定位,那么是否会把这种社交能力迁移到家庭生活中呢? 退休后老年人家庭夫妻关系也在近年来提上日程。据统计,中国老年人离婚率较10年前有一定比例提升,数据背后的现实就是伴随老年夫妻逐渐进入退休阶段,子女成家立业之后,老年人的精神生活相对空虚,再加上老年夫妻由于上半场都忙于工作与子女,在下半场如果再不关注自身精神需求,长期累积的琐碎矛盾容易导致夫妻关系紧张,"互相看不顺眼"。我们在访谈记录中,在转录中,在团队活动现场,在带领人家庭中,都发现他们在与老伴相处、处理代际关系、与社区交汇方面都具有明智、亲和与合作等特征。

　　　　人是不会衰老的。
　　　　只有当他们停止成长时,才会变老。
　　　　　　　　　　　　——《不老的身心》①

一、夫妻关系更趋于和睦

　　谈及家人对带领人个体学习和组织开展学习活动的作用和影响时,大多数被访谈对象都有家人支持参与学习的言辞,而且在形体舞带领人刘阿姨看来,由于自己和老伴对舞蹈学习有共同的兴趣爱好,两人琴瑟相和,且加深了夫妻感情。刘阿姨说:"我和老公都喜欢舞蹈,我们一起编舞,一起排练,又是合作者又是夫妻,经过我们编舞又表演的双人舞多次获奖……"②"我女儿(前

---

① [美]狄巴克·齐布拉:《不老的身心》,崔京瑞译,中国工人出版社,2007年版,第128页。
② 【D-LIU-201901025】:形体舞老年学习团队带领人刘阿姨的观察记录。

夫之女)也说'妈妈,你真是找到了自己的幸福'……"①"我感恩现在的生活,是学习让我有这样的福命,我什么都想学,钢琴,合唱,读书……我觉得退休后老年阶段是我最开心的辰光(上海话'时光'),圆了我的梦想,每天都觉得生活美好!"②当问及组织形体舞老年团队活动时,刘阿姨说:"我喜欢和姐妹们在一起学习舞蹈,我领她们跳,让她们放松身心,专注练功和体会舞蹈动作,她们都很用心,虽然接受能力有快慢,但看到大家都有进步,跳我们自编的舞蹈获奖时,我们都很高兴。"③看到刘阿姨此时脸上洋溢的分明是年轻人特有的天真笑容,这也是我在访谈中总忘记她年龄的缘故,因为她热情、开朗,在自我学习和组织老年团队学习时都保持开放可亲的态度,喜欢鼓励他人。我问刘阿姨自认为心理年龄是多少,她虽然没有直接说出来,但她说跳舞的时候她让自己和老年团员们都忘记年龄,就当自己是孩童……我们能感受到刘阿姨的暂时性"无龄感"。只要人有主动建设的积极意识,他就在很大程度上掌握了永葆青春的秘诀。形体舞带领人刘阿姨充实而丰富多彩的老年学习生活让她更体会到超越年龄的精神富足,同时经历积淀也为她开展形体舞老年学习活动,促进团队成员人际关系和睦,与老伴志同道合编舞表演种下了为人处世得力的智慧种子,亲善的社交关系又使得刘阿姨持续学习和开展学习团队活动。所以意识是改变老龄化进程的能量,刘阿姨由于对自己学习倾注了很大的热情,这种积极主动学习进取的意识总是能够产生新的精神冲动,并由此产生新的生物信息,保留这种创造潜力是不老化的标志;放弃这一潜力并取而代之以习惯、风俗、僵化观念以及过时行为则是真正老化的开始。

编织团队带领人张阿姨也是通过组织老年学习活动,深刻感受到社交对老年人精神生活质量提升的意义,她说:"我觉得组建编织老年学习团

---

① 【D-LIU-201901018】:形体舞老年学习团队带领人刘阿姨的观察记录。
② 【D-LIU-201901025】:形体舞老年学习团队带领人刘阿姨的观察记录。
③ 【D-LIU-201901013】:形体舞老年学习团队带领人刘阿姨的观察记录。

队,结交了很多好姐妹好朋友,我们一起编织,一起聊天,一起出去游玩,一起去唱歌"……"我以前不是很外向的人,但是和姐妹们学习后,我很喜欢交朋友,平时有很多朋友圈子,大家都找我聚会,我都要凑时间""人最主要的就是要自我调节,参加学习结识很多朋友就是好的调适方法。"[1]张阿姨认为组建编织老年学习团队让她退休后生活因社交频繁更加有意义,改变了她原来相对孤僻的性格。可能是由于退休前在医院从事紧张的护士长工作使得她被动与人交往,但退休后自主自愿组建和参加老年团队学习,使得她才开始真正喜欢与人交往,所以她对老年学习团队工作与生活津津乐道。瓷刻团队带领人陈伯伯说:"我喜欢瓷刻,老伴喜欢旅游,我们互不影响,否则整日在家里大眼瞪小眼,互相挑毛病吗?那不是自己找事情吗?"[2]"相看两不厌"对于已经生活在一起四五十年的老年夫妻来言或许是一重境界,但真正要做到和谐的夫妻关系,还需要人生智慧,瓷刻带领人陈伯伯就洞察于此,认为老年夫妻应培养各自的爱好,从而给对方相对自由的工作学习生活空间,这样既润滑彼此关系,又平添生活乐趣。另外的几位团队带领人在配偶支持个人参与老年学习方面都无意见,但都表达了组建团队学习使得自己与伴侣的关系更为融洽,更加能实现个人成就感。如山水画带领人王阿姨说:"每当我画完画,老伴都会帮我挂起来,有时会点评我画的好在哪儿,他退休前是大学教授,我听了他的夸赞,心里其实很受用……"[3]

由此观之,老年人自我发展的潜能仍然有空间,并非"晚年凄凉",老年人通过参加团队学习而引发的意义观点变革,即发生了转化学习(transformative learning),受诸多地域文化对老年人形成老不中用等刻板印象的消极影响,人们就会固化这种自我的意义观点。为推迟老化,改变意识是关键,从而减少客观上因老年身体机能耗损带来的老化意识。因为痛苦和绝望会提高心

---

[1] 【D-ZHANG-201901023】:编织老年学习团队带领人张阿姨的观察记录。
[2] 【D-CHEN-201901008】:瓷刻老年学习团队带领人陈伯伯的观察记录。
[3] 【D-WANG-201901011】:山水画老年学习团队带领人王阿姨的观察记录。

脏病突发与癌症的发病率,从而缩短人的寿命,愉悦感和成就感则有助于维持健康,延年益寿。这也就意味着生物学和心理学之间的年龄界限难以明确划分。带领人通过个体学习和组建团队学习构建角色认同能够使自己心情愉悦并产生一定的个人成就感,他们愉悦的心情又对夫妻关系是一种润泽,两相作用,相得益彰。

二、代际关系更趋于互补

带领人的生活还包括与子女的交流和相处,由于大多数老年人在70岁左右,子女会因为长大成人、成家立业相对独立,即使住在一起,也不会像青少年时候那样与父母"亲密无间",所以我们在访谈时会涉及子女对带领人角色认同的态度问题,发现由于老年人参与学习始终保持与外界社会的联接,因此和子女相处比较平等民主,而且能较快理解和接受子女的生活方式,就是我们通常说的"想得开",而且能够在两代人之间架设交流沟通的桥梁。比如山水画带领人王阿姨就说:"我女儿很喜欢我的绘画作品,她人远在日本,只要回来看我就要给我裱画,还要带到日本,她说好多日本人都难以置信是她妈妈画的,她对我的画总是称赞。""女儿说我的生活是诗情画意的,山水画是中国国粹,她鼓励我多去游览名山大川,画更多更好的画。""只要我有展览,她都让我拍成视频或照片发给她,她就在自己朋友圈里说'这是我妈妈的画'。"[①]显然,王阿姨的女儿对母亲学习山水画是感佩与支持态度,山水画俨然成为彼此联结的重要渠道,女儿因为母亲的老年学习发展的退休精神而感动,母亲因为女儿的激励而再接再厉,这使得成年后的子女与老年的父母之间的理解沟通更为顺畅,交流更为亲切。子女对亲情的领悟也上升到知老人所好,爱老人所爱!

瓷刻带领人陈伯伯更是因为自己喜欢瓷刻深刻影响到了儿子,至今还

---

① 【D-WANG-201901011】:山水画老年学习团队带领人王阿姨的观察记录。

保留着儿子孩提时期的瓷刻作品,而且儿子也学习美术,还因此而创业。陈伯伯儿子创业是动漫设计,由于家庭熏陶,深受父亲喜爱瓷刻艺术的感染,也从事艺术品电脑设计,陈伯伯准备和儿子一起合作,他说:"我不大懂电脑设计,但我儿子懂,他又是学美术的,他自己也会瓷刻,我们一起合作可以把瓷刻艺术更加发扬光大。"①"他现在自我创业,开着两个店,生意不错,我看到他发展很好也开心,""我们在瓷刻方面有共同语言,我也要向年轻人学习,像电脑设计图样,或者拍摄瓷刻作品在电脑上进行设计都不错。"②如果说父子之间是因为有同样的艺术兴趣爱好而进行交流合作,这是对亲情关系的情感升华。志同道合,子承父业则会令父子之间除了亲情还有知己的感受,老年人坚持学习,从自身而言,由于自我创造性的发挥能够增强脑内多巴胺的分泌,从而增强神经介质的联接,更有延缓衰老的可能。从家庭亲子关系而言,父子之间受到传统文化影响经常会表现得比较严肃、隐忍,所谓父爱如山,然而在相同志趣或者互相崇拜的亲子关系面前,我们会发现彼此之间联系更加紧密。再比如在形体舞带领人刘阿姨看来:"我女儿还有儿子(现任丈夫之子)都经常问我什么时候表演,什么时候电视台采访,在哪个台哪个时间播放,他们会让亲朋好友去看,也会在我的朋友圈里经常点赞!"③这就是带领人坚持学习的精神战利品。这润滑了亲子关系,增强了自我肯定意识和个人成就感,使得老年学习团队带领人的生活充满人生智慧。

  代际关系还表现在带领人与孙辈的关系,正是因为老年人积极的学习意识,使得他们的实际年龄与生物年龄和心理年龄都相差较大。事实上衡量一个人是否衰老的指标很复杂,一般而言,人有三种年龄,即实际年龄(根据日历推算的年龄)、生物年龄(根据生命指标和细胞程序得出的身体年龄)、心理年龄(所感觉到的自己年龄)。实际年龄是固定的但是最不可靠,一个60岁的人可能像30岁时一样健康,生物年龄是时间对器官和肌肉组

---

①② 【D-CHEN-201900927】:瓷刻老年学习团队带领人陈伯伯的观察记录。
③ 【D-LIU-201901025】:形体舞老年学习团队带领人刘阿姨的观察记录。

织的影响,但时间不会对身体产生完全一致的影响,身体的年龄变化确切地反映出独特的生活经历;生物年龄作为衡量工具具有局限性,因为从纯粹生物学角度考虑,衰老过程发展速度十分缓慢,生物年龄还可以改变,比如通过正常体育锻炼可以将生物年龄的特定影响(诸如血压高、多余脂肪、血糖失衡和肌肉萎缩)推迟数年。老年学家发现,愿意接受良好生活习惯的老年人可以延年益寿;而心理年龄更为灵活,完全因人而异,因为不同的人不可能拥有相同的经历。在访谈中,老年终身学习推进员带领人景伯伯认为:"老年人参加学习不但对自身好,思想不落伍,不被社会所淘汰,对自己家庭也好呀!你看现在那么多年轻人跟老年人住在一起,在婚姻、育儿方面多少矛盾分歧呀,但是老年人加强终身学习,多读书多上网学习,就能与时代同步,接受年轻人的科学育儿知识……不是很多问题都能迎刃而解么!"[①]山水画带领人王阿姨也说:"我女儿说要让小孙女跟我学画,我还要做孙女的启蒙老师啦!我还要好好学习,承担重任呀!"[②]可见,带领人角色认同会确立学习生活目标的动机,乐于参与终身学习又会巩固角色认同的意识,令其学而忘龄,乐而忘忧,心身自由,豁达开朗。这是打破僵化衰老观念的关键。关于以往经历的印象将我们的大脑锁入一个有规律的模式并诱导着有规律的行为,一旦印象固定了,意识也就定型了。老年人并不是衰老、疾病和死亡的受害者,每个人生阶段都有人生旅途的景致,投身组织老年人学习能够更加有意识地发挥自身潜力,重新和自己、他人、社会之间建立新的联结,从而亲善各方关系,令身心健康。在日益深度老龄化的社会,这种角色认同体现出的退休精神颇为重要,带领人的身体力行既为自己树立了榜样,也为更多旁观的老年人参与终身学习做了示范,个体互动的有利影响会促动社会结构的有机整合。

---

① 【D-JING-201900718】:终身学习推进员老年学习团队带领人景伯伯的观察日志。
② 【D-WANG-201901116】:山水画老年学习团队带领人王阿姨的观察记录。

三、增进社区参与的黏合力

带领人与社区互动,使其角色认同更完善。社区生活也是建构带领人角色认同的一种维度。我们在传统意义上都很注重社会效应,似乎长期以来,大家都对"国"与"家"的印象深刻,比如家国天下、修身、齐家、治国、平天下等,然而西方很多国家则对位于国与家中间层面,即社区层面予以关注,"社区"一词源于拉丁语,意思是共同的或亲密的伙伴关系。在 20 世纪 30 年代初,费孝通先生率先把"社区"的概念引入中国,社区最早是德国社会学家滕尼斯在其著作《社区与社会》(*Community and Society*,1887 年著)中从英文单词"community"翻译过来,后来被许多学者引用,并逐渐流传下来。[①] 世界卫生组织(WHO)于 1974 年把社区定义为一定区域范围内的社会团体,成员之间有共同志趣,彼此出入为友,互相支持,形成社会规范和价值体系及社会福祉。此外,随着互联网深入社会生活,虚拟的网络社区也成为老年人学习生活的新场所,譬如笔者访谈的老年终身学习推进员团队的微信交流工作群、网上读书沙龙、摄影沙龙等,带领人生活在社区中,自身作为终身学习的典范,参与社区学习活动都会增加社区黏合力。经过对访谈记录的整理,我们发现带领人因自身的组织教学内容和个性不同,虽然浸染社区的活动程度不尽相同,但共同点则是与社区形成良性互动。

社区作为带领人朝夕生活的区域,与其个人生活紧密相连,但城市社区的建筑多是高楼大厦,不像过去的弄堂或胡同,人与人之间在生活的地理位置上互相开放与接近而使得交往频繁。如今城市社区都是楼群林立,人们都相对封闭地生活在各自的空间中,再加之网上和移动终端虚拟社交平台的兴起,实体的社区交往显得比较薄弱,曾经有学者提倡构架新型街坊社区,维护邻里关系,增进社区居民互动针对性需求,从而有效应对目前城市

[①] 汪大海主编:《社区管理》,北京师范大学出版社 2011 年版,第 4 页。

社区异质性人口较多、关系疏离而缺乏社区人际温暖的问题。除此之外,社区中的青少年忙于上学,中年的家长忙于工作和育儿,作为社区中的老年人有些因退休闲赋在家会主动与社区居委会、业委会互动,但更多的老年人也只是相对孤立地在自己家中或者帮助子女带孙辈,做饭,或者自己看电视上网……老年学习团队带领人则是老年人中的先知先觉者,他们不安于在家中散淡或随便打发时间,而是组织对某项学习活动感兴趣的老年人一起参与学习,既能增进友谊,开展社交,又能互帮互助,出入为友。他们在社区中聚集一批有共同学习爱好的老年人参加学习团队活动,不但吸引更多老年人老有所学,更能扩大老年学习团队的规模,对增强社区居民归属感,增进社区治理都发挥了重要作用。

在访谈的带领人中,形体舞带领人刘阿姨深有体会,她说:"我和老伴会参加社区组织的活动,每年居委会都在中秋、重阳节的时候举行社区文艺节目,总邀请我们编舞表演,我和老公都会去为居民义演,大家也很喜欢看我们的舞蹈。"①山水画带领人也说过:"社区知道我能写会画,在春节前夕经常邀我去为老百姓写春联、福寿字,我都是欣然前往,人们喜欢我写的字就是对我最好的褒奖。"②编织团队带领人张阿姨也说:"我会编织,社区居委的阿姨们就拉着我问花样,在妇女节时候还让我把编织好的衣物拿出去展览,说这是女红,也属于要继承的非物质文化……"③从这些带领人的言语中我们发现,她们的老年学习团队本身具有展示性和观赏性的特质,有利于社区居委开展社区工作,组织居民前来观看文艺表演和鉴赏活动,所以形体舞、书法、编织的带领人与社区互动相对频繁。此外,我们发现积极参与社区活动的女性带领人多于男性,这也与其性别特质有关,老年妇女退休后参与老年学习的比例也高于男性,尤其是多参与动作类学习活动,如舞蹈类、

---

① 【D-LIU-201901025】:形体舞老年学习团队带领人刘阿姨的观察记录。
② 【D-WANG-201901116】:山水画老年学习团队带领人王阿姨的观察记录。
③ 【D-ZHANG-201901023】:编织老年学习团队带领人张阿姨的观察记录。

健身类……对此解释是老年女性由于年少时候偏于安静,成家后又承担家务以家为营,直到退休后子女养成,遂开始好动外向,而老年男性表现相反,更愿意参加读书、书画等相对安静的学习团队活动。

老年人的个性差异也对社区活动参与频次有所影响。我们在访谈中发现与社区互动较为活跃的带领人性格相对外向,易于也喜于和人交往,除了团队内部成员交往,团队带领人还需和团队管理者、社区、居委会、居民等有主动社交的意愿,在一定程度上,带领人的角色会促进老年人改变个性,更加符合社会化的角色认同。相对而言,由于瓷刻是小众学习内容,取材、工具使用等学习环境条件的要求也无形中限制了瓷刻带领人陈伯伯不像歌舞合唱等表演性团队带领人一样在社区广泛开展活动。瓷刻带领人对社区让他举办瓷刻作品展也存有一定的顾虑,认为瓷刻作品很容易破损或碎裂,最好在社区文化馆的地下展厅或者室内展柜展示,但谈及与社区合作传承瓷刻文化,陈伯伯十分看重:"我也跟社区附近中小学签过协议,他们聘请我教青少年进行瓷刻学习,能够在孩子中传授瓷刻技艺也不错。"[1]另外,瓷刻带领人陈伯伯由于长期浸染于瓷刻制品工艺制作中,多做大于多说,精于工艺的匠人也多喜欢沉浸在自己的瓷刻圈子里,小众的艺术、甘坐冷板凳的钻研精神以及个性相对内向也是瓷刻带领人陈伯伯与社区互动不算非常活跃的原因。

老年男声合唱团黄伯伯则与社区联系较为紧密,他说:"我是居委会和业委会成员,社区也知道我爱唱歌,参加合唱队,在原来居住的社区合唱队我也是其中一员,他们搞活动的时候都让我帮忙……只要忙得过来,我都答应的。"[2]老年终身学习推进员带领人景伯伯也说:"我们推进员队伍本来就和街道、社区工作相关,最初居委会说我黑板字写得不错,我总帮他们出黑板报,后来我做老年终身学习推进员带领人,居委会的工作我

---

① 【D-CHEN-201900927】:瓷刻老年学习团队带领人陈伯伯的观察记录。
② 【T-HUANG-201900720】:老年男声合唱团带领人黄伯伯的谈话记录。

也在微信交流平台上推进,还在小区开设读书沙龙,这也是我们终身学习推进的具体工作嘛……"①

老年男声合唱团是社会招募团员,带领人黄伯伯总是对团队的持续发展十分关注,在访谈和谈话分析中我们都能发现,黄伯伯尤其关注团队活动场所、团队指挥和钢琴伴奏的费用开支、团队成员参加演出的经费支持以及团队在外参加竞赛取得名次和荣誉等,说明社会招募的老年学习团队在资源给予方面还须借力与自我争取,因此黄伯伯时时都怀有挖掘人脉资源,提升和巩固老年男声合唱团发展的强烈意愿和决心,所以他在社区中也表现活跃。

四、增强个体对社区的认同度

马克思曾经说过,"人的本质并不是单个人所固有的抽象物。在其现实性上,它是一个社会关系的总和"。② 带领人在与团队成员、家庭、社区互动的过程中也反作用于成员、家庭、社区本身,我们发现带领人除了学以致用、进一步扩大社会交往的圈子,还在学习生活中影响自己所在的场域。最典型的是老年终身学习推进员团队带领人景伯伯,他说:"我们从小知道学习的重要性,但未必了解老年人参与学习的意义和作用,凡是参加我们终身学习推进员活动的居民,我们都会讲,人不学不知道,老年人爱学习可以带动儿辈和孙辈,家庭成员的沟通也会更顺畅,年轻人也会了解我们社区文化的功能。"③"你看老人知书达理,带动儿孙参加我们的读书沙龙,亲子阅读以及文艺活动,是不是能润滑家庭关系,增进社区交流?"④"我刚退休后也是认为老年人嘛,就应该闲聊打发时光混日子,可能是自己被太多社会上对老年人的看法所左右,还认为老年人就应该退休后闲逛,但几天后我就吃不消

---

①④ 【D-JING-201900718】:终身学习推进员老年学习团队带领人景伯伯的观察日志。
② 《马克思恩格斯全集》(第1卷),人民出版社1995年版,第18页。
③ 【T-JING-201900705】:终身学习推进员老年学习团队带领人景伯伯的谈话记录。

了,怎么这么无聊空虚寂寞冷呀(网络常用语),于是我就主动参加社区活动,帮居委会出黑板报,勤于阅读,组织读书沙龙,这些年下来,社区居委会、居民、街道领导都肯定我们推进员推进终身学习的工作,认为我们加强了社区老百姓的终身学习意识……"①

老年终身学习推进员带领人景伯伯的经历及其意识转变实质上就是一种转化学习,麦基罗认为转化学习的根本目的就是让人改变原有的观点、信念和行动方式。促进形成这种意识是成人教育的根本目标。②成人观点的转化包含对自我了解、自我意识的转变,信念系统的转变,三观(世界观、人生观、价值观),即生活态度和方式的转变,因为转变永恒,静止相对,成人不仅在转化、改变中学习,而且也是日益成熟完善和社会化,进而导致其产生新的世界观、理念并推动行为和实践,因此转化学习也是行动理论。反观社会上有些观念认为老年人即老朽、衰退,在这些具有消极字眼的文化中,人们会禁锢观念,思想狭隘。事实上,伴随着人类科技、医学的进步,人们的寿命延长已经成为不争的事实,衡量老年人年龄的尺度也发生了变化,例如世界卫生组织(WHO)与时俱进地对老人年龄界限进行了新的划分:60—74岁是低龄老年人,75—89岁是老年人,90岁以上是长寿老年人。③

此外,人的年龄还分为实际年龄、生物年龄和心理年龄,其中除了实际年龄是按照实际岁数进行计量的以外,生物年龄可以通过人的体格锻炼及营养养生等进行改善,这就是我们经常说的60岁的人50岁的面容,至于心理年龄更是具有个体主观性评价,譬如心态年轻。可见,老年时期在人的一生中是相对而言的,就像狄巴克·乔布拉所假设的:时间并不是作为一个

---

① 【T-JING-201900705】:终身学习推进员老年学习团队带领人景伯伯的谈话记录。
② Imel. Susan. Transformative Learning in Adulthood Digest No. 200, ERIC Clearing House on Adult, Career, and Vocational Education, 1998.
③ 段进玉:《浅论城市低龄老年人继续社会化》,华中师范大学硕士论文,2012年。

绝对因素而存在，却只是一个永久因素。时间是量化的永恒，而这一"无时性"的永恒又被我们切割为小碎片（年、天、小时、秒）。所谓的线性时间（linear time）①反映了我们对变化的感受。如果可以感受到不变，我们所了解的时间就不复存在。我们可以学着在不变、永恒、绝对中新陈代谢，随即创立"长寿生理学"。乔布拉是把人放在时间的永恒长河中看待，老年期在时间永恒中就是沧海一粟，他的《不老身心》就是希冀人们看待事物的角度发生转变，不服从于传统文化对老年期形成衰退的刻板印象，而是放在时间长河中，老年正如中年、青年期一样可以积极可为。只有转变意识，人们才会意识到人不只是有限的身体、自我和个性，还包括开放的思想，体悟退休精神的可视性。我们所接受的所谓因果法则已经将自己实实在在塞进一个有限身躯和屈指可数的寿命中，乔布拉是用量子观念看待人生，认为人生开放，没有局限，如此衰老进程会从根本上发生变化。老年学习团队带领人一旦意识到自己原来对待衰老的态度过于消极不利于自身成长，他就会积极学习，从事社会上认为老人不该卖力做的事情，如继续参与学习活动，前者就是流俗，后者终身学习则更能保持身心不老，促动带领人更努力与他人、环境互动，进一步实现角色认同，彰显退休精神。这样的例证在其他带领人中亦可体现，形体舞带领人刘阿姨也表示："社区老姐妹都知道我会跳舞，经常请我跳舞助兴，我也组织社区老年人跳广场舞，大家乐得健康运动，舞动人生……"②

---

① ［美］狄巴克·乔布拉：《不老的身心》，崔京瑞译，中国工人出版社2007年版，第251页。
② 【T-LIU-201901013】：形体舞老年学习团队带领人刘阿姨的谈话记录。

第十章
带领人角色认同的本质

老年的悲剧不在于我们每个人必定会变老和死亡,而在于不必要地、有时令人难以接受地把这个过程变得痛苦、羞辱、衰弱和孤独。

——社会学家巴特勒

本章基于前述带领人角色认同画卷和跨个案分析带领人角色认同建构的过程,通过参与式观察团队学习后发现带领人在管理团队的过程中"教他""自学""管团",从而建构形成一系列角色,即老年教育者、终身学习者、组织活动者、团队管理者、志愿服务者、智慧长者。根据Stryker的角色认同理论阐释个体与社会结构的关系,带领人构建角色认同的过程即"老年教育者"角色认同显著性(Identity Salience)的彰显,主要从身份承诺、他人支持、内外奖赏、角色投入四个维度进行。带领人角色认同的过程包括角色认知、角色情感和角色互动。其中角色认知包括角色定位、角色意义;角色情感包括角色归属感、角色自豪感、角色使命感;角色互动包括带领人与团队互动、与社区互动、与机构互动、与家庭互动等的意义协商和建构过程,最终形成老年学习团队带领人自我标定内在化,即自我角色认同与社会角色认同的一致,从中体现了老年学习团队带领人退而不休的精神,回应了带领人通过角色认同占据某一社会位置的角色认知、角色扮演、角色执行过程,详见图10-1带领人构建"老年教育者"角色认同显著性的多重角色丛。

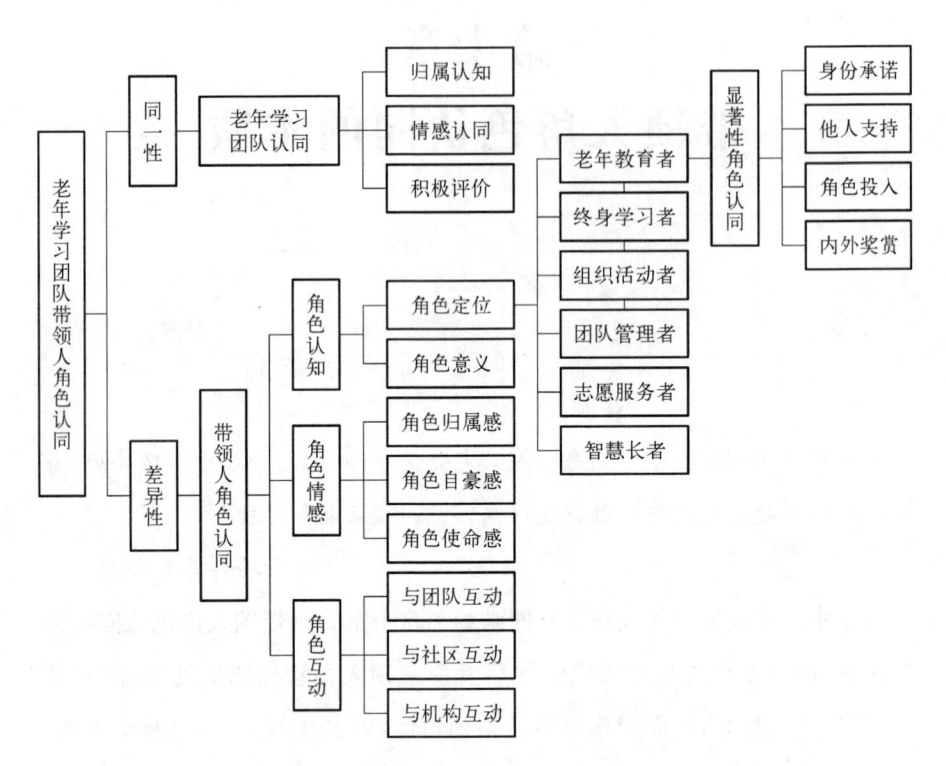

图 10-1　带领人构建"老年教育者"角色认同显著性的多重角色丛

"退休精神"彰显的是老年人创建不断成长的有意义的个人生活,与角色认同两者相互印证,互动整合,体现了上海老年学习团队带领人角色认同的深度内涵。本章对带领人角色认同本质作一总结,主要包括带领人角色认同的机理、角色认同的个体主体性、角色认同的社会结构性。

第一节　带领人角色认同的机理

机理是为实现某一特定功能,一定的系统结构中各要素的内在工作方式以及诸要素在一定环境条件下相互联系、相互作用的运行规则和原理。[①] 带领人角色认同是老年学习团队带领人通过个体角色认知老年教育者等身份而产生角色感情、角色定位，形成角色意义，与团队、家庭、社区等的角色互动来建构不断成长的有意义的个人生活的过程（见图10-2 老年学习团队带领人角色认同的机理），从中表明老年阶段的个体仍然可以不断探索和追求自我，仍然不断发展，适应社会角色，超越旧有的思想桎梏。

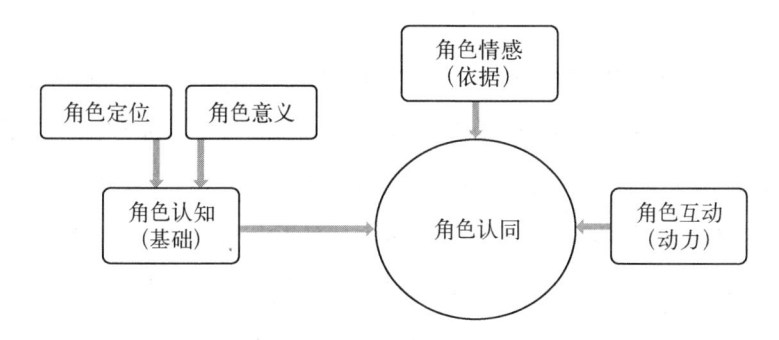

图 10-2　老年学习团队带领人角色认同的机理

一、角色认知是角色认同的基础

老年学习团队带领人组建老年学习团队，承担团队管理、组织活动、老年教育教学、志愿服务等工作任务，构建角色认同过程的实践起点在于对带领人的角色认知，它是角色认同的基础，而认知引发对带领人工作的思考，引领老年学习文化。

首先，角色认知引导带领人进行角色定位，形成老年学习亚文化群。社会主流媒体关注对象主要是中青年等年龄群体，老年年龄群体是非主流文化群。参照社会冲突论的理论视角（Conflict Theory），其共同信条是社会

[①] 《现代汉语词典》（第7版），商务印书馆2016年版，第600页。

总是处在对稀有资源的争夺之中,最稀有的资源之一是权力。社会被看作持续展开权力之争的竞技场。冲突论理论假设是,社会、社会设置和社会秩序不是通过功能论提出的共享价值观"黏"在一起,而是通过强力维持,因此冲突论探求社会中占统治地位的群体如何维持其统治和获得权力。马克思主义社会学被归之为冲突理论,强调的是社会中经济力量的重要性,关注的是阶级斗争。非马克思主义冲突论者德国社会学家达伦多夫抨击社会有序性,认为冲突是权力争斗,与马克思观点一致的是认为社会总是倾向于不稳定和变动,倾向于将社会变迁作为社会分析的主要关注点。美国冲突理论奠基人米尔斯反映的是美国中西部的民粹主义,在 1956 年的著作 *The Power Elite* 中揭示了统治美国的三个相互关联领域是大企业高级主管、政府行政机构主要官员以及军队高级将领,为美国社会在军事(战争与和平)、经济(货币与税收)和政治(人权与职责)方面作出决策,米尔斯认为权力精英为了淡化民众对权力反抗的意识,试图模糊精英与大众的界限,然而大众仍然能意识到自己无权,强势与弱势之间是社会冲突的根源,对立群体间将导致重大的社会变迁。[①]

老年人在政治、经济和社会地位方面普遍处于弱势的现实(城市老年人尚可,农村老年群体尤为严重)主要来自大众文化对老年人的年龄歧视,究其原因,我认为有内外两方面,从内在而言,老年人由于经历了青春年少时期,也基本都不再担负中年时期养家工作重担,自身希望身心舒松无可厚非,然而老年人因此退出社会角色就会隔绝社会活动,长此以往,按照用进废退原理,势必会弱化社会适应能力,再加上社会传统观念如老眼昏花、老不中用,老不学艺等作祟,就会降低自我评价,反而封闭自我,若再与家庭成员社交不紧密很容易限于个人孤立的不良局面,这对老年人口比例日益增长的社会而言,无法体现包容发展和整体和谐的进步文明。正是老年人内

---

① [美]赖特·米尔斯:《权力精英》,尹宏毅、法磊译,新华出版社 2017 年版,第 1 页。

在的文化不自信使得现代社会愈来愈忽视老年群体;此外大众传播媒介从频次与性质方面也很少从正面宣传老骥伏枥、志在千里的老年终身学习与发展的人物、事件,纵然有一定的媒体报道老年人也流于表面或者止于当时,而非象对待年青群体那样刻意和用心,这又从舆论方面强化了对老年的消极刻板印象。于是大妈、老年人跳广场舞挤占公共用地、老年人上车与年轻人抢座位等极端负面新闻和污名化标签性语词不绝于耳,事实上老年人与社会冲突的这种"恃强"或者倚老卖老现象并非绝对事件,其发生概率也不高,却能广为流传直至成为"老年歧视"的印记,则侧面折射出中青年对老年群体的呆板印象。

老年亚文化理论的提出者美国学者罗斯(Rose)认为,只要同一个领域成员之间的交往频率高于和他群交往的频次就会形成一个亚文化群,老年亚文化群是老年人重新融入社会的最好方式。老年人在同辈群体中可以减少压力,获得快乐,这也满足了老年人社会参与的心理需求,据此,老年人参与同龄群体的活动对亚文化的体验可以帮助其顺利地向老年阶段过渡。老年亚文化的优势在于扩展支持老年人的平台,增进老年人融入社会的机会,助益老年人维护自身权益。

老年亚文化的消极作用在于易形成年龄歧视和负面的自我概念,老年人与其他年龄群的隔离会越来越大。对照老年亚文化的老年社会学理论,笔者认为带领人通过制订团队计划,设计项目,组织成员学习,沟通协调团队内外等管理活动集聚了一批有共同志趣的老年人参与学习,他们有学有问,互帮互助,在学习过程中注意情感交流,团队外也有支持活动,线上线下保持联络,俨然形成了一种老年学习亚文化。正如编织团队带领人张阿姨所说:"我和姐妹们一起找编织花样,研究编织方法,画草图,学习认图纸,然后再共同编织,我们有问题一起协商解决,参加编织大赛,学习活动结束后我们还相约去农家乐玩,大家感情很好,感觉编织团队活动就像聚会"……"我们编织团队看到老年大学发出向山东沂蒙山区孩子捐款的倡议书,姐妹们商议一起捐款,我们也希望奉献爱心。"[①]

编织老年学习团队带领人张阿姨引领下的团队成员已经在价值观方面趋于一致,这正是由于团队成员平时通过学习活动平台拉近了距离,延伸了学习内外的交流,以至参与老年团队学习的群体成员之间互动紧密,从而构建了老年学习的亚文化,各个老年学习团队的成员都会以兴趣爱好为纽带,以情感归属为目标,以互动学习为目的形成若干个学习共同体,形成老年学习亚文化群。相对老年亚文化而言,学习亚文化是归属于老年亚文化,它主要关注老年社会参与的学习行为,是老有所学,老有所为,老有所乐的重要形式,也是老年人满足精神文化需求的主要途径之一,由于老年大学等机构学习也属于老年学习亚文化,但机构学习毕竟有管理方的意识形态,而且从目前来看,机构组织形态的老年学习组织形式有一定的局限性,所以不在本章老年学习亚文化的阐释范围之内,我们更强调的是老年学习者自发形成,自我管理和约束的老年学习亚文化,它是非正规学习与非正式学习的产物。

带领人引领全体成员长期进行学习活动就自然而然形成一种老年学习亚文化,它能够调动老年学习者的参与热情,激发情感和归属认同,因此具有团队凝聚力。从学习亚文化层面维系老年学习团队的成熟成长相对持久,同样对老年学习团队成员具有吸引力。老年学习亚文化从产生的源头开始便屏蔽了其他年龄群体参与老年学习的可能,所以隐患是会割裂与社会其他年龄群的接触,为了营造包容发展的老年学习亚文化,笔者主张老年学习团队不仅限于老年人参与,应该鼓励各个年龄段的个体或社群了解或参与到老年学习团队的学习活动中,从而使得老年学习亚文化与其他年龄段的亚文化相融合与协调,彰显老年学习文化的辐射力度。

---

① 【D-ZHANG-20191116】:编织老年学习团队带领人张阿姨的谈话记录。

其次,角色认知引发带领人探寻角色意义,明确老年学习目的。老年学习团队带领人的身份虽然非正式,角色是自身主动建构,其源泉来自对"带领人"角色意义的理解和定义,然而带领人在组织团队教学活动、管理运营团队的自发自主过程中对角色意义形成认同,老年学习是社会包容发展的体现,本身就含有社会公平正义的内涵,由此带领人从事的非职业化工作恰恰凸显了需要对老年群体这一社会相对弱势群体的学习权益进行维护与保障。带领人引领下的老年学习活动,其背景在于不同年龄的群体都烙印着自我文化特质。老年年龄段的文化比较弱势,这跟老年人退居社会职场,扮演社会相对非功利的角色有关,也是社会一味推崇青春时尚的文化娱乐造成的负效应,笔者认为社会大众媒介应当以正视听,推出符合各个年龄段的包容性文化才是社会进步的体现。美国学者赖利和福纳提出的老年社会年龄层次理论(Age Layer Theory),强调的是以生物年龄对社会进行分组,并从两个侧面予以关照,一是生命过程的一面,个人的年龄组由生理年岁定,同一年龄层的人因应同龄有共同的经验、阅历和未来大致的共同经历;我们经常听到人们对现在年青人谓之"90后"的称谓应该属于年龄分层理论的应用。二是历史过程的一面,即以共同经历某特殊历史时期的年龄组同其他年龄组相区别。年龄分层理论显然没有对个体差异进行论述,即使同一年龄层也因为个性、观念、环境等的影响并非与社会期待一致。

山水画老年学习团队带领人王阿姨和形体舞老年学习团队带领人刘阿姨年过七旬,都在访谈中谈及"文化大革命"这一特殊时期对自己人生的影响,但表现各异,王阿姨父母家曾被抄家,她本人还帮单位写大字报,当时幸得有人提醒才没有亲眼目睹自家抄家惨状……虽然时隔多年,然而王阿姨在言说中还是表现出相当的胆战心惊,随后就尽量压抑情绪,不再多提,笔者能够读出她的茫然心情和个体在当时社会特殊时期的无助及难过。形体舞带领人刘阿姨在访谈中也回顾了自己的生活历史,说到当年父亲被打成右派而去世,自己从富贵小姐被迫到安徽乡下务农,哥哥被下放到新疆,其间,妈妈去世,后又随哥哥嫁给新疆一男子,生了女儿后离婚,只身一人带着女儿回到上海,一方面是父亲平反,另一方面是可以顶替母亲到纺织企业做工等种种不平时,却没有抱怨,反而提及令她更欣慰的是还能回到上海,感谢政府为父亲平反……虽然形体舞带领人刘阿姨在叙述自己经历时也很激动,但她更多的是处之坦然,所以刘阿姨给我的印象就是感恩知足。

在质性研究思考中,环境永远在位。它包括诸如时间情境(temporal context)、空间情境(spatial context)及他人情境(context of other people)之类的概念。[①] 同样的历史背景,经历类似,但由于个人个性、环境的相互作用和影响,发现同一年龄组的老年人会对相同背景和经历有不同的认识,因此年龄分层理论只是注意到年龄区分,没有认识到个体差异。带领人中乐于主动积极参与老年学习的个体往往对自己的生活有一定的驾驭与掌控能力,而且希望通过老年学习扩展社会参与的范围,这是主动构建角色认同的体现,除了老年学习还参与经济、公民事务、其他文化活动等。另一方面,带领人引领的老年学习,也会框定参加活动的对象,在促进老年同辈群体集体角色社会化的同时也造成老年群体会孤立于社会其他年龄段的人群,即建议以共同爱好的学习内容为平台,囊括更多年龄段的人群参与学习,从而弥补"圈子"区隔的效应,具有社会包容发展的意蕴。

老年阶段是人们未来的必经阶段,熟悉老年人和了解老年人学习的内容将使得各个年龄段群体更加理解老年人在老年阶段的心路历程,也为真正营造尊老爱老之风提供现实依据,更重要的是带领人角色认知能促进教育公平,从而推进社会公平,体现包容发展理念。老年学习与教育是非精英培养而致力于以文养老、丰富老年人精神的教育。老年教育体系构建的基础和目标即恰恰回应了"以教育公平推进社会公平"的发展战略。[②]

[①] [加]许美德:《思想肖像:中国知名教育家的故事》,周勇等译,教育科学出版社2008年版,第6页。
[②] 黄健等:《教育公平视域下老年教育的发展研究——基于上海老年教育的一项实证研究》,《当代继续教育》2016年第4期。

二、角色情感是角色认同的依据

角色认同源于老年学习团队带领人对老年学习团队的认同及对老年教育者为主导,终身学习者、组织活动者、团队管理者、志愿服务者、智慧长者等综合身份角色同一性的认知。虽然老年学习团队带领人是老年人自发组织、自我管理学习团队而"自封"的称谓,但这是基于老年人对老年学习团队的归属认知、情感认同和积极评价,是"老年学习团队带领人"通过组织教学、志愿服务等工作而赢得老年学习团队成员认可的"头衔"。在文献综述中,大量有关中青年职业角色认同、专业角色认同等分析研究,少有关注老年人或老年学习者角色认同的论文,这一方面说明社会普遍关注的是未退出职场的中青年群体,作为退休的老年人是否需要角色认同?事实上,他们的角色认同有着更加生动的个体发展价值,与马克思主义的全面发展,终身学习强调的全员、全程的旨归一致。带领人在承担教育教学、组织老年人学习活动的过程中更加对无报酬的"工作"产生角色情感,昭示了退而不休、老有所为的精神风貌。

我国进入老龄化社会,老年学习团队带领人角色认同是从老年教育学的角度把握了老年人学习参与的行动导向,从而助推更多老年人通过参与老年团队学习实现角色认同。老龄化的现实让人们突破陈旧观念,重新认识社会构成。若把社会的人口组成看作是老、中、青、幼几个年龄段的集合,那么社会就如人生阶段一样,已经进入成熟阶段。个体必然会到老年阶段,社会如果只是把"老"看作衰败,那么就会对老年人产生负担感,但若转换视角,把老年期视为人生的必经阶段,是积淀丰富阅历的人生成熟睿智期,就会用积极的心态去审视老龄化社会,重视老年人的经济、政治、文化等方面的社会参与权利与意识。带领人自主自愿组织老年人参与老年团队学习,集体分享经验和智慧,从而挖掘自我潜能,促进终身学习与个人发展。他们引领老年人参与学习充实自我的同时在不断建构角色认同,不断认识自我,追求自我认同,创建不断成长的有意义的个人生活即体现退休精神。

长期以来,老年人学习被嗤之以鼻,动辄就是老年人智力下降,不具备学习能力等,然而医学实验以及人类多元智力论等都通过研究阐明老年学习速度会伴随年龄有所减缓,但学习能力未曾减弱,心理学家康拉德(Conrad)、琼斯(Jones)等经过大量实验研究发现老年人的学习能力不因年龄的增长而明显下降,学习与训练才是保持老年人学习能力的重要因素,这也为老年人持续参与终身学习奠定了生理基础,老年人通过参加老年学习会保持生理、心理、智能的良好状态,尤其通过带领人自己组建老年学习团队,开拓了老年人积极进行社会参与的渠道,扩大了社会交往的支持网络,对社交、归属和情感的需求不再囿于家庭提供,而是从更广泛的社会空间汲取,从而更好地适应社会,顺利实现继续社会化角色成长。另外,在助推老年人学习方面,要关注老年人作为独立生命体的价值和意义,帮助他们认识到处于老龄期的独特性,建立和催生老年人新的人生价值和目标,增强其人生信念、学习信念和生活信念,让老年生活大有可为。由此可见,老年学习团队带领人角色认同与退休精神同向同行,这种退休精神来自带领人基于教他、管团、自学的工作角色情感。退休精神则更为凸显老年人终身发展的精神信念。带领人组建老年学习团队是一种积极参与社会的体现,其构建的角色认同是跨社会学的,基于成人教育学立场的延展,具体表现为角色情感推动带领人构建角色认同,指引带领人实现角色认同,主张老年学习者资源化,形成老年学习、终身发展的新风尚。

　　首先,角色情感彰显角色认同的老年生命伦理价值。老年学习团队带领人通过构建角色认同对老年人生价值和意义有了更为深刻的认知,这是岁月磨砺生活的化茧成蝶,更是带领人角色认同的精神成果。形体舞老年学习团队带领人刘阿姨总结:"人生只有3天,昨天,今天,明天。昨天过去,明天未来,我只有过好今天就是赚了……"[①]"学习舞蹈时就想象自己是

---

① 【D-LIU-20191018】:形体舞老年学习团队带领人刘阿姨的观察日志。

个孩子,要像孩子一样天真……"①瓷刻团队带领人陈伯伯说:"我和老伴各有自己的学习爱好,互不干涉,这样最好,老了两人都蹲在一道(上海话待在一起)大眼瞪小眼还能不生事情吗?"②"瓷刻学习要有一颗纯粹之心……"③带领人参与终身学习的热情和组建团队学习的能力是源于清晰的角色定位及对角色意义的认知,且在与团队成员、家庭成员、社区机构的意义协商和角色互动中推进了对老年教育者的身份产生的角色使命感、自尊感和自信感。他们普遍感受到作为老年学习团队带领人的充盈人生,更加坚定了美好生活的信念。带领人通过组团建团、教育教学不断与他人、环境交换信息,关切社会动向,了解时事现状,以科学理智达观的态度看待社会、人生、他人和自己,通过构建带领人角色认同圆了青春梦想,增添了生活乐趣,保持了学习爱好,增强了知识技能,使得团队带领人更容易保持安静平和的心态,拥有智慧长者之风。

参照生命周期理论(Life Cycle Theory),艾瑞森和雷文森(Enrikson & Levinson)认为生命每一阶段都有相应的使命任务,而且这一过程不一定是递进发展,可能是迂回前进。④ 他们将成人发展阶段基本假设为五部分:人类发展终身;生命周期包括人生各个阶段;各阶段之间的过渡是转化与挑战并存;危机处理恰当可视为成长的转机;成年期的个人挑战危机、探索未知与可能。⑤

带领人作为老年团队学习的中坚分子,构建以老年教育者为主的角色认同,充分运用他们已有的智慧和经验,并促使带领人终身学习,获取新知

---

① 【D-LIU-20191013】:形体舞老年学习团队带领人刘阿姨的观察日志。
② 【D-CHEN-20191008】:瓷刻老年学习团队带领人陈伯伯的观察日志。
③ 【D-CHEN-20190920】:瓷刻老年学习团队带领人陈伯伯的观察日志。
④ Brennan & Weick Brennan, E. M. & Weick. A. "Theories o Adult Development: Creating a Context or Practice". *Social Casework*, 1981, 62(1), 13-39.
⑤ Enrikson, E. H. Identity and the Lie Cycle.Psychological Issues, 1(1)18-171 Levinson, D. J. et al. *The Seasons o a Man's Lie*. 1978, New York: Knop.

新技能,强化角色认同。事实上,有关脑科学研究也表明,人的大脑具有巨大可塑性,学习能力能够贯彻一生。对于健康个体,人脑确实需要各种新奇体验和活动来保持活力。老年学习团队的带领人学习与经验相联系,与真实情境相关,引领团员展开小组学习,加强了互动合作,更容易结成学习共同体;带领人注意发挥成员之间潜能,团队互通有无,取长补短,互相汲取人生经验。带领人智慧处事的角色认同彰显了退休精神的老年生命伦理价值。

其次,角色情感凸现角色认同的生活智慧。老年学习团队带领人学习生活的图景逼视"面对实事本身"。"生活世界"是胡塞尔学术生涯后期最富构造力的一个哲学概念。关于"生活"的理解有诸多定义,如我们常人所感觉到的、日常在其中生活着的世界,还有"圈子"的理解,即人具体的生活实践指向的特殊而不同于他人的生活环境和圈子。

笔者认为带领人的生活世界与构建的角色认同关涉紧密。老年学习团队带领人的工作学习与其生活世界相关,富有生命力、经验性和写实感。学习生活世界是教育现象学的概念,最早出现于20世纪90年代。起初引入现象学与教育学领域是为了拓宽教育研究的视野,即现象学是研究教育学的一种哲学理论视角,要具备现象学精神关照教育学,是对现行教育面向学生生活世界哲学理论的肯定和内在规定。本书研究的带领人角色认同是老年人工作学习映照生活世界的探讨。老年人学习更多的是关照和还原生活,"面对实事本身",他们用自我阅历积淀思维,用生活事实检验学习内容,而且带领人是学习即生活、生活即学习的拥趸,亲身实践了学习中生活、生活中学习的全过程。

海德格尔将现象学的纲领概括为"面对实事本身",就此成为现象学精神的符码。所有的现象学家都一贯保持着对生活世界问题的思考与关注,拒斥形而上,现象学认为应该扩大直接经验的范围,尊重与倾听现象,在通常意义的现象之中寻求我们全部概念的根据。现象学人文科学的最终目的是重新获得与世界直接而最初的联系,即现象学的起点与终点都是指向社会现实与生活世界。研究者通过访谈日志、观察笔记等方式获得对生活世界的最基本体验,再通过还原悬置偏见,括去假设,重获与世界的直接联系。

在本研究中通过研究者本人与被研究对象——带领人的访谈、对话、撰写、转录、誊写记录,形成的是双方的互动,即面对实事本身的明证,另外双方之间呈现的是作者、读者、被研究者之间的互相解读与阐释,可能会激发共鸣认同,也可能会引发争议不解,但这使得文本、研究者与被研究者处在了特定情境的关系之中,这是解释学的旨趣所在。解释学的另一关键词是"视域",即前人的理解,对意义和真理的预期,还有理解的经验结构,理解就是一个对话事件,保罗·利科的文本理论认为,语言既具有认识论性质,也具有本体论性质,通过理解存在者的存在方式来诠释。[1]

角色情感指向"智慧"人生。笔者和带领人的访谈随着日益深入,在不断记录、思考与撰文过程中,开始自觉站在带领人角度体会其角色认同。笔者认为人生阶段中的老年时期深具个性和特色,它虽然有时被传统和老旧思想所蒙蔽,有时被现当代社会所忽视,但本着现象学"面对实事本身"来思考,就会发现人生的老年阶段是最可以充分享受的"自由时间",最有可能通过人生前几个阶段而进行总结与反思的宝贵时期。睿智思想的形成最有可能产生于老年时期,而带领人的老年教育者、志愿服务者等角色更能帮助其认识自我角色,积极进行角色互动,从而更主动地向"智慧"人生迈进。从个体成长角度而言,这是一个人走向生命完善、成熟的重要时期,人们会平静地回顾过往,思虑老年此时的心态,回溯一生的自我,真正有可能参透人生得失。从社会角度而言,老年人借由老年团队学习的路径持续角色社会化,发挥潜能余热,投身于经济、文化、公共事务等领域的社会参与中,充分展示

---

[1] [法]保罗·利科:《解释学与人文科学》,河北人民出版社1987年版,第8页。

退休精神的价值。

带领人是老年教育者、终身学习者,也更有可能尽早获悉老年学习与智慧生活的联结。虽然老年人的推理能力、深度思考会因为短时记忆出现衰弱,但其智慧处事,经验沉淀,会弥补相应方面从而产生代偿。即使年轻人,若缺少社会参与度,停止学习,缺乏人际等互动,其学习能力也会加速下降,由此使得人们经常处于苦闷或抑郁等消极状态,则负面情绪支配大脑的情况就会抑制多巴胺的分泌,继而思维呆滞,行动滞缓,产生苍老之态。由此说明老年人须通过社会参与保持大脑活跃,刺激脑细胞,从而保持健康与蓬勃的生命力。带领人与团队成员、家人、社区、环境的角色互动使其更可能创建成长的有意义的智慧生活。

苏格拉底认为,智慧无法言传,只能自己意会。新型的老年观将富有见解作为老年人的成长标志,富有见解是将青春和老年合为一体的隐形联系,老年人既不会像年轻人那样冲动冒进地拥抱理想,也不会像中年人那样为了取得成功和安稳调整自己的理想,而是会智慧的保持平衡。而智慧则是延长生命的累积收获,如创造力的激情和智慧激励了毕加索、萧伯纳等名人并得以延年益寿。通过名人的老年智慧人生反观老年学习团队带领人,会发现他们老年人生的"智慧天平"同样也在不断调整。

三、角色互动是角色认同的动力

老年学习团队带领人角色认同是通过角色认知、角色情感、角色互动建构而成,是老年人通过组织教育教学、管理团队、组织活动、志愿服务、智慧处事等行动而促成,带领人作为行动者不断与团队、管理机构、社区等不断进行意义协商和互动的结果是带领人彰显退休精神的行动意志。

首先,角色认同外显于角色互动。笔者主要从组织老年人"参与学习"的角度探讨带领人角色认同的构建过程,从而带动更多老年人持续学习与发展，彰显新时代老年人的退休精神风貌。在终身学习的社会发展大势下，依据马克思人的全面发展理论，拥有自由的可支配时间是衡量个体全面发展的主要依据，中国城市许多老年人在具备一定物质养老的基础上开始寻找精神文化养老途径，另外，现代社会的发展是以不确定、多元为特征，老年人所具有经验价值也会有一定程度的衰减，由此越来越多的老年人开始意识到主动参与终身学习的意义与价值。老年学习团队带领人自身学习能力较强，许多都身怀技艺专长，融教融学，他们不是单纯的老年学习者，还是老年学习团队中的灵魂人物。

带领人角色认同是主体与环境作用的结果。班杜拉在1986年出版的《思想和行动的社会基础——社会认知理论》一书中提出了主体、行为和环境三元交互的社会学习理论。鉴于此，带领人构建角色认同是与老年学习团队互动的结果，行为外显为主动参加学习活动（终身学习者角色），组织管理老年学习团队（团队管理者角色），教授团队成员知识或技能（老年教育者角色），综合多元的是对复合型角色的认同，对照带领人角色认同的分析框架，对所属老年学习团队具有归属认知，以"我"是团队带领人为己任，重视团队成员凝聚力，形成对团队的情感认同以及对团队发展的正面评价。环境包括硬软两方面，硬环境指老年学习的场所、设施、政策支持等，软环境是指营造尊重老年人参与学习的社会支持氛围，包括家庭成员、社区机构的支持以及社会观念的转变。事实上，带领人退休精神也是互动作用于角色认同，它是团队带领人主体进行社会互动的结果。社会互动的实质是社会交往，即带领人与各方社会成员之间的心理交感或行为互相作用。由此，它对互动方起到传递信息、角色定位、角色认知、角色互动、社会角色适应等效能。角色互动来源于马克斯·韦伯的社会学符号互动论（Symbolic Interactionism），他认为社会学的主要目的是解释社会行动，主张社会学家把自身置于所研究对象的位置阐释其思想和动机，即移情式理解，但韦伯限于宏观社会学层次研究。美国社会学家米德认为人类行为的基本单位是行动(Act),指某个人特定情景下的全部反应,除了行为还包括人们的注意、感觉和想法,米德认为人类还有"自我",人类意识中最重要的是人可以与内在的自我交流,在日常生活中学习社会构建的人类共享符码,而人类互动的前提和基础是意义符号之上的行动过程。米德的学生布鲁默将符号互动论概括为:人们行事往往来自对该事物的意义赋予,而人际之间、人与社会的互动都是产生事物意义的源动力;整个互动过程中,赋予情景意义和采取行动的过程经历是一个内在阐释的过程。人们习惯在公共场合的处事行为是以人类共享定义为前提,这是人们得以互动的关键,更多社会成员以同样方式解释和定义同样情景,他们就以某种组织化的方式共同采取行动。美国社会学家托马斯认为人们将某种情景定义为真实,情境会与真实相互影响。换言之,若人们误判了某种情景定义,那么就会造成社会歧视或误读。

戈夫曼的"拟剧论"研究人类互动中通过印象管理或自我呈现以求得角色期待或角色表演。由于符号互动理论不像社会学的功能论和冲突论关注宏观大社会系统及社会变动机制,它更多关注微观人类社会行为。在研究访谈和观摩带领人即团队学习(包括表演)活动时,笔者在符号互动论的关涉下揭示和研究内中机理,发现带领人是角色互动的核心,他的个体角色定位明确,在成员关系协调、内外沟通、集聚学习资源与人脉方面都表现出了明显主动的角色社会化倾向,继而渗透到自我生活中。譬如山水画带领人王阿姨为团队成员志愿服务,经常提前到场布置好纸墨笔砚,帮助团员悬挂字画,还主动承接师生绘画展览的会务工作,需要她和外区的几个团队进行协调和交流,同时要布展、撤展、出画册等,方方面面都是王阿姨在自身是团队带领人的角色定位下与外环境不断进行意义协商,从而保证团队学习活动和画展顺利实施的过程。她的角色认知意识是一种能力和志愿精神的自然流露,是一种实践学习的检验。王阿姨在社区还为居民免费撰写书法对联,在家远程为日本的孙女教习中国的书法绘画……王阿姨与团队、家庭、社区角色互动,促进其角色认同,彰显退休精神。

在访谈中,笔者发现很多老年人在老年学习方面存在思维固着的心理定式,他们认为颐养天年是老年阶段的主要目标,在家看电视,随便在网上打发时间……与之形成鲜明对比的是老年学习团队带领人的角色认同图景,他们向我们展示了老年人通过学习创造美好生活的一面,老年人也要在社会变迁中勇于走出家庭,通过持之以恒的学习参与进行积极的角色认同,始终与社会同步,减少社会隔阂,促成前喻、后喻、同喻文化的连续体,形成少学老,老学少,老老互学的联合体。

相较而言,更多老年人面对现实会发现过去的大家庭迅速解体,家庭功能分化,老年人从在职在岗到退休在家,他们需要克服心理落差,调适自我,定位于新角色,然而阅历深厚的老年人形成的心理定式也在一定程度上阻碍了老年人主动学习的态度。因为老年时期是最有可能因为生理、心理、家庭成员等发生重大人生变革的时期,老年人只有采用积极的学习态度坦然应对生命关键事件才能促成主动的角色社会化。对于参与老年学习有主观障碍的老年人,社会在外力方面要营造终身学习的退休精神氛围,通过更多的带领人组建各种老年学习团队吸引老年人参与学习,反对年龄歧视,积极应对深度老龄化。可以想见,当更多的青少年、年轻人、中年人亲眼目睹老年学习团队带领人的朝气和风采,品味带领人构建老年教育者、终身学习者、团队管理者、组织活动者、志愿服务者、智慧长者等角色认同而体现的退休精神时候,有理由相信全社会全年龄段的包容发展的社会文明必然形成。退休精神内隐于带领人的角色认同中,带领人建构角色认同的互动过程中又无不体现其退休精神——创建成长的有意义的个人生活。

其次,带领人价值观社会化构建社会角色认同。带领人的角色身份令其主观和客观方面都要比普通老年学习者承担更多的任务和工作,从而加强了社会参与能力的培养。老年学习团队开展学习活动需要与社区机构管理方进行协调;要组织参加各级别的表演和竞赛需要向街、镇相关部门申请项目经费……带领人组建老年学习者参与学习的动机具有社会性，这种组织起点就决定了带领人不仅是为了满足自己的学习爱好，更重要的是团队的成立、扩展和可持续发展，这也就解释了带领人还扮演服务志愿者的角色，他们用自己的热忱帮助更多的老年人满足学习兴趣爱好，开拓社交圈子，扩展老年生活界域，提升老年生命质量，使得带领人的价值观社会化，即社会化的价值观。带领人作为团队的"灵魂支柱"，所作所为即成己成人，成就自己的同时也成就他人。人到老年，有志终身学习，有志服务老年。人在从事服务他人，为他人带来价值工作的时候，自身最有价值实现感，亦是志愿者精神的诠释。

带领人积极参与社区服务，促进社区发展也是价值观社会化的体现。角色认同社会化结果就是促进老年人的成长，"成长"一词在《新华词典》中是长大，长成，向成熟阶段发展的意思，英文是 growth 或 grow up，也就是说成长既可以是名词也可以是动词，"成"和"长"分开解释，"成"有做好、做完、成功、变成等意；"长"（zhang）则有生长、成长之意，而且还有年龄大、辈分高之意，譬如往往把老年人尊为长者就是突出老年人的精神风范，成长即成熟，终身发展。退休精神也是指创建不断成长的有意义的个人生活，两者互为整合。

社会关注青少年或职场人角色认同的议题较多，老年人角色认同或者继续角色社会化的研究却鲜见，而作为本研究对象的老年学习团队带领人都是老年人，经过对 6 位带领人的研究访谈、参与式观察以及撰写研究文本，笔者发现带领人角色认同与退休精神之间互为作用，互为因果，交叠互动。带领人组建老年学习团队，承担老年教育者、团队管理者、志愿服务者等角色，并与团队、家庭、社区、机构互动促进了其角色社会化、人际关系社会化、参与社会化和价值观社会化，反之，退休精神的理念又促使带领人不断进行社会参与，构建角色认同，吸引更多老年人参与老年学习团队，通过学习增强自尊自信，感悟老年人的生命价值追求。

退休精神是积极老龄化的本质和内在,与老年人角色认同相互映照。法国著名成人教育学家马塞尔·莱斯纳第一个提出了人的社会化过程终身,这是值得肯定的。老年学习团队带领人构建角色认同的过程就是角色认知、角色情感、角色互动的过程,即老年人在老年期通过参加政治、经济、教育、文化、公共事务等活动强化社会参与意识,明确社会角色定位,从而重新适应社会,得到社会普遍认同的过程。

再次,带领人组建团队参与学习强化社区(机构)认同。老年人本身拥有丰富的经验沉淀和生活阅历。老年学习团队带领人更是通过组建团队,与各个利益相关方联系沟通使得与社区或机构的角色认同程度更为显著。

(一)带领人角色互动实现角色社会化

为了能够顺利实现团队的组织学习目的,带领人通常要成功扮演学习计划的制订者(Plan)、团队学习的支持者(Support)、团队学习的促动者(Promote)、团队内外关系的协调者(Coordinate)、联络者(Liaison)、团队项目的管理者(Manage)等,选取带领人顺利实现角色社会化需扮演的诸种社会角色因素的英文首字母组成图 10-3(带领人角色社会化 PSPCLM 角色集合)。这也与美国著名的毕生角色社会化理论的倡导者哈维格斯特将老年人继续社会化的主要任务概括相呼应,即为调整与适应退休生活、与同辈老年群体建立亲密友好关系、接受新鲜事物、持续学习、缩小代际差距、规律生活,主动承担社会事务职责等。

带领人角色社会化的 PSPCLM 角色集合中的关系协调是对团队成员内部关系的情感协调和润滑,如编织团队带领人张阿姨和团队成员定期学习活动外还相伴出游,形体舞带领人刘阿姨则与团队姐妹们定期聚会,老年男声合唱团黄伯伯会和团员们一起聚餐等,带领人在组织学习内外都是社交的核心人物,善于交流和沟通,能够协调和处理与他人的关系,使得团队成员对团队产生心理归属感。终身学习推进员带领人景伯伯和瓷刻带领人陈伯伯通过增强自己的信息技术素养来促进个人发展和引领老年团队学

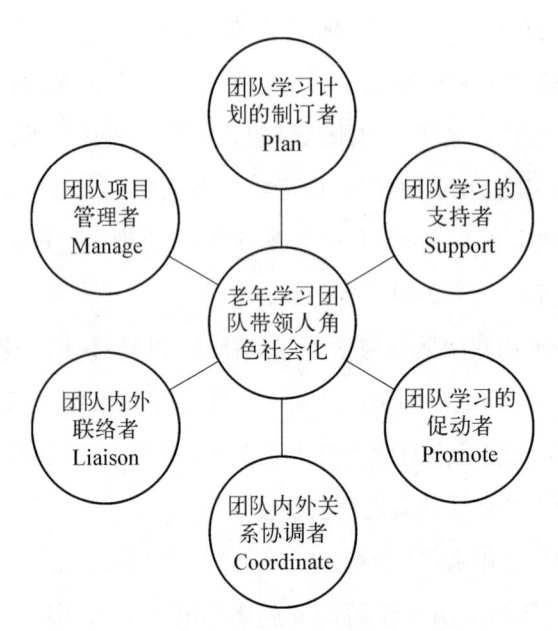

图 10-3　带领人角色社会化 PSPCLM 角色集合

习,同时缩短代际之间的差距;带领人还争做社区的热心居民,主动为社区百姓义演,写对联,与所在社区机构形成了良好互动,处事方式智慧,待人接物真诚。

(二)带领人角色互动实现人际关系社会化

带领人与多方互动联系,形成个体—个体、个体—团队、个体—团队管理机构、个体—指导教师、个体—赞助者、个体—社区等未知的利益相关方的多元角色互动体(见图 10-4)。带领人人际关系社会化主要缘于带领人的日常工作,承担教育教学、组织活动、管理团队、统筹协调、志愿服务等,与单纯参与老年学习的普通老年人相比,带领人的日常工作与学习生活需要更强的社会参与意识、更多的社会角色领会(role taking),形成一对多的人际关系角色社会化样态,带领人与各利益相关方的意义协商和角色互动建构了以老年教育者显著性角色为主的团队管理者、活动组织者、志愿服务者等角色社会化认同,是对退休精神的行动诠释。

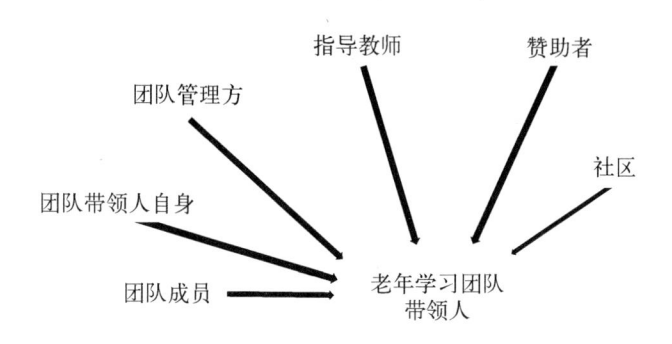

图 10-4　带领人人际关系社会化

从带领人承担的众多社会角色来考察，相应地，他们就要承担同等的责任，在人际关系方面，带领人具有清晰的角色定位和角色意义的领会，即角色认知，包括自我角色认知、自我教育、自我管理的能力，譬如在研究观摩老年男声合唱团学习活动时，带领人黄伯伯在指挥未到之前带领团队进行和声、发音开嗓的练习，为了提高练声质量，他既要自己唱好所在的声部，又要对其他声部的每位老年男声合唱团队成员进行和谐发声的训练，此外还需要协调团队成员关系，营造友好团结而奋进向上的团队学习氛围。譬如黄伯伯处理合唱团在演出前成员之间的争执，并最后平息纷争，顺利参赛，体现了黄伯伯的团队管理力、亲和力、危机干预的应急力等。由于老年男声合唱团的性质和特点，带领人黄伯伯还要和指挥、社区各方进行有效沟通，这说明作为老年学习团队带领人更需要深化角色认同才能应对较为复杂的人际关系社会化的网络关系。带领人就是因自身是老年学习团队的组织者和发起人，则必需与各方打交道，甚至还要自寻出路找赞助方支持老年学习团队可持续发展，更加考验了带领人的管理运营能力，以及角色认同投入程度。越投入营运，老年学习团队发展的带领人越能体现其显著性的角色认同，也越能创建更有意义的促进自我成长的个人生活。

(三) 带领人终身学习促动自我角色认同

1. 角色互动促使团队带领人成为团队发展的黏合剂

老年学习团队是自组织形式,相对于正式组织而言,它更强调老年团队成员之间的情感纽带,老年人参与团队学习的动机不同于功利化色彩的职场,往往就是基于老年人的共同兴趣以及同辈群体社交、情感、归属的需要。老年学习团队带领人的人格魅力则是"人气"凝聚的核心,会吸引更多老年人参与团队学习,形成"粉丝粘联"效应。笔者在访谈编织老年学习团队带领人张阿姨时,了解到当时张阿姨主动让贤请另一位编织技术精湛的成员担任带领人,但后来发现她对成员态度生硬蛮横,缺乏耐心,而且还在学习中牟取私利,只对买她毛线的老年人教编织新花样,否则就有所保留,这引起了许多团队成员的不满,以至团队人员流失严重,这说明前任编织团队带领人自身角色认同不强,角色定位不准,志愿服务的精神殆尽,造成编织老年学习团队面临解散的后果。这种局面令张阿姨大为忧虑,于是她不再推辞,立刻走马上任,承担编织老年学习团队带领人的角色职责,开始对内部团员进行协调沟通,对不负责任的前编织团队带领人晓之以理、动之以情进行开导劝退,最终张阿姨凭借良好的斡旋能力,平定了各方异议,挽回了可能分崩离析的编织老年学习团队。张阿姨是真正出于对本团队的珍惜和感情而倾尽所能,说明张阿姨对编织老年学习团队带领人的角色认同程度之深,为了集合爱好编织的老年人成团,她付出的时间、精力和心血,既没有功利色彩也不是为了业绩提升,就是对其身为老年教育者、团队管理者、志愿服务者等的角色认知与定位,只要编织老年学习团队不流散,齐聚老年编织爱好者,即成为带领人张阿姨的角色使命。

一般来说,老年人贡献的是历史文化价值、道德价值和经验价值,虽然退休从某种程度上标志着老年人退出了职场舞台,但老年期是在人生阶段支配自由时间最多的时段,伴随新型老龄观渗透于生活中,许多老年人开始思考自我的真实定位,张阿姨就是从组织和参与老年学习团队的过程中明确了自己的社会角色,所以她主动挑起编织老年学习团队带领人的"大梁",让老年学习生活在忙碌中平添丰富与充实。编织老年学习团队带领人张阿姨有效化解团队在初创时候的冲突与危机,延续了团队发展这一关键事件又加强了其带领人的角色责任感与角色自信,充分诠释了角色认同促进团队可持续发展。

2. 角色互动促使带领人成为争取外援的主心骨

老年学习团队发展还需要外力支持和资源供给。带领人最关注的也是团队存续,这也是构建带领人角色认同的主要工作情境。与之相比,普通老年学习者则更多关注的是自己参与学习活动中的苦乐,其退休精神的彰显、角色认同的深度以及角色社会化程度等与带领人有一定差距,老年学习团队带领人的显著性角色认同的特色则更为鲜明。譬如,老年男声合唱团黄伯伯对合唱团赖以依靠的指挥和钢琴伴奏的经费来源就一直怀有忧虑,其解决的出路就是"有作为才有地位"……黄伯伯异常关注合唱团的比赛成绩,绝不允许团员思想松懈,随便应付合唱比赛,而是希冀通过合唱团的努力,每次都能在赛事中获得优秀成绩,从而赢得社区管理机构的经费支持,获得外界力量的赞助和肯定。草根式初创的民间学习团队要存续发展更加需要团队带领人和团队成员的齐心协力,为了争取团队的学习活动场地、学习资源,带领人要持续不断地和各个利益相关方协调沟通,由此老年学习团队带领人被赋予了更多的社会角色,而带领人的身份角色也淬炼了他们的团队管理能力与志愿服务水平,掌握了项目申请和运营技能,运用老年合唱团的人力资源、合唱成绩来交换外界场地、经费资源;代表街道社区机构参加全区、全市的比赛,从而争取更多资源,保证老年男声合唱团的可持续发展;提升合唱团演艺水平,增强团队成员的学习成就感,达到各方共赢互利的目的。黄伯伯对此毫不讳言:"我觉得自己能力还不错,跟老年大学、社区学校、团队管理中心都打交道,主要还是争取经费支持,保证我们合唱团的发展,我们跟其他团队不同,合唱团要发展一定需要好的指挥,但每次在指挥费用方面还是大伤脑筋的……"①霍华德认为老年人的需求有差异,他将需求分为生存需求和发展需求,前者仅限于满足基本书写和表达,后者则是志愿服务、关心政治,担当重任角色等。② 由此,带领人的需求是较高层次的,带领人角色使命也无形中助长了自身的发展性需求,促使带领人角色认同的程度更深。笔者在访谈中也发现能够坚持5年以上的老年学习团队带领人的角色定位、角色使命感、角色意义感、角色自信心更为强烈,其团队管理水平和运营能力也更游刃有余。在参与调研的16个老年学习团队中之所以筛掉很多团队,有部分原因在于老年学习团队自组织形式比较脆弱,内部成员不合,团队带领人管理失范以及外界支持不足都容易导致团队发展停滞或滞缓。然而从面对有机会参加老年大学和老年学校的人占全体老年人的比例之微小③的严酷事实来看,老年教育资源供给不足,发展老年学习团队的学习形式又是相当必要和紧迫,甚至有人认为老年机构教育目前是"僧多粥少""一位难求""贵族学校",因此要增加老年教育供给量还应突破老年教育形式,发展老年学习团队,而培育老年学习团队须聚焦带领人这一团队核心力量,通过先进的模范作用来示范和引领后进。带领人通过管理团队、组织教学、志愿服务等建构与强化角色认同,而团队带领人的角色认同又加深塑造了这一身份角色,更进一步推动老年学习团队可持续发展,感召更多老年人参与团队学习,以文化养老的形式展现退休精神,也促动带领人愈来愈成为争取团队外援支持的主心骨。

---

① 【D-HUANG-20190720】:老年男声合唱团带领人黄伯伯的观察日志。
② 转引自董之鹰:《老年教育学》,中国社会出版社2009年版,第152页。
③ 《2011年我国能够有机会参加老年大学和老年学校的老年人仅占全体老年人的2.76%,2016年中国是全球老年人口总量最多的国家》,http://www.kanzhun.com/wuxianyijin/1612512.html。

第二节　角色认同的个体主体性

> 发愤忘食,乐以忘忧,不知老之将至。
> 　　　　　　　　　　　　——《论语·述而》

基于上述带领人角色认同的叙述、诠释与分析,意在步步递进探究角色认同的性质。角色认同从成人教育学和社会心理学的双元视角透视老年学习团队带领人的个体主体性和社会结构性,其作为中观视域,对个体彰显人本价值、凸显退休精神,同时对作为社会结构性的老年教育具有启示作用,反思目前老年教育实践和理论的问题,为老年人终身发展和老年教育与学习开辟实践新天地与理论新场域。

老年学习是终身学习的重要组成部分,终身学习的倡导者是20世纪70年代时任联合国教科文组织国际教育委员会主席的埃德加·富尔(Edgard Faure)及其同事。"新的教育精神使个人成为他自己文化进步的主人和创造者",因此"每一个人必须终身不断地学习"。[①] 尤其对于老年学习团队带领人这一老年学习者的典型代表而言,他们自身已经在日常生活和经历中形成了自我的价值取向、情感体验方式等,以此来参与老年期的学习和教育,一方面是其参与社会生活、回归生活世界的侧影;另一方面是践行终身学习理念的行动实践。作为处于第三年龄阶段[②]的老年人是人生阶段中最独立、成熟、责任和最有可能实现个人价值的时期,老年学习团队带领人都表现出了第三年龄的身份标识,其构建的带领人角色认同不同于职场功利

[①] 联合国教科文组织:《学会生存——教育世界的今天和明天》,教育科学出版社1996年版,第201—202页。

[②] 拉勒斯在《生命的地图:第三年龄老年的出现》一书中认为人生有四个阶段,从依赖、不成熟等到独立、成熟、责任,再到具有个人价值实现特征,最后到依赖、衰老、死亡阶段。第三年龄就是个人价值实现或成功的阶段。

色彩的职业认同,退出了名利角逐场,其角色认同是从人的终身发展本身而言的认同,是退休精神——创建不断成长的有意义的个人生活的实践结论。从主体见之于客体的角度审视角色认同的个体主体性,体现了人的终身学习与毕生发展观以及促进人的全面发展的马克思教育发展观。

一、角色认同促进老年人的终身学习

终身学习事关人的全面发展,马克思对此有经典论述,而促进人的全面发展是人的每个阶段每个时期都应该关注的命题,唯其如此,才能够获得所有人的全面发展。本研究的聚焦对象是老年学习团队带领人,哈维格斯特的成年中后期[①]即老年时期,是人成年后的必经时段,所以研究带领人角色认同要关注老年学习。国内外趋势也表明成年人口乃至老年人口的比例将持续稳定增长。随着老年人口数量的增加,从青少年本位社会向成年人本位社会的转型得以巩固。若把全球拟人化,它已经逐渐从青少年转为成年乃至老年人阶段,因此老年人的以学养老、以教化民成俗显得尤为必要。

教育这一命题在中国古代就有注解,如《说文解字》的解释:"教,上所施,下所效也;育,养子使作善也。"我国首部有关教育学的典籍——《学记》有记载,"发虑宪,求善良,足以謏闻,不足以动众;就贤体远,足以动众,未足以化民。君子如欲化民成俗,其必由学乎!玉不琢,不成器;人不学,不知道。是故古之王者建国君民,教学为先"。《兑命》曰:"念终始典于学。"可见,无论古今中外都对教育与学习格外关注,然而关注的聚焦群体仍以青少年为主,其次,成年人在职教育培训,关注老年教育与学习的主题稀缺,社会认同度不高,由此也是本研究的缘起。伴随人类社会进步,终身学习呼声响彻半个多世纪,全球老龄化时代的如期而至,老年教育与学习自然提上日程,没有老年学习参与的终身学习是不完整的,角色认同则是从个体—群体

---

① 贝纳尔:《成年期及其变化》,加拿大蒙特利尔大学出版 1986 年版,第 48 页。

关系维度为老年人参与终身学习提供了实践依据和理论导向。角色认同遵从了成人学习理论的认知发展规律,充分调动老年人的成年自主性,自组织团队参与学习并对学习团队产生认知归属、情感认同和正面评价,从而带动更多老年学习者参与团队学习,实现个体老有所学,老有所为,老有所乐,提升生命质量,构建个(人)我与社(会)我的和谐统一。有关教育的目的,我国随着时代发展提出不同要求。1957年,我国的教育目的是使受教育者德智体各方面综合发展,成为有社会主义觉悟、有文化的劳动者。[①] 而到了改革开放时期,培养"四有"新人的教育目的在各个基础教育学校绽放光芒⋯⋯这都是针对青少年儿童的教育目的说,纵观人的一生就会发现任何阶段都应该有教育或学习的目的,如果说教育是上所施下所效,那么学习更能体现人主动追寻价值的目的。

教育和学习的全部活动都应该提升和扩展人的价值,并且使得受教育者认识到自身价值。教育的真谛在于教人做有利于社会贡献的人。[②] 角色认同强调了个体的主体价值,是个体主体价值与社会价值的统一,尤其对于老年教育而言,角色认同的途径之一是老有所学,带领人组建老年学习团队是自主管理老年学习团队的自发自觉行为,是对老不中用、老年人负担流俗观点的破除,对老年教育的社会意义进行了补充和完善。角色认同强调了工具价值与本体价值的辩证统一。教育的本意旨在促进个体知识增值,能力提升,心智完善,适应社会,而角色认同使得老年学习与教育超越了一般意义上的功利性工具价值,它不只是对未来生活作准备,更是"活在老年当下"的个体主体性实践意义的主张,既为社会树立了老年人终身学习的昂扬生活风貌,又助人助己,志愿服务,团队合作,实现工具功利价值与本体自我价值的统一。《学习——内在的财富》序言中指出,教育在人和社会的持续

[①] 毛泽东:《关于正确处理人民内部矛盾问题》,《毛泽东著作选读》(下册),人民出版社1986年版,第780—781页。
[②] 孙喜亭:《素质与教育》,《教育研究》1996年第5期。

发展中的作用举足轻重,教育是人得以可持续发展的必要条件。角色认同正是从弘扬个体主体能动性的角度高扬对老年学习群体的认知归属、情感认同和积极评价,从主客观统一性方面给予老年学习以持久长远的动力,从而让老年学习团队广泛存在和活跃于社区、机构之中,形成践行终身学习的强大洪流。

二、角色认同彰显人的全面发展

人的全面发展理论一直以来受到西方思想家的关注和青睐。文艺复兴时期,人文主义者把人的全面发展作为一种理想加以宣传,这为马克思的实现个人自由和全面发展奠定了哲学基础,马克思认为人的全面发展实现的条件是社会生产力极大发展,人们分工时间极大缩短,自由时间极大增加,人的自由和发展才能成为可能。总体来说,马克思眼中的人的全面发展的概念实际上包含四个方面:个人需求的全面性、个人能力的全面性、个人关系的普遍性及个人关系的全面性。[1]

关于人的全面发展的内涵论说众多,如强调人的能力的全面发展,个人价值的全面实现,教育家叶澜认为人的全面发展是个体从出生到生命终止在生理和心理结构两方面有规律进行的量变和质变过程。[2] 马克思是站在人类长河展望人的全面自由的发展,而教育领域更着意的还包括个人的身心自由发展,人的全面发展是人类努力的方向和旨归,它需要条件实现。马克思强调的是人类获得自由时间的多寡决定了自由发展的可能,而人们往往会发现时至老年阶段,才开始真正关注自我,可能幼年、青年、中年期的自我探索被外力所掌控,一时会蒙蔽自我主动发展的身心,而作为第三年龄的老年阶段,人们已经完成了家庭、工作的责任义务,于是更大程度能掌握和统摄全面而自由发展的时间,所以老年学习从某种意义来说是唤起自我意

---

[1] 孙旭:《马克思关于人的全面发展理论研究》,复旦大学出版社2010年版,第16—17页。
[2] 叶澜:《论影响人发展的诸因素及其与发展主体的动态关系》,《中国社会科学》1986年第3期。

识和自由发展的哨声与号角。虽然老年人在退休前从事不同职业,其个性也具有差异性,并非所有老年人都有关注自我发展的意识,也不是所有老年人都愿意学习,而本书的研究对象——老年学习团队带领人则是老年人当中自我角色意识的觉醒者和终身学习的先锋派,他们会怀着不是职业的事业心投入积极组建老年学习团队的工作及自我学习中。其构建角色认同的过程体现了带领人全面而自由发展的志向,他们既和老年学习团队成员一样持之以恒地自学,又担负组织教学、管理建设团队的志愿工作,尤其在构建老年教育者的显著角色认同中,组团建团的过程也是一种潜在的隐型学习(非正式学习),为老年学习团队提供资源支持、技能援助,进行志愿服务等,用有生命意义的实践活动绘就了一幅人的全面发展的生动图景。

"人的全面发展"的概念最早出现在恩格斯《在爱北斐特的演说》(1845)和马克思、恩格斯合著的《德意志意识形态》(1845—1846)中。恩格斯在演说中提出了人的全面发展问题,认为每一个人都无可争辩地有全面发展自己的才能;马克思主义则立足于唯物史观,从人的现实的实践活动与社会关系出发,科学地揭示了人的本质,认为人的本质并不是单个人所固有的抽象物,在其现实性上,它是一切社会关系的总和。[1] 马克思和恩格斯进一步指出旧交往方式被新生产力取代,个人发展的力量也取自之源。[2] 因此马克思认为任何人的职责、使命、任务就是全面地发展自己的一切能力,其中也包括思维的能力。[3] 角色认同就是从具体历史进程来着眼而把握的命题,时代发展至此,老年人对自身全面自由发展的角色认同不是抽象的人性设定,而是在人类寿命总体增长和社会教育、经济、医疗等条件具备的前提下,开始思考人生价值和意义的实践行动。教育的价值就在于为每个人实现自我理

---

[1] 《马克思恩格斯选集》(第1卷),人民出版社1972年版,第16页。
[2] 《马克思恩格斯选集》(第1卷),人民出版社1995年版,第124页。
[3] 《马克思恩格斯选集》(第3卷),人民出版社1960年版,第333页。

想提供条件与基础。"教育不为每个人提供发展他的天赋和才能的机会,社会将是一个由文盲和白痴组成的群体,这样的群体结构在现代社会注定不能生存。"[①]马克思的全面发展内涵体现在人的社会关系的丰富和发展。老年学习团队带领人作为老年学习者的领头羊,角色多元,使命多样,自学自立,组织教学,与各利益相关方建立密切伙伴关系,凡此种种,都是带领人的泛化学习,也体现了角色认同建构的成因支持,包括个体与角色认知、工作与角色情感、角色认同与角色互动等交叠支撑。人的全面发展体现在需要的不断满足和角色社会化的不断发展,表现在人的能力的全面发展,彰显于个性的自由发展。带领人在诸多学习实践活动中实现了角色认同、团队认同、机构认同、社区认同,从而更有可能达成自我实现,展现退休精神的目的。按照马斯洛的需求层次理论,作为人的需要从低到高依次是生理需要、安全需要、社交需要、尊重需要、自我实现的需要。带领人由于身心投入,积极向上,体会的自我实现即"一种想要变得越来越像人的本来样子实现人的全部潜力的欲望"。[②] 马克思所讲的人的自由自觉的活动,正是"'完整的主体'的从全部才能的自由发展中产生的创造性的生活表现"。[③] 角色认同彰显了人的主体生命价值观,不断形成人的主体性和自由个性的独立性,促进了人的全面发展,实现了老年学习的个体价值与社会价值的统一、适应性功能与发展性功能的统一。

三、角色认同体现退休精神的伦理价值

退休精神是创建不断成长的有意义的个人生活。[④] 角色认同是从老年

---

① 王坤庆:《现代教育哲学》,华中师范大学出版社 1996 年版,第 223 页。
② [美] 弗兰克·G. 戈布尔:《第三思潮:马斯洛心理学》,吕明等译,上海译文出版社 2006 年版,第 40 页。
③ 李知恕:《论马克思主义的人的全面发展观》,《理论探讨》2002 年第 3 期。
④ [美] 詹姆斯·奥特里:《退休精神》,曹文丽译,生活·读书·新知三联书店出版 2010 年版,封首。

学习的社会参与方式体现退休精神,其意蕴是对老年人生命伦理价值意义的肯定。角色认同是对退休精神的行动演绎,实质就是帮助老年人树立老年积极学习的社会参与心态,调动老年人的潜能使用意识,反对年龄歧视,为老年人提供与社会参与相适应的友好环境。伴随人类寿命的延长,产出和休闲的增加,退休人群这一庞大群体开始健康自由地追求人生价值和目标,业已成为改变社会结构的重要力量。老年学习是老年人参与文化教育活动的重要组成部分,本书研究的老年学习团队带领人都是文教活动的积极参与者和组织者,其角色认同的根本是对个体—群体参与老年学习团队的认知归属、情感认同和正面评价,它不仅仅停留在健康老龄化的层面,过分强调健康,容易让社会给老年人贴上体弱多病的标签,加深对老年人的刻板印象,不易形成以学养老的文明风尚。本书研究对象老年学习团队带领人作为老年学习者的代表对自身老年教育者的角色认同是主体性选择,客体性比较,以及社会范畴化的结果,它与退休精神的主动"参与"具有一致性。习近平强调,要积极看待老龄社会,积极看待老年人和老年生活。[①] 退休精神的本质是积极老龄化,它具有生命全程观和全人群性。角色认同也是老年学习团队带领人基于成员的主观能动性的主动志愿服务,教习广大老年人参与学习知识、技能、文化等,形成老有所学、老有所为的积极态势,从而增强自信,对学习团队本身产生归属认知、建立情感认同、进行正面评价。这与带领人的个体人格特质有关,又与其担任的带领人"工作身份"相系,也是与其家庭、社区互动建构角色认同的过程。在访谈带领人的生活历史叙述中,发现他们普遍对物质利益较为淡化,对精神内在的感悟较为重视,带领人组建老年学习团队是发自内心的利他奉献、服务同辈群体,继而使得带领人在协调与团员、处理家庭、社区的关系方面互动和谐,同理,带领人也更加深化了角色认同这一理念。角色认同正是通过老年学习角度体现

---

① 牟新渝、王晓庆:《树立和培育积极老龄观》,《人民日报》2017年11月9日。

积极老龄化的伦理价值,即尊重老年人生命与价值尊严,以人为本,实现公正公益原则。① 老年人在老年期通过参加政治、经济、文化、教育、公共事务等活动强化社会参与意识,明确社会角色定位,从而重新适应社会,实现自我与社会角色的认同。

第三节 角色认同的社会结构性

> 人生易老天难老,岁岁重阳。今又重阳,战地黄花分外香。
> 一年一度秋风劲,不似春光。胜似春光,寥廓江天万里霜。
>
> ——毛泽东②

一、角色认同昭示老年教育的外因内化作用

带领人角色认同作为中观领域的组织角色认同,除了彰显个人主体性还体现社会结构性,即角色认同对老年教育结构性启示。老年教育是教育领域的重要组成部分,教育是与价值相联系的概念,角色认同昭示了老年教育的人本价值。最早的一部教育价值论专著是美国著名教育家巴格莱于1911年出版的《教育的价值》(*Educational Value*)一书,提出了教育最有价值的判断是人类文化中共同要素③的要素主义的哲学观点。在社会发展的大潮中,随时代洪流不断深化着对教育价值的思考。比如以斯普兰格、李特为代表的"文化教育"学派,斯金纳的行为主义价值观(外因决定论),弗洛伊德的精神分析价值观(外因内化论),小原国芳从分析人类文化所涵盖的科学、道德、艺术、生活等方面提出教育相对应的真、善、美等价值追求体系。

---

① 徐宗良:《生命伦理的三项任务》,《光明日报》2004年6月15日。
② 毛泽东:《采桑子·重阳》,作于1929年10月。
③ 转引自陶红:《教育价值观的研究》,吉林大学博士论文,2005年。

我国学者在教育价值讨论中主要有"工具论"(教育通过培养人为社会服务，相对于社会而言，教育是培养人的工具)与"本体论(教育是培养人的活动，促进受教育者全面发展是教育的最高目的)"、"均衡论(教育主张人与社会发展并重，工具与本体论易划入极端走向)"与"统一论"(理想主义与功利主义是辩证统一的，功利主义是手段，理想主义是目的，不借助于功利主义手段，理想主义就是空中楼阁；没有理想主义目的，功利主义丧失意义)等观点之争。[1]

在诸多有关教育价值讨论中默认为青少年的教育价值观，忽视老年阶段的价值观，然而从人的整体性、终身发展角度着眼，应该是完整的横贯青少年、中年、老年各个阶段的教育价值观，因此角色认同首先确认了老年教育价值观的意义。带领人作为老年学习群体的典型骨干，既是自觉的终身学习者，又担负组织教学的老年教育者，在个体自学与组团教学的过程中不断进行自我范畴化和社会范畴化，对老年学习团队的归属认知、情感认同、积极评价形成系统性认同体系，强调了老年学习者的"参与意识""在场意识""主体意识"，这是凸显老年人生命本质的核心特质，是老年教育中体现人本价值的具体实践。老年学习团队带领人引领老年学员把愉快和有意义视为学习的动力，而不是把学习作为功利主义的手段与工具；带领人调动老年学习者的情感和思想，不限于技能知识的单纯传授，带领人作为老年教育者是老年学习的促进者而非高高在上的知识权威者。[2] 笔者参与式观察中记录的老年学习团队带领人与团队成员参与学习活动的团队情境是以情感交融、愉快学习与社交相处为特性，如此寓教于实践，学习与生活割裂的鸿沟被填充，学习中生活，生活中学习成为老年团队学习的常态。带领人是老年学习团队中"平等中的首席"，是扮演"教师"的"教他"角色，老年团队学习的形式平等，资源共享，带领人在工作中学习，在学习中工作，其"老年教育

---

[1] 陈杰：《对教育价值观的若干思考》，《教育探索》1999年第3期。
[2] 车文博：《人本主义心理学》，浙江教育出版社2003年版，第451页。

者"角色不是单纯技艺学习的权威者,而是团队学习的促进者、团队管理的组织者、学习氛围的调动者、团队学习的设计者等,从而使得带领人的角色认同更为深化,更加强化其带领人角色认同、自我认同、机构认同、社区认同等,凸显了老年教育的外因内化作用。换言之,教育的价值历来都是社会价值为主旨,而角色认同更加深化了社会价值和个体价值的统一,没有角色认同,老年教育的价值仅仅以社会本位会导致老年教育的"无人"境地,即只有单一的学习成果衡量价值显然无法涵盖老年教育的价值丰富性,所以老年教育的价值在于内因外化作用,既有老年学习者的个体主体性的彰显,又有老年教育成果得到社会认可的老年学习文化氛围。这也是教育价值覆盖全面全员全年龄段的契机。社会主流文化一直以来都是以年轻人为主要关注对象,然而伴随全球老龄化,中国特大都市上海、北京等地的深度老龄化,老年人主导的老年学习文化也应该被正视与正面宣传。角色认同正是对老年教育价值的主体性彰显。"我是谁""我们是谁",作为退而不休的老年学习团队带领人在实践层面用自己的生动案例揭示了答案,为老年人自组织学习展现了昂扬的精神风貌。著名哲学人类学家兰德曼认为文化与教育虽然不是一件事,但却无法分割,在人的发展上同义,他把教育与文化进行综合研究,奠定了教育人类学的基础。[1] 角色认同是老年教育和学习蔚然成文化之风的中介,是体现老年教育内因外化作用的行动实践。

二、角色认同弥合老年教育的价值冲突

教育理论界曾把目前我国教育价值的冲突归结为教育的个人价值与社会价值的冲突、教育的目的价值与工具价值的冲突、教育的精神价值与物质价值的冲突、教育的效率价值与公平价值的冲突、教育的科学价值与人文价值的冲突等。[2]

---

[1] 兰德曼:《哲学人类学》,工人出版社1989年版,第280页。
[2] 王卫东:《关于教育价值问题的讨论》,《教育研究》1996年第4期。

角色认同是对老年教育的个人价值与社会价值的认同,它是从个体—群体关系的角度着眼老年学习与教育的价值,既强调老年学习者个体对老年学习与教育的情感认同,又强调对老年学习群体的归属认知,并形成正面评价,把老年教育价值冲突中的个人价值与社会价值的冲突进行了消解,即角色认同是老年教育个人价值和社会价值的统一。作为角色认同首先源于角色理论和社会认同(Social Identity Theory,SIT)理论,社会认同源于个体对自身所隶属社会范畴的认知,[1]是个体自我概念(self-concept)的一部分,是行动者对其范畴资格(membership)积极的认知、评价、情感体验及价值承诺。[2] 角色认同自身属性就是社会性的,而且是个体在社会性群体中一分子的认同,老年学习是老年人社会参与的教育学习参与范畴的体现,对于老年学习团队带领人这一典型学习骨干而言,回应了"我是谁"和"我们是谁"的命题,明确老年教育者、团队管理者、志愿服务者等角色认同有效缓解了老年教育的个体价值与社会价值的冲突。

教育是为满足个人发展还是社会发展的二元论本身就有一定缺陷,现实中的教育功利主义助长了极端个人主义的教育价值观,否定或无视教育为社会发展培养全面发展人才的事实,因此争端一直存在。然而老年教育的个人价值与社会价值在角色认同的弥合下更加统一完整。老年人参加老年学习体现个人主体性,满足个人学习需求,增益赋能,同时确立角色认同,对老年学习团队形成团队归属,情感认同,会不断参与老年团队学习,使得整个老年学习团队可持续发展,随着"我们是谁"的清晰定位,老年人整体学习风貌、社会意义得以彰显,使得老年教育的个人价值与社会价值趋于一致。

---

[1] Tajfel H. & J. C. Turner,"The Social Identity Theory of Intergroup Behavior". In *Psychology of Intergroup Relations*,Worchel S,Austin W(Eds). 1986,Nelson Hall:Chicago.

[2] Tajfel H.,*Differentiation Between Social Groups: Studies in the Social Psychology of Intergroup Relations*. 1978,Chapters1-3,London:Academic Press.

角色认同弥合了老年教育的目的价值与工具价值的冲突。目的价值与工具价值取决于主体内在与外在价值的区分。老年教育的目的价值即通过老年学习实现人的主体性内在发展，譬如编织老年学习团队带领人张阿姨参加团队学习就是为了满足自己的兴趣爱好，让自己的老年学习生活有了生趣，在切磋与交流编织技艺的同时自身获得成就感、幸福感。老年教育的工具价值即以教育为手段，创造发展所需要条件的外在价值。编织老年学习团队带领人之所以能够从一般成员成长为带领人，主要取决于她对编织老年学习团队的认同，与前任带领人只是借助于团队学习平台向成员推销自己的编织品对比，显然，前编织老年学习团队带领人把他人当作了经济实现的工具，带领人身份成了她达成其个人目的的手段，于是引发了老年教育的目的价值与工具价值的冲突，最后被编织团队老年学习者投诉直到卸任。马克思认为："人的根本就是人本身。"①人既是目的又是手段，人把自身放在社会中考察，自身是目的与手段的统一。人与人都是主体，人与人之间是主体间性的关系，角色认同赋予老年教育的主体价值，带领人与团队成员的目的价值与工具价值，内在与外在价值得以实现辩证统一，人的价值也实现了有机统一。

角色认同弥合了老年教育的精神价值与物质价值的冲突。人—教育—社会一直是三边互动关系，角色认同赋予老年教育的精神价值在于其人本主义的体现，譬如老年学习团队带领人在组织团队学习中的精神追求，即角色使命感、角色自尊感、角色自信感等都给予了带领人扮演老年教育者、团队管理者、志愿服务者等明确的角色认知和角色意义，这些角色领会演绎了带领人的退休精神。老年教育的物质价值是实现老年教育目的的外在条件，譬如瓷刻老年学习团队带领人陈伯伯担负瓷刻技艺传承非遗物质文化传承人的角色，他在传承瓷刻技艺的同时却不免对团队成员一旦学会瓷刻

---

① 《马克思恩格斯全集》(第1卷)，人民出版社1960年版，第460页。

是否进行商业活动存有疑虑,角色认同天然就具有促进主体发展的归属认知需要。在团队集体氛围的渲染中,在带领人潜移默化的润物无声中,团队认同老年教育的公益性质,强调团员的德艺双馨,角色认同缓解了老年教育的精神价值与物质价值的冲突,主要旨归为内在的主体的全面而自由的发展。

角色认同弥合了老年教育的效率价值与公平价值的冲突。老年教育本身就是突出老年群体受教育权和自主学习的权益,然而在实践活动中我们仍然发现老年教育的组织机构不可能面面俱到,无法让所有愿意参与老年学习活动的个体尽入其中,这牵涉老年教育的规模、效率、供给、资源、公平等问题,老年团队学习则是另辟蹊径,以带领人为领衔,自组织老年团队学习,形成灵活多元的老年教育学习形式,使得老年人个体对学习团队认同,进而就会带动更多老年人参与其中,缓解老年教育资源供给不足的瓶颈问题,体现老年教育的效率价值与公平价值相统一,使得教育规模与效率,供给与资源,公平与缺失有了相对的平衡。其中老年学习者的典型代表老年学习团队带领人是运营团队的中坚力量,其角色认同的建构过程是老年学习团队存续的核心环节,由此可得出结论:带领人角色认同保证了老年学习团队的可持续发展,也间接弥合了老年教育的效率价值与公平价值的冲突,使得老年学习与教育的满意度有所提升。

角色认同弥合了老年教育的科学价值与人文价值的冲突。党的十九届四中全会提出增进人民福祉、促进人的全面发展是我们党立党为公、执政为民的本质要求。[①] 可见,人的全面发展当然包括所有年龄阶段的人,老年学习与教育是促成人的全面发展,增进民生福利,体现社会公平的重要指标。老年教育的科学价值更多体现在教育教学内容、学习方法合乎老年学习者的认知规律,适应其学习习惯。老年学习团队带领人对老年教育者的角色认同源于诺尔斯成人教育学理论,他认为成人具备自我概念(the learners'

---

① 《中共中央关于坚持和完善中国特色社会主义制度 推进国家治理体系和治理能力现代化若干重大问题的决定》,https://China.huanqiu.com/article/9CaKrnKnC4J。

self-concept)、学习经验(the learners' experience)、学习准备(readiness to learn)、学习导向(orientation to learn)、学习动机(motivation to learn)的假设。[1] 因此带领人注重团队成员的经验沉淀,以能者为师的开放心态,与团队成员互学互教,把老年学习者变为学习资源,合乎老年学习规律,顺应老年学习者特征,注重老年学习团队的内群归属认知、情感认同、内群评价,体现人文价值的特征。由此发现带领人角色认同的建构过程既强调带领人的个体特质,又尊重老年学习者的认知规律与习惯。笔者跨个案分析不同老年学习团队带领人的情感导向、业绩导向、学习动机、学习障碍,求同存异,勾勒出各老年学习团队带领人不同的角色认同特质,从中展现的是带领人应对老年学习者的感性与理性的平衡,既尊重老年人学习规律又付诸情感凝聚。英国教育家尼尔指出,发达生产力不应当束缚人的自由和情感,丧失自由和思考的社会病一半归咎于教育。角色认同则从老年学习者的内在价值出发,通过角色认知、角色情感、角色互动来实现人的全面而自由的发展。

三、角色认同挖掘老年教育的智慧价值

角色认同重视老年人的精神生命质量的提高和智慧的生成。哲学的原义就是爱智慧。爱智慧不限于对知识技能的追求,更关注人安身立命的沉思以及对崇高智慧理想之峰的无限攀登。

皮亚杰的《智慧心理学》主要讲述了儿童智力发展问题,他把智慧定义为"适应",避免智慧目的论。[2] 智力是智慧的一部分,结合笔者对老年学习团队带领人的质性研究,老年人更接近真正意义的"智慧"境地,尤其是带领人不仅在老年阶段适应社会发展,而且更加发挥了在岁月沉淀中的优势,结合人生成长的丰富阅历,更易把握"智慧"天平,达成积极老龄化,展现不断

---

[1] Knowles, M. S. *The Adult Learner: A Neglected Species*. 1984, pp. 181-182, Houston, TX: Gulf Publishing.

[2] http://kns.cnki.net/kcms/detail/knetsearch.aspx.

成长终身发展的退休精神。

笔者分别从哲学、心理学层面引述"智慧"的内涵,结合对老年学习团队带领人的研究访谈发现他们从主观动机、人生经验、回溯往事与阅历沉淀中都体现了智慧价值。

首先,老年学习团队带领人主观上拥有健康积极的老龄观。他们志愿组建老年学习团队,运维团队,社会参与意识的内驱力强,譬如老年终身学习推进员团队带领人景伯伯的"事业"心是志愿心的渗透;山水画带领人王阿姨热忱奉献,常年在社区、学校帮居民、学员义务写春联;形体舞带领人刘阿姨认为学习是保持健康与青春的"法宝",等等,这与退休精神所表达的创建不断成长的有意义的生活内涵相一致,且带领人越主动参与组织团队活动,越能成长不止,终身发展。

其次,老年学习团队带领人的经验与阅历彰显智慧要旨。这也是角色认同中对成人教育学理论中自我概念、自我经验、学习动机等的借鉴。而智慧在哲学意义上是对真理的追求,在心理学意义上是对环境的适应。通过带领人的历史回溯、阅历分享及对其为人处世的参与式观察,都印证了老年学习团队带领人的经验沉淀与退而不休的精神,他们既能与时代保持同步,又一定程度上改观了传统社会对老年人的刻板印象,虽然年龄步入老年,但他们依然通过不断志愿服务与终身学习坚持追求自我,焕发青春的风采。

角色认同促成智慧生成。老年学习团队带领人身体力行,运用自己所学所长不断进行社会参与,实现身心健康的目标,在此过程中无不弥散智慧的生成,说明智慧并非仅仅停留在思辨与玄学阶段,从个人发展历史长河中考察,老年阶段,老年学习团队带领人通过角色认同更有可能达成与趋近智慧境界,因为在此过程中是个人对自我持续不断的积极心理暗示,在不断的活动参与中时刻保持与时代同步、共进,实现老而不朽、智者通达、慧明融合之境地,这也是对退休精神的重新释义。

结　语

> 老骥伏枥，志在千里。烈士暮年，壮心不已。
> 盈缩之期，不但在天；养怡之福，可得永年。
>
> ——《步出夏门行·龟虽寿》

老年学习团队带领人角色认同是角色认知、角色情感、角色互动建构的过程，带领人把自己角色定位为老年教育者为主，团队管理者、活动组织者、志愿服务者等兼而有之的复合型角色，并通过与团队、家庭、社区互动实现角色认同，整个过程都是带领人作为行动者实践以学养老，达成积极老龄化，带动更多老年人展现当代老年人退休精神风采的明证。参照中国老年人社会参与样本调查，[1]参与老年学习的人群在身心健康方面比率较高，这也是带领人在访谈中普遍达成的共识，是其构建角色认同的内源动因。退休精神与角色认同是互为整合的关系，角色认同的出发点与归宿都是指向退休精神，而退休精神是角色认同的理念引领。

第一节　研究基本结论

本书通过访谈、参与式观察，以斯特赖克显著性角色认同理论的角色投

---

[1] 位秀平：《中国老年人社会参与和健康的关系及影响因子研究》，华东师范大学博士论文，2015年。

入、身份承诺、内外奖赏、他人支持几个维度展现 6 位带领人角色认同的图景,跨个例诠释带领人角色认同建构的过程,继而探究带领人角色认同的本质,衍生对带领人角色认同的性质剖析,得出如下结论。

一、带领人角色认同的建构过程

带领人角色认同的建构过程主要概括为个体角色认知、"工作"角色情感、角色互动与角色认同三个层面,其中角色认知包括角色定位、角色意义;角色情感包括角色归属感、角色自豪感、角色使命感;角色互动包括带领人与团队互动、与社区互动、与机构互动、与家庭互动等的意义协商和建构过程,最终形成老年学习团队带领人自我标定内在化,即自我角色认同与社会角色认同的一致,从中体现了老年学习团队带领人退而不休的精神,回应了带领人通过角色认同占据某一社会位置的角色认知、角色扮演、角色执行过程。

个体角色认知成因又分为学习力、性别、退休前职业;"工作"角色情感成因分为领导力、管理风格、管理力;角色互动成因包括家庭,即夫妻关系、代际关系支持力;社区,即社区参与黏合力、社区认同度。

二、带领人角色认同具有共通性特征与各异性特色风格

老年学习团队带领人形成了共通的角色认同特征,即协调团队成员关系,注重情感交汇;乐于奉献,具有志愿精神;上情下达,成为沟通桥梁;技艺见长,成长为老年教育者;处事见强,形成智慧积淀;同时带领人的角色认同风格各异,分为强技艺专业特色型的带领人角色认同风格、强兴趣共同爱好型的带领人角色认同风格、强运营重视制度安排型的带领人角色认同风格。

三、形成带领人角色认同社会化的角色集合

带领人角色认同主要表现为带领人价值观社会化构建社会角色认

同,组建团队学习活动强化社区(机构)认同,终身学习促动自我角色认同三方面。带领人角色社会化包括学习计划的制订者(Plan)、团队学习的支持者(Support)、团队学习的促动者(Promote)、团队内外关系的协调者(Coordinate)、联络者(Liaison)、团队项目的管理者(Manage)等的(PSPCLM)角色集合是带领人构建社会认同的依据;带领人的人际关系社会化形成个体—个体、个体—团队、个体—团队管理方、个体—指导教师、个体—赞助者、个体—社区等未知的多元互动体是带领人强化社区(机构)认同的依据;带领人作为团队发展的黏合剂,争取外援的主心骨角色是其促动自我角色认同的依据。

四、挖掘带领人角色认同的机理

带领人角色认同的机理是角色认知、角色情感、角色互动三者的互动整合。其中角色认知是角色认同的基础,包括角色认知引导带领人进行角色定位,形成老年学习亚文化群;角色认知引发带领人探寻角色意义,明确老年学习目的。角色情感是角色认同的依据,包括角色情感彰显角色认同的老年生命伦理价值,角色情感凸现角色认同的生活智慧。角色互动是角色认同的动力,包括角色认同外显于角色互动,带领人价值观社会化构建社会角色认同等。

五、带领人角色认同具有个体主体性和社会结构性

成人教育学和社会心理学的双元视角透视老年学习团队带领人的角色认同具有个体主体性和社会结构性。个体主体性主要表现为:角色认同促进老年人的终身学习,角色认同彰显人的全面发展,角色认同体现退休精神的伦理价值;同时对作为社会结构性的老年教育具有启示作用,主要表现为:角色认同昭示老年教育的外因内化作用,角色认同弥合老年教育的价值冲突,角色认同挖掘老年教育的智慧价值。

六、诠释带领人角色认同的定义

老年学习团队带领人角色认同是以老年学习团队为特定情境,对老年教育者、终身学习者、组织活动者、团队管理者、志愿服务者、智慧长者的多重角色认知,角色扮演以及产生角色情感进行角色互动建构的过程,从角色投入、身份承诺、内外奖赏和他人支持等四维度凸显带领人对老年教育者的角色显著性认同,实现自我标定内在化与外在社会自我的一致,达成角色同一性。

七、重释退休精神的内涵

退休精神定义为退而不休,个人对自我持续不断的积极心理暗示,在不断的社会(学习活动)参与中时刻保持与时代同步、共进,实现老而不朽,智者通达,慧明融合之境。在老年学习团队带领人实现角色认同,体现退休精神的过程中则酝酿、沉淀、生成了智慧,它外显于为人处事、对待得失的超然态度,内修于涵泳道德、润泽文明的内心平静。

第二节 实践启示

一、政府推动与老年学习团队自我发展相协同

老年学习团队是自组织形式,自我教育、自我管理是其特色,但仍然需要政府支持和推动,这就是老年学习团队带领人实现角色认同达成积极老龄化的保障因素。笔者认为带领人角色认同所赖以活动的情境是老年学习团队需要政府宏观管理,微观操作则在于老年学习团队自身,也就是老年学习团队发展倚重自身,以政府管理为辅。在所调研的团队中,笔者明显发现有一定公共资源支持的老年学习团队带领人对团队发展信心十足,而社会

招募的老年学习团队带领人总对团队发展感到危机四伏。究其原因就是团队"供血"问题，政府相关财政部门、各街、镇以及团队自身都要承担一定比例的活动费用，共同保障老年学习团队的运营，比例分配方面应以政府部门为主（与政府宏观管理的职责有关），团队承担为次，从而鼓励老年学习团队发展稳定。

老年大学等机构教育之所以火爆是因为拥有较为完善的教学设施，而且老年机构教育的环境令老年人怀有老年大学的仪式感，这弥补了诸多老年人在青少年时期未能实现的大学梦。因此，高校举办的老年大学很受老年人欢迎，原因就在于利用高校环境与设备设施开办老年大学，使得置身于大学校园的老年人具有成就感和圆梦意识。此外，老年机构教育收费低廉也是"一座难求"的原因，我国的老年教育属于福利性事业，一直以来被民政部门、老龄委、教育部门等联合管理，利弊参半，利处是可以带动部门联合效应，弊端则是多头管理，因此尽管老年机构教育不断扩张，但自身存在的课程设置重复、专业师资短缺、管理水平不高，再加上老年人不愿毕业只愿意享受学习过程等也一直是困扰老年机构办学的瓶颈。老年学习团队作为自主组织，团队成员适当出资，对于满足自我学习爱好既有"教育投资成本"的约束性，不至于频频出现老年人学习随意，意志不强，学习成效不足的问题，也一定程度上缓解了老年教育资源供给紧张的矛盾。老年学习团队带领人在组织管理团队中起到承上启下的中介作用，既与社区机构相关部门协调合作，通过搭建展示交流平台，代表街、镇社区机构参加竞赛等争取活动场地、经费支持，维持老年学习团队存续发展，同时又对内团结，为老年团员教授知识技能，组织教育教学，志愿服务团员与社区，体现了当代老年人的退休精神风貌，助推带领人构建角色认同，提升自我效能。

二、培育老年学习团队与培训带领人相同步

老年学习团队是增进老年人社会参与意识，繁荣社区文化建设的重要

形式之一，更是缓解老年机构教育资源紧张的重要路径之一，因此政府相关部门应加大培育发展老年学习团队与培训带领人的力度。老年学习团队缘起于老年人的志趣相投，团队可以利用的资源较少，团队活动地点和展示的舞台有可能不定期、无保证，若团队带领人再投入不足，团队成员无法协同合作，老年学习团队流产或衰退的情况就会增多。因此老年学习团队发展初创期就要有团队目标、发展计划和实施活动，作为政府相关组织可以进行过程评估和考核，从而对发展良好的老年学习团队提供一定的支持，也会淘汰发展后劲不足的团队。初创成功的老年学习团队在成长过程中需要互相磨合与适应，这一时期主要是团队带领人和成员的互动内生机制的形成，老年学习团队成员具有不同的学习基础和能力，也各有特长，若团队带领人能够在这一时期适时调动成员的学习潜能和参与兴趣，鼓励团队成员各尽所能，能者为师，介绍个人学习经验，激励团队成员提高自主学习能力等，则可以促进团队可持续发展。

团队在成长过程中发展态势良好就进入了成熟阶段，政府相关部门可以搭建展示平台，为老年学习团队提供展演的机会，增强老年人的成就感，同时也为了促进老年学习团队发展，抓住团队带领人这一中坚力量进行专业指导和培训，从而提升老年学习团队的层次。在对老年学习团队带领人进行培训时，一方面，要有学习专业的培训，譬如针对形体舞老年学习团队带领人可以输送到专业的舞蹈艺术班参加培训，或者支持老年学习团队带领人考取市民活动指导员等资质证书；另一方面，可以对老年学习团队带领人进行诸如管理方法、技能等与团队管理能力提升相关的通史性指导教育。

老年心理学和老年健康教育也应包括其中。作为老年学习团队带领人，要明确老年人既要服老，即不要逞强好胜和年轻人比自己的弱势，又要建设积极的角色认同，所以掌握一定的心理学知识实属必要，再加上老年人拥有阅历积淀，适宜的老年心理学和健康教育可以促进带领人加深角色认同的深度。青少年角色社会化是初级社会化,是建立适应社会的规则意识,老年人的角色继续社会化着重于人格的自我完善,老年人的成长成熟发展阶段使其具有较强的自我解剖和自控力,会对自己主动选择的角色按计划、按步骤地达成。老年学习团队带领人经过专业和通史的培训,提高管理老年学习团队的角色意识,以一种"乐学乐生"的积极状态,寓乐于学与寓学于乐相融入,展现退休精神风貌。

三、知识技能与老年学习者资源化主张相互补

老年学习团队经常被冠以某个名号是不是就只能学习这个方面的内容呢?这也是笔者在访谈中的困惑,笔者发现作为自组织的老年学习团队,完全有可能把团队成员自身看作学习资源。与传统资源观中把学习者仅仅看作消耗者不同,老年学习者能者为师,互为彼此学习资源,能力互补,既调动了老年学员的主动学习热情又解决了学习需求增长导致资源供需矛盾的问题。[①] 老年学习团队成员都是由阅历丰富的老年人所组成,他们退休前在各行各业有自己的专业技术或者擅长之事,甚至他们每个人不同的经历都富有实践价值和启示意义,譬如形体舞老年学习团队带领人跌宕起伏的人生命运都会令听者动容,给予人生启发,因而建议老年学习团队突破传统学习资源观,以老年学习者自身为资源。

正是由于个人经验在分享交流团队学习活动中的重要意义,所以老年学习团队也可以借鉴中国台湾地区老年学习团队的做法,除了带领人给团队成员分享自身见长的技艺外,还可以调动每个团员展示专长,令众多成员能者为师,共享知识和经验,从而呈现学习资源集聚的优势,同时也润滑老年学习团队成员之间的感情,拉近心理距离,使得团队学习内容与形式丰富多样。

---

① 范以纲:《从组织学习到学习组织——上海市民学习团队发展模式研究》,上海科学普及出版社2015年版,第144页。

诚然,在交流访谈中也会遭遇老年人不愿意多提过往经历的情况,这就需要团队成员之间彼此尊重,真诚相待。例如笔者访谈瓷刻老年学习团队带领人陈伯伯时就发现虽然他瓷刻技艺精湛,堪称"大家",但是他自己也表示对信息技术方面比较懵懂,明确自身短板需要补,而向团队其他成员请教信息技术就是策略之一,一方面要克服自己是瓷刻传承人和带领人难以"屈尊"学习的狭隘观念;另一方面要明确数字化学习对老年人社会适应所发挥的重要作用。譬如不懂得基本的信息技术,即使在家观看电视都因不懂设置网络收视而告败,据说就有老年人望而生畏,放弃收视。正如尼采在《偶像的黄昏》中曾经说:未知之物使人感到危险、不安、忧虑——第一个冲动就是要消除这种令人痛苦的状态。① 老年人参加学习就是要摆脱这种对未知的恐惧,尤其老年学习团队带领人从组织教学中,从跨团队、跨成员学习中更加增强角色自尊感、使命感、自信感。在老年人生命价值实现的进程中,应强调面向"全老年人群",关注各级各类老年人,以老年生活全领域和生命阶段全过程为己任为老年人营造和谐发展的学习生态环境。② 多元的学习资源来自老年学习团队每个成员,技不压身,即丰富老年学习团队的学习内容,使得团队发展生机勃勃。

四、老年学习团队与全年龄段学习团队相融合

在调研和撰写书稿过程中,笔者曾思考,老年学习针对老年人开展过于狭隘,面对深度老龄化的社会,要正视现实,要调动全年龄段的人反对年龄歧视,支持老年人非正规学习和非正式学习。爱因斯坦认为专业教育使得人成为一种有用的机器,但是不能成为一个和谐发展的人。③ 老年学习团队

---

① [德]尼采:《偶像的黄昏》,李超杰译,商务印书馆2009年版,第34页。
② 高峰:《感悟生命真谛提升生命质量——上海市静安区启动老年生命教育的调查与思考》,《老年教育》2014年第8期。
③ 《爱因斯坦文集》(第3卷),许良英等译,商务印书馆1976年版,第56页。

中成员的真知灼见对同辈群体是学习，对于其他年龄段的人来说可定义为相互了解和代际学习。人要经历青少年、中老年是自然规律，对于年轻人而言，了解老年人的学习、生活和思想是对自己的人生准备，也具有一种历史经验的学习价值。建议青少年社团和老年学习团队相联系，联袂学习或联合展演，通过不同年龄段的团队成员互相挖掘各自潜能，使得后喻、前喻、同喻文化成为有机生态的连续体，从文化社会学角度来看，代表了人的各个阶段的整合，促进彼此角色认同的构建。

例如我们可以让熟悉信息技术的年青人学习社团和瓷刻老年学习团队相交织，因为提升老年学习团队成员的数字技术非常有必要，缩小或填平阻隔在老年人面前的数字鸿沟。[①] 美国学者曼纽尔·卡斯特在他的《网络社会的崛起》一书中认为，网络建构了新社会形态，新信息技术渗透于整个社会结构，成为社会发展的物质基础，"网络社会"[②]俨然形成。由此说明老年学习团队无论带领人还是普通成员都应与掌握数字信息技术的年轻人沟通交流，学习必要的网络技术，从而削弱老年人和时代的差距，同样年青人参与老年瓷刻或其他老年学习团队，从实践层面接触我国传统文化精粹，也能更加体会到中国文化的博大精深，增进对老年社会的认同。从年青到年老这个年龄段的隔阂通过跨团队学习进行相互抹平，才能真正让老年人受到社会认可，老年学习团队带领人因应其扮演的老年教育者、终身学习者、志愿服务者等角色更有可能成为调整自我，善于学习，持续不断进行社会化角色认同，最终走向人生圆融、通达。

---

① 数字鸿沟即信息富有者和信息贫困者之间的鸿沟，联合国开发计划署的顾问认为数字鸿沟实际就是一种创造财富能力的差距。经合组织认为数字鸿沟是个人、家庭、企业或地区之间在获取和使用信息通信技术方面的差异。
② [美]曼纽尔·卡斯特：《网络社会的崛起》，夏铸九等译，社会科学文献出版社 2006 年版，第 9 页。

第三节　突破与反思

一、研究突破

（一）拓展了角色认同理论跨学科应用的场域

角色认同理论主要应用于社会学、心理学等领域。本书把角色认同理论应用于老年教育，具有跨学科性，是基于成人教育学立场的理论延展。本书研究对象不但是老年人，而且是参与自主管理、自我学习、自我发展的老年学习团队带领人，这与以往仅仅关注老年人不同，老年学习团队带领人不但是单纯的老年学习者，更是老年学习团队的灵魂与中坚力量，以此为研究对象使得研究具有个体鲜明、生动具体、特色典型等特征，符合质性研究对象小而深的取材条件。以老年学习团队带领人自发教老年人参与终身学习为切入点，全面展现的是其教他、管团、自学而构建角色认同的过程，体现的是其终身发展的精神信念——创建不断成长的有意义的个人生活理念，且从个体积极老龄化引领群体积极老龄化，实现社会可持续发展。

老年学习团队带领人的角色认同不同于职场或其他年龄段的角色认同，通过前期文献综述，发现角色认同多用于职场人士或中青年龄段，一方面是因为老年人已经退出职场，其社会角色因缺乏竞争力和挑战性不被社会主流所重视；另一方面，以往角色认同的研究偏重于从功利主义视角审视职业、专业等角色认同，而本书研究的老年学习团队带领人是超越了"功利主义"而突出"个体主体性"的角色认同。从这一角度而言，开拓与延展了角色认同理论应用于老年教育与学习的领域，弘扬了老年人个体不断成长和发展的退休精神。

（二）丰富了老年教育的理论内涵

本书通过对 6 位上海老年学习团队带领人角色认同过程的叙述以及跨

个案诠释带领人角色认同的特征直至总结归纳带领人角色认同的本质是层层递进的关系,从中揭示了带领人角色认同具有个体主体性和社会结构性。这是首次以角色认同为理论视角诠释老年教育,创新与丰富了老年教育的理论内涵,也从老年教育角度突破了角色认同理论的应用层面。带领人角色认同的个体主体性包括:角色认同促进老年人的终身学习以及彰显了人的全面发展,体现了退休精神的伦理价值;带领人角色认同的社会结构性:角色认同昭示老年教育的外因内化作用、弥合老年教育的价值冲突、挖掘老年教育的智慧价值。运用成人教育学和社会心理学的双元视角透视老年学习团队带领人的角色认同具有跨学科意义,也是角色认同深化老年教育内涵的体现。

此外,本研究搭建了老年学习团队带领人角色认同的理论分析框架及带领人构建老年教育者角色认同显著性的多重角色丛。根据认同(Identity)的定义,从同一性和差异性两个层面构建老年学习团队带领人的角色认同,同一性即带领人的老年学习团队认同,主要从社会角色认同定义所包含的归属认知、情感认同、积极评价三维度进行;差异性即带领人不同于普通团队成员的差异,即带领人角色认同,包括角色认知、角色情感、角色互动。角色认知又细分为角色定位和角色意义,其中角色定位是结合笔者的研究与访谈,发现老年学习团队带领人在扮演与其"工作"相一致的角色身份,且"自学""教他",从而建构形成一系列角色,即老年教育者、终身学习者、组织活动者、团队管理者、志愿服务者、智慧长者。根据斯特赖克的角色认同理论阐释个体与社会结构的关系,带领人在构建角色认同的过程即"老年教育者"角色认同显著性(Identity Salience)的彰显,主要从身份承诺、他人支持、内外奖赏、角色投入四个维度进行。角色情感包括角色归属感、角色自豪感、角色使命感;角色互动包括带领人与团队互动、与社区互动、与家庭互动等的意义协商和建构过程,最终形成老年学习团队带领人自我标定内在化,即自我认同与社会认同的一致,从中体现了老年学习团队带领人退而不休的精神,回应了带领人通过角色认同占据某一社会位置的角色认知、角色扮演、角色执行过程。

(三) 完善了老年学习的实践

带领人角色认同的研究也对现实中老年机构教育存在的积弊予以实践启示与借鉴,如针对老年学校自身存在的课程设置重复、专业师资短缺、管理水平不高、老年人不愿毕业只愿意享受学习过程难以让更多老年人享受优质教育资源等一直困扰老年机构办学的瓶颈进行实践建议。本书针对此提出发展老年学习团队和培育带领人的若干举措,主要包括:政府推动与老年学习团队自我发展相协同;培育老年学习团队与培训带领人相同步;知识技能与老年学习者资源化主张相互补;老年学习团队与全年龄段学习团队相融合。

二、反思与展望

本书采取的是质性研究法,经过文献综述发现研究角色认同相关理论都以量化为主,然而针对老年学习团队带领人的角色认同更适合质性研究。本书充分展现了每位带领人角色认同的生动图景,通过跨个案分析其角色认同建构过程,探究了带领人角色认同的本质是角色认知、角色情感、角色互动三者的互动整合,具有个体终身发展的主体性和社会结构性,为挖掘老年教育与学习的实践和理论开辟新场域与新视角。与此同时也对选取带领人样本的代表性进行反思,对智慧生成和后续衍生研究进行反思。

(一) 对选取带领人样本代表性的反思

虽然笔者在预研究中对 16 位带领人进行了访谈,但经过思考,发现有的团队学习内容雷同,有的团队开展学习活动的时间较短,有的团队学习文化元素太少,有的团队带领人不容易访谈等,于是从中甄选了老年学习动静结合,学习文化因素相对充分,带领人与自己"投缘"的 6 位带领人及团队,但又自问,选择的带领人是否一定具有典型代表性?他们构建角色认同的工作、学习、生活的故事是否能够激发读者同样的共鸣?以城市环境为背景选择的样本是否能为研究农村老年学习参与或与城市老年学习对比的后续设置基础研究？

(二) 对智慧生成与后续衍生研究的反思

带领人角色认同、退休精神与智慧生成有联系，但坦诚来讲，"智慧"是讲"慧根"的，笔者认为智慧带有很强的个人性，因此老年学习团队带领人角色认同应被视为智慧生成的一个必要条件而非充分必要条件，因为对于有"慧根"的人来言，或许年龄、经历都不一定是智慧生成的必然因素，因此虽然笔者在书中着此笔墨，意图把带领人角色认同与中国老年人传统文化智慧相联系，但也是延伸不多，因此笔者也在书中有所保留地指明，带领人持之以恒的学习使其更有可能掌握"智慧天平"，亦即智慧弥散于带领人角色认同的建构过程中，譬如平衡团队关系与矛盾，增进团队学习与发展，智慧地为人处世等。

从社会学的观点来言，从青少年乃至成年早中期都必需经历早期初级的社会化，进而继续社会化。退休精神的本意就是创建不断成长的有意义的个人生活，是个体积极老龄化的折射。国家提出积极应对老龄化也是社会和谐稳定的政策导向，然而在现实中，我们依然发现少数老年人并不参与任何形式的团体学习，只是按照自己的生活方式独享其乐，譬如老年人笃信宗教，自我阅读，自我修身等，这些老年人也在生活中表现了安详、沉稳、智慧等特性，看似他们与积极老龄化不大相容，就如陶渊明笔下的情境："结庐在人境，而无车马喧。问君何能尔？心远地自偏。采菊东篱下，悠然见南山。山气日夕佳，飞鸟相与还。此中有真意，欲辨已忘言。"这些老年人的恬静安然何尝不也是一种成长和发展？带领人组建老年学习团队，引领老年人参与学习构建角色认同体现退休精神，而还有些老年人修身养性，持重修为体现长者风范也是退休精神的别样体现……

尽管笔者在研究老年团队带领人方面的行文暂时告一段落，但研究老年教育与老年学习等议题矢志不渝，有理由相信，伴随全球深度老龄化的现实逼近，老年人的社会参与力度会不断加强，除了政府要有自上而下的政策扶持和行政动员，笔者深深认为，诸如老年学习团队、社区老年自治学堂、老年人学习互助小组等多种自主自由的老年学习形式会更受到老年人的青睐，因为这些自主学习团队都是自下而上，老年人自觉自愿自发自组织自行参与的团队，其生机无限。关键就是如何在政策扶持和老年人自组织和自学习中找到平衡，以至最后没有政府支持，老年学习团队凭借老年人自身的运营能力仍然能够维持团队生存与发展，那么总结这类老年学习团队的机制、特征和学习范式也是笔者今后可能研究的衍生课题。

另外笔者研究的带领人角色认同都是基于城市老年人的社会参与形式，他们已经进入了学习文化养老的精神层面，然而对农村老年学习匮乏的现象，笔者也有相当的研究兴趣。一方面，国家"十四五"规划也提出乡村振兴的发展方略，也应包括乡村老年学习与教育的关涉；另一方面，缘于看到农村老年人自杀率颇高的社会纪实报告，政府虽然把"老有所养"放在首位，但对于轻生的老年人来讲，肯定哀莫大于心死，如何帮助和引领乡村老年人接受老年学习，增强老年生命价值的理念？从这一极端报告说明乡村老年人的文化学习资源、设施、条件非常缺失，那么形式灵活的老年学习团队是否有可能在农村老年人中兴盛，从而有效缓解他们晚年的精神凄苦？笔者希望在未来尝试介入老年弱势群体的教育与学习探索。

最后以法规政策来结尾，充分表明笔者作为一名基层成人教育者对老年人享受教育和学习权益，体现社会公平与包容发展的支持。《中华人民共和国老年人权益保障法》第三十一条规定："老年人有受教育的权利，国家发展老年教育，鼓励社会举办各类老年学校。各级人民政府对老年教育应加强领导，统一规划。"《国家教育中长期改革和发展规划纲要（2010年—2020年）》第八章《继续教育》中规定："重视老年教育，创导全民阅读，广泛开展城乡社区教育，加强各类学习型组织建设，基本形成全民学习，终身学习的学习型社会。"

参考文献

一、中文文献

[1][加]D.简·克兰迪宁、迈克尔·康纳利:《叙事探究:质的研究中的经验和故事》,陈向明审校,张园译,北京大学出版社2008年版。

[2][美]N·R.霍夫曼:《社会老年学——多学科展望》,社会科学文献出版社1992年版。

[3][美]埃里希·弗洛姆:《弗洛姆著作精选——人性·社会·拯救》,上海人民出版社1989年版。

[4][英]艾莉森·哈丁厄姆:《团队合作》,周光凡译,上海人民出版社2006年版。

[5]许良英等译:《爱因斯坦文集》(第3卷),商务印书馆1976年版。

[6][法]保罗·利科:《解释学与人文科学》,河北人民出版社1987年版。

[7]贝纳尔:《成年期及其变化》,加拿大蒙特利尔大学出版1986年版。

[8][法]布迪厄(P. Bourdieu)、华康德:《实践与反思——反思社会学导引》,李猛、李康译,中央编译出版社1998年版。

[9]曹志华:《流动老年人社会认同研究——以北京市安慧里社区流动老年人为例》,中央民族大学,2012年。

[10]查小琼:《社会认同视阈下小组工作提升随迁老人的社区认同研究》,华中科技大学硕士论文,2019年。

[11]车文博:《人本主义心理学》,浙江教育出版社2003年版。

[12]车文博主编:《当代西方心理学新词典》,吉林人民出版社2001年版。

[13]陈勃:《人口老龄化背景下城市老年人的社会适应问题研究》,《社会科学》2008年第8期。

[14]陈杰:《对教育价值观的若干思考》,《教育探索》1999年第3期。

[15]陈利娜:《当代大学生对社会主义核心价值观认同的研究——基于社会认同理论的视角》,南京工业大学硕士论文,2015年。

[16]陈向明:《质的研究方法与社会科学研究》,教育科学出版社2000年版。

[17]陈昫:《老年人社会参与"嵌入性"问题分析》,《老龄科学研究》2014年第1期。

[18]崔丽娟、才源源:《社会心理学》,华东师范大学出版社2008年版。

[19][美]达肯沃尔德·梅里安:《成人教育——实践的基础》,刘宪之等译,教育科学出版社1986年版。

[20][美]戴维·波普诺:《社会学》,李强等译,中国人民大学出版社2007年第11版。

[21]邓梦兰:《生命回顾疗法介入老年人的自我认同研究》,华中科技大学硕士论文,2018年。

[22]董小英:《再登巴比伦塔——巴赫金与对话理论》,生活·读书·新知三联书店1994年版。

[23]段进玉:《浅论城市低龄老年人继续社会化》,华中师范大学硕士论文,2012年。

[24]范明林、张钟汝:《老年社会工作》,上海大学出版社2005年版。

[25]范以纲:《从组织学习到学习组织——上海市民学习团队发展模式研究》,上海科学普及出版社2015年版。

[26]方文:《群体符号边界如何形成——以北京基督教新群体为例》,《社会学研究》2005年第1期。

[27][德]斐迪南·滕尼斯:《共同体与社会》,林荣远译,商务印书馆1999年版。

[28]弗兰克·G.戈布尔:《第三思潮:马斯洛心理学》,上海译文出版社2006年版。

[29][奥]弗洛伊德:《精神分析引论新编》,高觉敷译,商务印书馆1987年版。

[30]高峰:《感悟生命真谛提升生命质量——上海市静安区启动老年生命教育的

调查与思考》,《老年教育》(老年大学)2014年第8期。

[31] 高志敏等:《成人教育社会学》,河北教育出版社2006年版。

[32] 古斯塔夫·伊克梅译:《人际关系中的误解》,《美国社会学杂志》55卷增刊,1949年第6—7期。

[33] 郭维森:《诗思与哲思:中国古代哲理诗赏析》,贵州人民出版社2006年版。

[34] 何爱霞:《专业社会化图景——成人教育工作者的叙事探究》,华东师范大学博士论文,2010年版。

[35] 胡华敏:《两难情景中合作行为的社会理性研究——社会身份及其作用机制》,浙江大学博士论文,2008年。

[36] [德]胡塞尔:《欧洲科学的危机与超验现象学》,张庆熊译,上海译文出版社1988年版。

[37] 黄健等:《教育公平视域下老年教育的发展研究——基于上海老年教育的一项实证研究》,《当代继续教育》2016年第4期。

[38] 黄秋彤:《认同·转变·重塑:老年人在微信使用中的身份认同与建构》,西南大学硕士论文,2019年。

[39] 黄希庭:《简明心理学词典》,安徽人民出版社2004年版。

[40] 黄育馥:《人与社会——社会化问题在美国》,辽宁人民出版社1986年版。

[41] [英]吉登斯:《现代性与自我认同》,赵旭东、方文译,生活·读书·新知三联书店1998年版。

[42] 蒋莹等:《大学生心理健康、自我价值感与角色认同的关系研究》,《阅江学刊》2017年第2期。

[43] 凯瑟琳·麦金尼斯&迪特里克:《老年社会工作》,中国人民大学出版社2008年版。

[44] [美]赖特·米尔斯:《权力精英》,尹宏毅、法磊译,新华出版社2017年版。

[45] 兰德曼:《哲学人类学》,工人出版社1989年版。

[46] 雷开春:《城市新移民的社会认同研究》,上海大学博士论文,2008年。

[47] 李刚:《城市社区社会工作者职业认同研究——基于杭州市上城区752个调研样本的分析》,杭州师范大学硕士论文,2018年。

[48] 李建红等:《基于社会认同理论的社工大学生专业认同研究》,《邢台学院学报》2016 年第 1 期。

[49] 李知恕:《论马克思主义的人的全面发展观》,《理论探讨》2002 年第 3 期。

[50] 联合国教科文组织:《学会生存——教育世界的今天和明天》,教育科学出版社 1996 年版。

[51] 梁宗娅:《认同理论视角下儿童自信心不足的社会工作干预研究——以甘肃 M 社区农村儿童社会工作服务为例》,兰州大学硕士论文,2016 年。

[52] 林语堂:《人生不过如此》,陕西师范大学出版社 2007 年版。

[53] 蔺海沣等:《新生代乡村教师角色认同危机及其消解路径》,《中国教育学刊》2019 年第 2 期。

[54] 刘径言:《高校教师教育者的专业成长:特征、困境与路径》,《教师教育研究》2015 年第 3 期。

[55] 刘丽娟:《大学生角色认同对学习投入的影响研究》,《宜春学院学报》2017 年第 7 期。

[56] 龙果坚:《领导者与员工创造力角色认同的一致性程度对员工创造力行为的影响》,湘潭大学硕士论文,2020 年。

[57] 罗比·基德:《成人怎样学习》,蔺延梓译,上海第二教育学院编印,1985 年。

[58] 罗伯特·E. 帕克:《种族与文化》伊利诺伊州格伦科,台北自由出版社 1922 年版。

[59] [美] 罗伯特·M. 史密斯:《学会如何学习——成人的应用理论》,朱丽华、翁德寿译,中国劳动出版社 1991 年版。

[60] [澳] 马尔科姆·沃特斯:《现代社会学理论》,杨善华等译,华夏出版社 2000 年第 2 版。

[61] [澳] 迈克尔·A. 豪格(Michael A. Hogg)&[英] 多米尼克·阿布拉姆斯(Dominic Abrams):《社会认同的过程》,高明华译,中国人民大学出版社 2011 年版。

[62] [美] 曼纽尔·卡斯特:《认同的力量》,曹荣湘译,社会科学文献出版社 2006 年第 2 版。

[63] [美] 曼纽尔·卡斯特:《网络社会的崛起》,夏铸九等译,社会科学文献出版社

2006年版。

［64］毛泽东：《关于正确处理人民内部矛盾问题》，《毛泽东著作选读》（下册），人民出版社1986年版。

［65］牟新渝、王晓庆：《树立和培育积极老龄观》，《人民日报》2017年11月9日。

［66］穆光宗：《丧失和超越寻求老龄政策的理论支点》，《市场与人口分析》2002年第4期。

［67］［德］尼采：《偶像的黄昏》，李超杰译，商务印书馆2009年版。

［68］欧文·戈夫曼：《日常生活中的自我呈现》，冯钢译，北京大学出版社2008年版。

［69］［美］乔纳森·特纳（Jonathan H. Turner）：《社会学理论的结构》，邱泽奇等译，华夏出版社2001年版。

［70］［美］乔治·H. 米德：《心灵、自我与社会》，赵月瑟译，上海译文出版社2008年版。

［71］乔治·桑塔耶那：《在英国的独白以及后来的独白》，纽约斯科利伯纳公司1922年。

［72］［美］琼·莱夫、艾蒂安·温格：《情景学习：合法的边缘性参与》，王文静译，华东师范大学出版社2004年版。

［73］任胜楠：《消费者性别角色影响绿色消费行为的实证研究》，《管理学刊》2020年第6期。

［74］阮琳燕等：《多重认同叠合机制：新教师专业发展角色冲突的和解路径》，《教师教育研究》2020年第1期。

［75］孙喜亭：《素质与教育》，《教育研究》1996年第5期。

［76］孙秀艳：《青年公务员社会认同及其引导研究》，福建师范大学博士论文，2011年。

［77］孙旭：《马克思关于人的全面发展理论研究》，复旦大学出版社2010年版。

［78］泰弗尔：《群际行为的社会认同论》，方文、李康乐译，《社会心理研究》2004年第2期。

［79］谈小燕：《原城郊农民市民角色转换过程中的认同及适应性实证分析》，《青海

社会科学》2013年第5期。

[80] 谭兢常等:《英汉妇女与法律词汇释义》,北京对外翻译出版公司1995年版。

[81] 唐忠新:《迈向和谐社会的社区服务》,中国社会出版社2005年版。

[82] 陶红:《教育价值观的研究》,吉林大学博士论文,2005年。

[83] 王涵阳:《体育专业女生社会认同研究》,西北师范大学硕士论文,2019年。

[84] 仝利民:《老年社会工作》,华东理工大学出版社2006年版。

[85] 汪大海主编:《社区管理》,北京师范大学出版社2011年版。

[86] 王康:《社会学词典》,山东人民出版社1988年版。

[87] 王坤庆:《现代教育哲学》,华中师范大学出版社1996年版。

[88] 王莉红:《人力资本与社会资本对创新的影响:个体与团队跨层次模型研究——基于经验学习与社会认同的作用机制》,上海交通大学博士论文,2013年。

[89] 王树新:《老年社会工作》,中国劳动社会保障出版社2007年版。

[90] 王卫东:《关于教育价值问题的讨论》,《教育研究》1996年第4期。

[91] 王玺等:《大学生志愿者的角色认同与压力应对研究》,《西南师范大学学报(自然科学版)》2012年第12期。

[92] 王潇潇:《新生代农民工社交网络使用与其工作角色认同及工作行为的关系》,天津师范大学硕士论文,2018年。

[93] 位秀平:《中国老年人社会参与和健康的关系及影响因子研究》,华东师范大学博士论文,2015年。

[94] 奚从清:《角色论》,浙江大学出版社,2010年。

[95]《现代汉语词典》,商务印书馆2016年第7版。

[96] 谢立黎:《中国老年人身份认同变化及其影响因素》,《人口与经济》2014年第1期。

[97] 徐改:《成功职业女性的生涯发展与性别构建》,华东师范大学博士论文,2007年。

[98] 徐宗良:《生命伦理的三项任务》,《光明日报》2004年6月15日。

[99] [加]许美德:《思想肖像:中国知名教育家的故事》,周勇等译,教育科学出版社2008年版。

[100][美]雪伦·B.梅里安等:《成人学习的综合研究与实践指导》,黄健等译,中国人民大学出版社 2011 年版。

[101]闫超:《基于社会认同视角的新生代农民工炫耀性消费行为影响机理研究》,吉林大学博士论文,2012 年。

[102]闫肖铎:《中国老了,可我们还没准备好》,《中国新闻周刊》2016 年第 8 期。

[103]阎志强:《广东退休老人社会适应研究》,《南方人口》2006 年第 6 期。

[104]杨善华、谢立中:《西方社会学理论》(下卷),北京大学出版社 2006 年版。

[105]姚裕群主编:《团队建设与管理》,首都经济贸易大学出版社 2006 年版。

[106]叶澜:《论影响人发展的诸因素及其与发展主体的动态关系》,《中国社会科学》1986 年第 3 期。

[107][美]约翰·伊万切维奇等:《组织行为与管理》,邵冲等译,机械工业出版社 2006 年版。

[108]岳燕:《上海老年人学习参与的研究——基于理论互涉的视角》,《当代继续教育》2020 年第 4 期。

[109]岳瑛等:《关于老年大学学员学习需求情况的调查》,《天津市教科院学报》2003 年第 12 期。

[110][美]詹姆斯·奥特里(James A. Autry):《退休精神》,曹文丽译,生活·读书·新知三联书店 2010 年版。

[111]张春兴:《教育心理学》,浙江教育出版社 1998 年版。

[112]张文霞、朱东亮:《家庭社会工作》,社会科学文献出版社 2005 年版。

[113]张遐等:《在线教师角色认同与专业发展研究——以中国开放大学青年教师为例》,《中国青年研究》2016 年第 5 期。

[114]张宇:《论角色认同的重新定位》,《求索》2008 年第 3 期。

[115]赵志裕、温静、谭俭邦:《社会认同的基本心理历程——香港回归中国的研究范例》,《社会学研究》2005 年第 5 期。

[116]郑笑眉:《英语学习中的态度、社会认同与转化投资》,《教育导刊》2015 年第 2 期。

[117]《中共中央关于坚持和完善中国特色社会主义制度 推进国家治理体系和治理

能力现代化若干重大问题的决定》,https://china.huanqiu.com/article/9CaKrnKnC4J。

[118] 中国语言文字系列辞书编委会《中国现代汉语词典》编委会:《中华现代汉语词典》,中国大百科全书出版社2007年版。

[119]《中华人民共和国老年人权益保障法》,http://www.mca.gov.cn/article/zwgk/vg/shlhshsw/201302/20130200418213.shtml。

二、英文文献

[1] Adams, L. L. (2010). Using Wenger's Social Theory of Learning to Examine University Teachers' Understanding of How Instructional Technology Affects Their Experience in Practice. A Doctor Dissertation in the College of Human Resourcesand Education in West Virginia University.

[2] Ana F. Abraido-Lanza. (1997). "Lantina with: Effects of Illness, Role Identity, and Compete Psychological Well-Being". *Amecian Journal of Community Psychology*, 25, 5.

[3] Asams, GR., & Marshall, S. K. (1996). "A Developmental Social Psychology of Identity: Understanding the Person in Context". *Journal of Adolescence*, 19.

[4] Austin, J. L. (1962). How to Do Things with Words.

[5] Baltes, P. B. & Staudinger, U. M. (2000). "Sophia: A Me-Taheuristic (pragmatic) to Orchestrate Mind and Virtue Toward Excellence". *American Psychologist*, 55(1).

[6] Berger P. L., & Luckmann, T. (1967). *The Social Construction of Reality: A Treatise in the Sociology of Knowledge*. Garden City, N. Y.: Doubleday.

[7] Bernard, H.R. (1988). "Unstructured and Semistructured Interviewing". *Research Methods in Cultural*.

[8] Berzonsky, M. D. (1989). "Identity Style: Conceptualization and Measurement". *Journal of Adolescent Research*, 4.

[9] Biddle, B. J. (1986). "Recent Developments in Role Theory". *Annual Review of Sociology*, 12(12).

[10] Bogdan & Biklen, R. C. &, S. K. (1982). *Qualitative Research or Education*.

Boston: Allyn and Bacon.

[11] Brennan & Weick Brennan, E. M. & Weick. A. (1981). "Theories on Adult Development: Creating a Context or Practice". *Social Casework*, 62(1).

[12] Brown R., (2000). "Social Identity Theory: Past Achievements, Current Problems and Future Challenges". *European Journal of Social Psychology*, 30.

[13] Burke, P. J. (1992). "Identity Processes and Social Stress". *American Sociological Review*, 57.

[14] Burke P. J. & Tully J. C. (1997). "The Measure-Ment of Role Identity". *Social Forces*. Vol. 55, No. 4.

[15] Cote J E. (1996). "Sociological Perspectives in Identity Formation: the Culture-Identity Link and Identity Capital". *Journal of Adolescence*, 19.

[16] Darcy Clay Steber. et al. (1999). "Friendship and Social Support: the Importance of Role Identity to Aging Adults". *Social Work*, 44(6).

[17] Enrikson, E. H. (1959). Identity and the Lie Cycle. Psychological Issues, 1(1)18-171 Levinson, D. J. et al. (1978). *The Seasons on a Man's Lie*. New York: Knop.

[18] Fernandez-Ballesteros. *Active Aging—The Contribution on Psychology*, 2002: 43.

[19] Goldberg C. B. (2003). "Applicant Reations to the Employment Interview: A Look at Demographic Similarity and Social Identity". *Journal of Business Research*, 56.

[20] Imel. Susan. Transormative Learning in Adulthood. Digest No. 200, ERIC Clearing House on Adult, Career, and Vocational Education, 1998.

[21] J. Conrad Glass, JR. "Factors Affecting Learning in Older Adults". *Educational Gerontology*, 1996, 22(4).

[22] Kalache, A., & Blewitt, R. (2012). Human Rights in Older Age. In World Economicorum, *Global Population Ageing: Peril or Promise?* Retrieved November 16, 2013, rom http://www3. weorum. org/docs/WE_GAC_GlobalPopulationAgeing_Report_2012. pd.

[23] Katz & Kahn. (1978). *The Social Psychology of Organization* (2nd ed.). New York: Wiley.

[24] Kerpelman, J. L. (1997). "Toward a Microprocess Perspective on Adolescent Identity Development: An Identity Control Theory Approach". *Journal of Adolescent Researc*, 12.

[25] Knowles, M. S. *The Adult Learner: A Neglected Species*. Houston, TX: Gulf Publishing, 1984.

[26] Linton, R. (1936). *The Study of Man*. New York: Appleton-Century-Crofts: 12.

[27] Loland, J. & Loland, L. H. (1984). *Analyzing Social Settings: A Guide to Qualitative Observation and Analysis*. Belmont, CA: Wadsworth(Original work Published 1971).

[28] Marcia, J. E. (1980). "Identity in Adolescence". In J. Adelson(Ed.). *Handbook of Adolescent Psychology*. New York: John Wiley.

[29] McCall & Simmons. (1978). *The Role-Identity Model. In Identities and Interactions: An Examination of Human Associations in Everyday Life*. New York: The Free Press.

[30] Merriam, S B., & Bierema, L. L. (2014). *Adult Learning: Linking Theory and Practice*. San ranccsco, CA: Ossey-Bass.

[31] M. K. Smith. Malcolm. Knowles, Informal Adult Education, Self-Direction and Andragogy, http://www. infed. org /thinkers/et-knowl. htm, 2007 - 12 - 28.

[32] M. S. Knowles. *Informal Adult Education*. New York: Association Press, 1950.

[33] Patton, M. Q. (1990). "Qualitative Education and Research Methods". 2nd Ed. Newbury Park: Sage Psychology Quarterly, 63.

[34] Roscigno, V. J., Mong, S., Byron, R., & Tester, G. (2007). " Age Discrimination, Social Closure and Employment". *Social Forces*, 86(1).

[35] Rowe, J. W. , & Kahn, R. L. (1987). "Human Aging: Usual and Successful". *Science*, 237 (4811).

[36] Rowe, J. W. & Kahn, R. L. (1998). *Successful Aging*. New York: Pantheon Books.

[37] Schwandt, T. A. (1994). Constructivist, Interpretivist Approaches to Human Inquiry. In N. K. Denzin & Y. S. Lincoln (Eds.), *Handbook of Qualitative Research*. Thousand Oaks: Sage.

[38] Seidman, I. E. (1991). *Interviewing as Qualitative Research: A Guide for Researchers in Education and the Social Science*. NewYork: Teachers College.

[39] Showers. C. J. (2002). "Integration and Compartmentliazation: A Model of Selfstructure and Sele-Change". In D. Cervone, Daniel, & W. Mischel (Eds.), *Advances in Personality Science*. New York: Guiford Press.

[40] Snyder, E., & Spreitzer, E. (1984). "Identity and Commitment to the Teacher Role". *Teaching Sociology*, Vol. 11, No. 2.

[41] Strauss, A. L., & Corbin, J. M. (1990). *Basics of Qualitative Research: Grounded Theory Procedures and Techniques*. Newbury Park, Calif.: Sage Publications.

[42] Stryker, S. (1968). "Identity Salience and Role Performance: The Relevance of Symbolic Interaction Theory for Family Research". *Journal of Marriage and the Family*, 30.

[43] Stryker, S. (1980). "Toward a Theory of Family Influence in the Socialization of Children". In A. C. Kerchoff (Ed.), *Research in Sociology of Education and Socialization: Personal Change Over the Life Course* (Vol. 4). Greenwich, CT: JAI Press.

[44] Stryker, S. (1987). "Identity Theory: Developments and Extensions". In Yardley and T. Honess (Eds.), *Self and Identity: Psychosocial Perspectives*. New York: Wiley.

[45] Stryker, S. (2004). "Integrating Emotion into Identity Theory". In J. H. Turner (Ed.), *Theory and Research on Human Emotions*. New York: Elsevier.

[46] Stryker, S. (2008). "From Mead to a Structural Symbolic Interactionism and Beyond". *Annual Review of Sociology*, 34.

[47] Stryker, S., & Burke, J. (2000). "The Past, Present, and Future of an Identity Theory". *Social Psychology Quarterly*, 63.

[48] Stryker, S., & Serpe, R. T. (1982). "Commitment, Identity Salience, and Role Behavior". In W. Ickes & E. S. Knowles (Eds.), *Personality, Roles, and Social Behavior*.

New York: Springer.

[49] Stryker, S., Serpe, R. T., & Hunt, M. O. (2005). "Making Good on a Promise: The Impact of Larger Social Structures on Commitments". In S. I. Thye & E. J. Lawler (Eds.), *Advances in Group Process: Social Identification in Groups* (Vol. 22). Oxford, UK: Elsevier.

[50] Stryker, S., & Statham, A. (1985). "Symbolic Interaction Role Theoey". In G Lindzey & Aronson(Eds.), *Handbook of Social Psychology*. Hillsdale, NJ: Erlbaum.

[51] Stryker& Statham Stryker, S., & Burke, J. (1985). "The Past, Present, and Future of an Identity Theory". *Social Psychology Quarterly*, 63.

[52] Stryker, S., & Vryan, K. D. (2003). "The Symbolic Interactionist Frame". In J. Delamater (Ed.), *Handbook of Social Psychology*. New York: Kluwer Academic/Plenum.

[53] Stryker, S., & Wells, L. E. (1988). "Stability and Change Inself over the Life Course". In P. B. Baltes, D. L. Featherman, & R. M. Lerner (Eds.), *Life Span Development and Behavior*. Greenwich, CT: JAI Press.

[54] Tajfel H. (1970). "Experiments in Ingroup Discrimination". *Scientific American*, 5 (223).

[55] Tajfel H. (1972). "Experiments in Vacuum". In J. E. Israel, H. Tajfel(eds.), *Context of Social Psychology: A Critical Assessment*, Londres: Academic Press.

[56] Tajfel H. (1978). *Differentiation between Social Groups: Studies in the Social Psychology of Intergroup Relations*. Chapters1~3. London: Academic Press.

[57] Tajfel H. & J.C. Turner. (1986). "The Social Identity Theory of Intergroup Behavior". In *Psychology of Intergroup Relations*, Worchel S, Austin W(eds). Nelson Hall: Chicago.

[58] Thoits, P. A. (1991). "On Merging Identity Theory and Stress Research". *Social Psychology Quarterly*, 54.

[59] Thornton, M. & Luker, T. (2010). Age Discrimination in Turbulent Times. Griffith Law Review, 19. Erikson, E. H. (1959). *Identity and the Life-Cycle*. New

York: Norton.

[60] Tornstam l. (1989). Gerotranscendence: A metatheoret Reformulation of the Disengagement Theory. Aging: Clinical and Experimental Research.

[61] Tornstam, L. (1997a). "Gerotranscendence: The Contemplative Dimension in Aging". *Journal of Aging Studies*, 11.

[62] Turner, J. C. (1982). "Towards a Cognitive Redefinition of the Social Group". In H. Tajfel (ed.), *Social Identity and Intergroup Relations*. Cambridge: Cambridge University Press.

[63] Understanding Group Efficacy: An Empirical Test of Multiple Assessment Methods. Cristina B. Gibson, Amy E. Randel, P. Christopher Earley. Group & Organization Management . 2000.

[64] Wadensten, B. (2005). "Introducing Older People to the Theory of Gerotranscendence". *Journal of Advanced Nursing*, 52(4).

[65] Walker, A. (2006). "Active Ageing in Employment: Its Meaning and Potential". Asia-Pacific Review, 13(1).

[66] Wenger, E. (1998). *Communities of Practice: Learning, Meaning, and Identiy*. New York: Cambridge University Press.

[67] Werner Call Ebautand Rik Pinxten (Eds.), Evolutionary Epistemology: A Multiparadgim Program. Dordrecht: D. Reidel Publishing Company, 1987.

[68] Wuthnow, Robert. *Acts Ocompassion: Caringo, Others and Helping Ourselves*. Princeston, N. J. : Princeton.

[69] Yang, P. (2010). "What is Productive in Taiwanese Centenarians' lives? A Challenge for the Definition of Productive Ageing". *China Journal of Social Work*, 3 (2-3).

[70] Zeichner, K. (2002). "Educational Action Research". In P. Reason & H. Bradbury (Eds.), *Handbook of Action Research: Participative Inquiry and Practice*, London: Sage. For the Reflective Practitioner. London: Kogan Page. Open University Press.

附录
致受访对象的研究事项说明

尊敬的受访者：

　　这封说明信旨在向您说明我的研究概况和研究方法，以便于向您客观揭示我的研究目的，我所使用的是质性研究方法中的访谈、参与式观察法。通过您口述作为老年学习团队带领人的心路历程，再经过我的转录与诠释学分析，还原或强化您之所以在老年阶段还退而不休担任老年学习团队带领人的角色认同过程，其中勾勒出老年学习团队带领人角色认同的特征和各异风格，凝练角色认同的本质，鼓励更多老年人实现积极老龄化。

　　本书是着眼于老年学习，老年学习团队是在中国大陆和台湾地区广泛开展的老年学习形式，它以灵活、便利、符合老年人志趣的优势为老年人所广泛接受，老年学习团队的扩展可以吸引更多老年人参与老年学习，充实其精神生活，增进其社会参与意识，而老年学习团队的带领人更是团队的中坚力量，你们承担老年教育者、终身学习者、团队管理者、组织活动者、志愿服务者等角色，是老年学习团队存续发展的关键。

　　访谈与参与式观察是本书的主要研究方法，通过带领人您的人生经历分享，我能够了解您积极参与老年学习，成为团队带领人履行自学、教他、管团的全过程，您也能从中畅谈阅历，反思人生，启发他人。我以研究者本人研究素养和个人人格保证匿名和保障您的隐私权利。相信我们双方会因为深度访谈而相处愉悦。您的分享不仅仅是支持我的研究，更是帮助更多老年人参与到老年学习中,改变老年歧视的社会积弊,更是为积极应对我国老龄化社会贡献自己的力量,在此,我也对您的配合参与表示衷心感谢。

研究者:岳燕

访 谈 提 纲

访谈问题

开放性问题类型

那对您来说是怎样的意义呢?

您能说再详尽些吗?

您是怎么克服困难的?

您是怎么看待这段经历的?

(按照时间、空间序列转移,个人与社会互动,个人现实情境为模型进行访谈设计。)

关于出生与家庭

- 您能描述一下少年时的环境吗?
- 您对父母的印象及您最难忘的儿时记忆是什么呢?
- 您觉得儿时家庭对您有什么样的文化影响呢?
- 您对自己原生家庭的评价是什么?(就是与您父母及兄弟姐妹生活的家庭)
- 您有没有在小时候经历过很难忘的事件?
- 您最难过的或最高兴的人生经历是什么?
- 您怎么看待友谊?
- 您喜欢什么运动?
- 您有什么娱乐活动?
- 您喜欢一个人待着还是喜欢热闹?
- 当您成长后,有没有感受到各种社会压力?列举如下

- 您认为是谁塑造了您现在的性格？
- 您对自己成长和生活的社区有什么印象？

关于个人学习与教育

- 您还记得刚刚进入蒙学时候的情形吗？
- 您有喜欢的老师吗？
- 在校时候最好或最糟的事情是什么？
- 您认为教育与学习在您个人生活中的作用是什么？

关于退休生活

- 到目前为止，您满意自己的哪个人生阶段？青少年、中年还是老年？
- 您的哪一段时间希望能重来？
- 对您来言，生活最大的挑战是什么？
- 您怎么克服老年学习中的困境？
- 您认为承担老年学习团队带领人要具备的最重要的素质有哪些？

关于未来愿景

- 您最希望的是什么？
- 您评价一下现实生活？
- 现在老年学习团队带领人的角色对您而言在生活中的分量是怎么样的？
- 您如何看待人生的必经阶段——死亡？
- 您对年轻一代有建议或智慧可以分享吗？

结束访谈

- 我们还有遗漏吗？
- 您对我们的访谈感受如何？

后　记

"沉舟侧畔千帆过,病树前头万木春。"经过艰苦奋战,本书有了眉目和进展,随后就是通篇阅读、修改、再改……如果说撰文的过程形似炼狱,那么写就的一刻则是形同重生,但是,只是片刻的欢愉而已,在这场旷日持久的谋篇、访谈、文献综述、撰文写作过程中,我品尝了人生的酸甜苦辣,历经了生活赐予我的种种百态。撰文的过程既是对内容本身的理论关涉、理念澄清,更是对文本的诠释和理解,此中还有我作为主要研究工具和研究对象的符号互动与视域融合,也期待和读者、我、文本之间形成隐形的对话、交流、分歧、碰撞、讨论……

忆往昔岁月,春夏秋冬四季循环,已然数载,虽然我工作已近20年,有时也会发出一入江湖岁月催的感慨,然而在求学、撰文之路上,我永远是学生。学生二字拆解开来就是学习生活,人生处处都需要一颗充满敏感和关照的学习之心,故而,很多时候我都会发现自己像"潜伏"在人群中的观察者和学习者,探求社会现象本原,用社会学、教育学、心理学等社会科学理论去应证、去解释、去思索……就如我的研究一样,和诸多老年学习团队带领人交流,参与式观察多个老年学习团队,体尝和品味他们的人生与退休学习生活,真正对"退休精神"有了"一知半解。"感谢诸位研究对象——老年学习团队带领人,你们的老年学习与退休生活相交融,构成了一帧帧鲜活生动的"学习中生活,生活中学习"之近距微镜头,而若干个镜头的组合便是当今中国老年人退休精神的最好诠释!

感谢上海开放大学学术专著出版基金的资助,感谢开大发展研究部杨晨部长对本书出版提出的宝贵指导建议,也希冀能够通过我的笔触让社会主流力量对迄今为止超过 2.2 亿的老年人口予以精神文化需求的关注和正面力量的恢弘。如果说老年时期是人生秋季的话,那么老年人则意味着成长成熟、人生智慧、经验丰硕……在每个人都会变老的事实面前,轻视老年就是蔑视未来,重视老年就是关注自身!

图书在版编目(CIP)数据

中国老年人的退休精神：基于老年学习团队带领人角色认同的视角 / 岳燕著. — 上海：上海社会科学院出版社，2022

ISBN 978 - 7 - 5520 - 3992 - 4

Ⅰ.①中… Ⅱ.①岳… Ⅲ.①老年人—活动—组织管理学—研究 Ⅳ.①C936

中国版本图书馆 CIP 数据核字(2022)第 200205 号

中国老年人的退休精神
——基于老年学习团队带领人角色认同的视角

著　　者：岳　燕
责任编辑：董汉玲
封面设计：裘幼华
出版发行：上海社会科学院出版社
　　　　　上海顺昌路 622 号　邮编 200025
　　　　　电话总机 021 - 63315947　销售热线 021 - 53063735
　　　　　http://www.sassp.cn　E-mail: sassp@sassp.cn
排　　版：南京展望文化发展有限公司
印　　刷：上海新文印刷厂有限公司
开　　本：710 毫米×1010 毫米　1/16
印　　张：17.75
字　　数：242 千
版　　次：2022 年 10 月第 1 版　2022 年 10 月第 1 次印刷

ISBN 978 - 7 - 5520 - 3992 - 4/C·221　　定价：85.00 元

版权所有　翻印必究